WITHDRAWN
HARVARD LIBRARY
WITHDRAWN

EBERHARD STOCK

DIE KONZEPTION EINER METAPHYSIK IM DENKEN VON HEINRICH SCHOLZ

VORWORT

Das Staunen ist nicht nur der Anfang der Philosophie, sondern auch der Anfang für manche wissenschaftliche Arbeit. Für mich jedenfalls war dies der Anfang meiner Beschäftigung mit H. Scholz: Die staunende Frage ‚Wieso wird jemand von einem erfolgreichen und anerkannten Theologen zu einem Vertreter der mathematischen Logik, der sich zudem als einen Metaphysiker bezeichnet?' Erst nach und nach wurde mir deutlich, daß dieser Erstaunen erzeugende Weg eines Theologen nicht nur biographisch sondern auch systematisch von erheblicher Relevanz ist, daß in diesem Weg eine ganze religionsphilosophische Konzeption verborgen liegt. Die vorliegende Arbeit ist eigentlich nicht mehr, als das Protokoll dieses Klärungsprozesses. Wenn sie dazu führt, andere für Scholz so zu interessieren, daß sie selbst an einzelnen Problemen die Sonde von Spezialuntersuchungen ansetzen, dann hat die Arbeit alles erreicht, was ein Autor sich wünschen kann. Ob die Ergebnisse meine eigenen Interpretationsvorschläge dann unterstützen oder ihnen widersprechen ist dabei zweitrangig.

Die vorliegende Arbeit wurde im November 1985 vom Fachbereich Evangelische Theologie der Philipps-Universität Marburg als Dissertation angenommen und für die Drucklegung mit einigen Ergänzungen versehen.

Ich möchte die Gelegenheit dieses Vorwortes nutzen, um allen zu danken, die das Entstehen dieses Buches mitermöglicht haben. Meinem Lehrer, Herrn Prof. Dr. W. Härle danke ich herzlich dafür, daß er mich auf dem Entstehungsweg dieser Arbeit begleitet hat — mit Geduld und Ermunterungen, mit kritischen Einwänden und der Ermöglichung intensiver Gespräche. Ich gestehe freimütig, daß ich mir eine gründlichere und engagiertere Betreuung einer Dissertation nur schwer vorzustellen vermag. Herrn Prof. D. Dr. C. H. Ratschow, der mich theologisch auf den Weg gebracht hat, danke ich für die Übernahme des Korreferats zu dieser Arbeit. Darüber hinaus danke ich ihm, der Heinrich Scholz persönlich kannte, für interessante Gespräche, in denen er mir von dem

Menschen und dem *Christen* Heinrich Scholz berichtete, der Persönlichkeit, die hinter diesem vielfältigen literarischen Werk stand.

Ich danke außerdem den Leitern des Instituts für mathematische Logik und Grundlagenforschung an der Westfälischen Wilhelms-Universität in Münster, Herrn Prof. Dr. Rödding† und Herrn Prof. Dr. Diller dafür, daß sie mir ermöglicht haben, an dem vom Institut verwahrten Nachlaß von H. Scholz zu arbeiten. Ich danke den Herausgebern und Herrn Prof. Dr. Wenzel für die Aufnahme meiner Arbeit in die Reihe der Theologischen Bibliothek und den Mitarbeitern des de Gruyter Verlages für die fachkundige Betreuung.

Nicht zuletzt danke ich der VG-Wort, die durch fast vollständige Übernahme der Druckkosten das Erscheinen des Buches in dieser Form ermöglicht hat.

Gewidmet schließlich sei diese Arbeit meinem alttestamentlichen Lehrer, Herrn Prof. Dr. O. Kaiser, der immer darum wußte, daß eine wissenschaftliche Entwicklung nicht nur der geistigen Forderung und Förderung bedarf, sondern auch der materiellen Fundierung.

Rachelshausen bei Marburg, im Sommer 1987   Eberhard Stock

Ohne ein Quentchen Metaphysik läßt sich, meiner Überzeugung nach, keine exacte Wissenschaft begründen.
Georg Cantor

Der Theologe muß die Bedeutung der Begriffe, die er benutzt, ernstnehmen. Sie müssen ihm in ihrer ganzen Breite und Tiefe bekannt sein.
Paul Tillich

INHALTSVERZEICHNIS

Vorwort VII

ERSTER TEIL

Die Kohärenz des Denkens von Heinrich Scholz

1. Die Persönlichkeit von Heinrich Scholz 3
2. Zur Rezeption des Denkens von Heinrich Scholz 7
   - 2.1. Die philosophiegeschichtliche Darstellung 7
   - 2.2. Scholz zwischen Mathematik und Philosophie 11
   - 2.3. Scholz in der Theologie 13
   - 2.4. Zusammenfassung 15
3. Die Frage nach der Möglichkeit eines einheitlichen Verständnisses des Denkens von Scholz 17
   - 3.1. Die Bedeutung der Frage angesichts der thematischen Vielfalt der Arbeiten von Scholz 17
   - 3.2. Die Themenbereiche im Denken von Scholz 20
   - 3.2.1. Bereich Theologie 20
   - 3.2.2. Bereich Religionsphilosophie 21
   - 3.2.3. Bereich Philosophie und Philosophiegeschichte 26
   - 3.2.4. Bereich Logistik 28
   - 3.3. Gründe für eine einheitliche Interpretation des Scholzschen Denkens 28
   - 3.3.1. Die Probleme eines Phasenmodells 28
   - 3.3.2. Gründe, die aus der Persönlichkeit von Scholz folgen 30
   - 3.3.3. Die „Geschichte der Logik" als Programm 36
4. Versuch einer einheitlichen Interpretation des Denkweges von Heinrich Scholz 43
   - 4.1. Der Versuch einer entwicklungsgeschichtlichen Deutung 44

4.2.	Der Versuch einer Deutung vom Begriff der Struktur her	49
4.3.	Die Interpretation des Scholzschen Denkens aus inhaltlichen Konstanten	51
4.3.1.	Der Wahrheitsbegriff der Schleiermacher-Arbeit	52
4.3.2.	Die philosophische Frage nach der Wahrheit der Religion	55
4.3.3.	Die Frage nach der Relativität von Wahrheit	58
4.3.4.	Zusammenfassung	63

ZWEITER TEIL

Das Metaphysikkonzept von Heinrich Scholz

1.	Zur Bestimmung des Metaphysikbegriffs	71
1.1.	Probleme der Begriffsbestimmung	71
1.2.	Scholz' Methode der Begriffsbestimmung	73
1.3.	Ein Beispiel für Scholz' Methode der Begriffsbestimmung	74
1.4.	Zusammenfassung	76
2.	Die historisch-systematische Erarbeitung des Metaphysikbegriffs durch Scholz	78
2.1.	Vorüberlegungen zum Wort ‚Metaphysik' und zur Geschichte der Metaphysik	78
2.2.	Die Interpretation von Aristoteles' „Metaphysik" bei Scholz	80
2.2.1.	Prädikatenlogik und Ontologie	80
2.2.2.	Protometaphysik und Deuterometaphysik	87
2.3.	Die Bedeutung von Leibniz für das Scholzsche Metaphysikkonzept	89
2.3.1.	Die Entdeckung von Formalsprachen	90
2.3.2.	Das Denkmodell der möglichen Welten	91
2.3.3.	Theologie und Logik	95
2.3.4.	Das Bekenntnis zur Illuminationslehre	96
2.3.5.	Die ‚Rehabilitierung' der Aristotelischen Metaphysik	97
2.4.	Die besondere Stellung Kants innerhalb des Metaphysikkonzepts von Scholz	99

2.4.1.	Schwierigkeiten einer Rekonstruktion der Scholzschen Auseinandersetzung mit Kant	99
2.4.2.	Kant als Kritiker der Wolffschen Metaphysik	102
2.4.3.	Die Kantische Charakterisierung metaphysischer Sätze	106
2.4.3.1.	Der Kantische Apriorizitätsbegriff	108
2.4.3.2.	Die analytisch/synthetisch Distinktion bei Kant	111
2.4.4.	Kants Ablehnung einer Metaphysik als Grundlagenforschung	114

3. Der Ertrag der systematisch-historischen Untersuchungen von Scholz 119

3.1.	Die Konstanz des Metaphysikverständnisses von Aristoteles bis Leibniz	119
3.2.	Die Bestimmung des Metaphysikbegriffes durch Scholz gegenüber der Kantischen Kritik	120
3.2.1.	Zur Möglichkeit der Mathematisierung der Metaphysik	120
3.2.2.	Definition, Aufgaben und Themen der Metaphysik	121
3.2.3.	Die Aufnahme zentraler Anliegen Kants durch Scholz	122
3.3.	Kriterien des Metaphysikbegriffes	123
3.3.1.	Kriterien der Erfahrungstranszendenz	123
3.3.1.1.	Grundkriterium	123
3.3.1.2.	Zusatzkriterium	123
3.3.2.	Kriterien der Fundamentalität	124
3.3.2.1.	Grundkriterium	124
3.3.2.2.	Zusatzkriterium	124
3.3.3.	Kriterien der sprachlichen Präzision	124
3.3.3.1.	Grundkriterium	124
3.3.3.2.	Zusatzkriterium	124
3.3.4.	Die Anwendung der Kriterien	124

4. Die zwei Formen der Metaphysik im Denken von Heinrich Scholz 126

4.1.	Scholz' Differenzierung des Metaphysikbegriffs	126
4.2.	Das Verhältnis von signifikanter und meditierender Metaphysik	129
4.2.1.	Die Unterscheidung der zwei Formen der Metaphysik durch Scholz	129
4.2.2.	Die Integration von signifikanter und meditierender Metaphysik durch Scholz	134

5. Darstellung von „Metaphysik als strenge Wissenschaft" 141
5.1. Scholz' Ansatz beim Begriff der Identität 141
5.2. Der Gedankengang von „Metaphysik als strenge Wissenschaft" 144
5.2.1. Überblick über den Gedankengang 144
5.2.2. Was ist unter einer identitätstheoretischen Aussage zu verstehen? 145
5.2.3. Der Begriff der Gültigkeit 150
5.2.4. Wann ist eine identitätstheoretische Aussage allgemeingültig? 155
5.2.5. Die Zusammenfassung der identitätstheoretischen Sätze zu einer Theorie 159
5.2.6. Die Axiomatisierung der Theorie der Identität und Verschiedenheit 165
5.3. Der Ertrag von Scholz' formaler Entfaltung der Identitätstheorie 171

DRITTER TEIL

Kritik und Aufnahme der Scholzschen Metaphysikkonzeption

1. Die Kritik an der Scholzschen Metaphysikkonzeption 179
1.1. Die Reaktionen auf die Scholzsche Metaphysikkonzeption 179
1.2. Kritik an der Scholzschen Begriffsverwendung 182
1.2.1. Die Kritik von E. Kaila 182
1.2.2. Die Kritik von H. Meschkowski 183
1.3. Die an Kant orientierte Kritik J. v. Kempski's 186
1.4. Die Kritik von K. Lang 194
1.4.1. Die Metaphysikdefinition von Scholz und deren Erfüllung durch „Metaphysik als strenge Wissenschaft" . . 195
1.4.2. Der Sinn des Titels ‚Metaphysik als strenge Wissenschaft' 197
1.4.3. Der philosophische Ertrag der Metaphysik von Scholz 200
1.5. Weitere Überlegungen zur Kritik 201
1.5.1. ‚Mögliche Welten' und ‚Individuum' 202
1.5.1.1. Das kosmologische Mißverständnis 203
1.5.1.2. Das erkenntnistheoretische Mißverständnis 204

1.5.1.3. Zur philosophischen Relevanz des Scholzschen Weltbegriffes 205
1.5.2. Das Verhältnis von Metaphysik und Logik 207
1.5.2.1. Mögliche Welten und die beste der möglichen Welten 208
1.5.2.2. Metaphysik und Logik sind identisch 209
1.5.2.3. Der Begriff der Grundlagenforschung 209
1.5.2.4. Die Deutung der Logik als Metaphysik 210
1.5.2.5. Metaphysik als Voraussetzung der Logik 211
1.5.2.6. Die Logik als Hilfsmittel der Metaphysik 213
1.5.2.7. Zusammenfassung 215
2. Zur Aufnahme der Scholzschen Metaphysikkonzeption 216
2.1. Konsequenzen aus der Verhältnisbestimmung von Metaphysik und Logik 216
2.2. Der Ertrag der Metaphysikkonzeption von Scholz für die Theologie 219
2.2.1. Theologie und Philosophie 219
2.2.1.1. Die Frage nach der Wahrheit logischer Axiome ... 219
2.2.1.2. Metaphysische Voraussetzungen interpretierter Kalküle 222
2.2.2. Die Diskussion innerhalb der Theologie 223
2.2.2.1. Die Präzisierung der Frage nach metaphysischen Voraussetzungen der Theologie 223
2.2.2.2. Die Bedeutung einer ‚identitätstheoretischen Metaphysik' für die Theologie 226
3. Schlußbetrachtung 228

Literaturverzeichnis 230
1. Primärliteratur 230
2. Sekundärliteratur 234

Abkürzungsverzeichnis 239

Namensregister 241

Begriffsregister 243

ERSTER TEIL

DIE KOHÄRENZ DES DENKENS VON HEINRICH SCHOLZ

1. DIE PERSÖNLICHKEIT VON HEINRICH SCHOLZ

Am 21.1.1942 hat der Münsteraner Philosoph Heinrich Scholz innerhalb einer Vortragsreihe der Kaiser Wilhelm-Gesellschaft über Gottfried Wilhelm Leibniz zu referieren. Bevor er zu seinem eigentlichen Thema kommt, Leibniz als den „... Prophet[en] einer Grundlagenforschung, die vom Geist der Mathematik inspiriert und durchleuchtet ist ..."[1], vorzustellen, zeichnet er mit einigen wenigen markanten Strichen die Persönlichkeit von Leibniz, trägt diejenigen Eigenschaften von Leibniz zusammen, die ihn mit besonderer Bewunderung erfüllen:

„Er denkt nicht daran, seine Vorgänger zu verschweigen. Er sucht und zeigt sie auf, wo er kann. Und himmelweit ist er davon entfernt, das, was vor ihm gewesen ist, zu verdunkeln. Er stellt es auf jede mögliche Art in das Licht der Sonne.... Man pflegt der Aufklärung vorzuhalten, daß sie uns mit dem Zerrbild des finsteren Mittelalters belastet hat. Das ist richtig. Es trifft auch zu für Descartes. Für Leibniz gilt es in keinem Falle. Er hat die verrufenste Schöpfung des Mittelalters, er hat die Scholastik immer wieder einmal und bei jeder Gelegenheit in Schutz genommen auf eine Art, die bis heute nicht hat übertroffen werden können. ...
Leibniz ist der konservativste Revolutionär der abendländischen Geistesgeschichte gewesen. Aus jedem Kiesel Funken schlagend und auf eine ihm eigene Art mit diesen Funken überall Lichter entzündend, die noch keiner vor ihm entzündet hatte. Ein erleuchtender großer Positivist, wenn unter einem Positivisten ein Mensch verstanden wird, der überall das Positive sieht und zu Ehren bringt."[2]

Diese Beschreibung Leibnizens, seines wissenschaftlichen Ethos, seines intellektuellen Charakters scheint mir auch sehr genau auf Heinrich Scholz selber zuzutreffen. Will man dessen Vorstellungen von wissenschaftlichem Arbeiten, Redlichkeit und Wahrheitsliebe kennzeichnen, so kann man sicher sagen, Scholz war ein Philosoph von der Art eines Leibniz, so wie dieser oben charakterisiert wird.

---

[1] Scholz, H.: „Leibniz", hier zitiert nach Scholz, H.: Mathesis universalis. Abhandlungen zur Philosphie als strenger Wissenschaft. Herausgegeben von H. Hermes, F. Kambartel, J. Ritter, Basel/Stuttgart 1969², im folgenden zitiert als M.U., S. 131.
[2] Scholz, H.: „Leibniz", hier zitiert nach M. U., S. 129 f.

Aber auch über diese *Eigenschaften* hinaus darf ein Vergleich zwischen Leibniz und Scholz wohl gewagt werden: die vielfältigen Interessen, die souverän Fakultätsgrenzen hinter sich lassen, die besondere Konzentration auf die Verknüpfung der Themenbereiche von Theologie, Metaphysik und Logik, der Entschluß schließlich, auch innerhalb des wissenschaftlichen Arbeitens sich bewußt in die historische Kontinuität zu stellen und so zu dokumentieren, „... wie weit man vordringen kann in der Welt, wenn man das Gute gut nennt, wo es sich zeigt, und es zugleich in allen wesentlichen Fällen besser macht, als es zuvor gemacht worden ist."[3]

All dies sind bemerkenswerte Übereinstimmungen zwischen diesen beiden Forschern. Scholz selber hätte freilich einen solchen Vergleich aus Bescheidenheit wohl immer entschieden zurückgewiesen, gleichwohl, ein Philosoph im Leibnizschen Sinne zu sein, war ein Ideal, dem Scholz in jeder Beziehung nachstrebte, und so ist es nicht verwunderlich, daß ihm durch seine ganze wissenschaftliche Biographie hindurch Leibniz *der* Philosoph der Neuzeit schlechthin blieb, weiter sehend, genialer, bedeutender als ein Descartes, ja, als ein Kant. Leibniz ist ihm derjenige Philosoph, der neben Platon, Aristoteles und Augustinus genannt zu werden verdient.

Heinrich Scholz, am 17.12.1884 geboren, studierte von 1903—1907 Theologie und Philosophie in Berlin. Als seine wichtigsten Lehrer dieser Zeit sah Scholz später für die Philosophie Alois Riehl und für die Theologie Adolf von Harnack an. 1909 wird Scholz Lic. theol., habilitiert sich 1910 in Berlin für Religionsphilosophie und systematische Theologie und wird 1913 Doktor der Philosophie. 1917—1919 versieht er sein erstes Ordinariat in Breslau, wechselt dann nach Kiel, wo er von 1919—1928 als Ordinarius für Philsophie die Religionsphilosophie vertritt. In dieser Zeit, genauer von 1922—1929, studiert Scholz Mathematik und theoretische Physik. 1928 folgt Scholz einem Ruf nach Münster, wo er bis zu seinem Tod im Jahre 1956 lehrt. Hier erhält er von 1936 an einen Lehrauftrag für mathematische Logik und Grundlagenforschung und wird 1943 Ordinarius für mathematische Logik und Grundlagenforschung. Nicht ohne Stolz kann er zu dieser Entwicklung berichten: „Durch eine Folge von planmässigen Schritten ist es mir

---

[3] ebda.

schliesslich im Jahre 1943 gelungen, das erste Ordinariat für die mathematische Logik und Grundlagenforschung und damit zugleich die erste anerkannte Lehrkanzel für diese Dinge im deutschen Raum zu erkämpfen ..."[4]

Schon diese wenigen Daten des akademischen Werdeganges von Scholz belegen die leibnizsche Weite seiner Interessen: Theologie, Philosophie und Mathematik beherrscht er gleichermaßen als Fachmann, so daß C. Fr. v. Weizsäcker in einem Scholz zugeeigneten Aufsatz über Scholz sogar sagen kann, er sei derjenige, „... der heute (sc. 1948) in Deutschland als einziger die Einheit von Metaphysik und Mathematik verkörpert ..."[5], so, wie dies für seine Zeit Leibniz souverän vollzogen hat.

Eine weitere Übereinstimmung zwischen Leibniz und Scholz möchte die vorliegende Arbeit nachweisen, oder doch wenigstens wahrscheinlich machen: Von Leibniz wird überliefert, daß er um der Metaphysik willen zum Mathematiker geworden ist[6]. Im folgenden soll gezeigt werden, daß diese leibnizsche Selbstbeurteilung auch für das Denken von Heinrich Scholz gilt, ja, daß man erst aus dieser Perspektive das Denken von Scholz zureichend interpretieren und in seinem ganzen Gewicht erfassen kann: Scholz ist um einer standfesten Metaphysik willen den Weg seiner wissenschaftlichen Biographie gegangen, die ihn von der Theologie über die Religionsphilosophie und die Philosophie zur Logistik geführt hat.

---

[4] Dieses Zitat ist der Abschrift einer autobiographischen Skizze von Scholz entnommen. Die Skizze, mit „Personalia" überschrieben, umfaßt vier Schreibmaschinenseiten und befindet sich im Scholz-Nachlaß in der Universität Münster. Sie wird wahrscheinlich bereits von Ritter — allerdings ungenannt — in seiner Einleitung zu : M. U. (vgl. M. U., S. 7 f) verwendet.

Auch Luthe zitiert in der Einleitung seiner Dissertation „Die Religionsphilosophie von Heinrich Scholz" (Diss. München, 1961) diese Skizze.

Da das Schriftstück im Nachlaß nicht näher klassifiziert ist, wird es im folgenden als „autobiographische Skizze" zitiert.

Autobiographische Skizze, S. 4.

[5] Weizsäcker, C. Fr. Frhr. v.: „Naturgesetz und Theodizee", in: Archiv für Philosophie, 1948/2, S. 96–105, S. 96.

[6] vgl. Brentano, F.: „Vom Dasein Gottes". Aus seinem Nachlasse herausgegeben, eingeleitet und mit erläuternden Anmerkungen und Register versehen von Alfred Kastil, Leipzig 1929, Vorwort des Herausgebers, S. III.

In dieser Perspektive ist Scholz' Denken bisher noch nicht erschlossen, und so kann man wohl davon ausgehen, daß eine wirkliche Rezeption des ‚Leibniz des Logischen Positivismus' noch vor uns liegt. Vielleicht kann die vorliegende Arbeit für die systematische Theologie ein wenig die Bedeutsamkeit von Scholz anmahnen, die mit dessen Verdiensten als Schleiermacher- und Augustinus-Forscher, als Verfasser der „Religionsphilosophie" und als Wissenschaftstheoretiker der Theologie noch nicht ausgeschöpft ist.

2. ZUR REZEPTION DES DENKENS VON HEINRICH SCHOLZ

2.1. DIE PHILOSOPHIEGESCHICHTLICHE DARSTELLUNG

Befragt man die gängigen Philosophiegeschichten, die bis in die Gegenwart fortgeführt sind, einschlägige Nachschlagewerke, Lehrbücher der Philosophie oder Philosophen-Lexika über den Denker Heinrich Scholz und sein Konzept von Philosophie, so bleiben deren Angaben merkwürdig unergiebig und in ihren Informationen eher einsilbig[7].

---

[7] Im Philosophenlexikon von Ziegenfuss erfährt man, und dies zählt schon zu den reichhaltigeren Informationen: „Sch[olz] vertritt ein Philosophieren, das an dem Vorbild der Mathematik und der modernen Logik orientiert ist; er steht im Gegensatz zu den Wiener Positivisten (Schlick) durch die geisteswissenschaftliche Herkunft seines Philosophierens, die er auch als Vertreter der Logistik nicht verleugnet. Er glaubt an die sinnvolle Übertragbarkeit der diesem Philosophieren gestellten Forderungen auf die Probleme der abendländischen Metaphysik und Geistesgeschichte." (Ziegenfuss, W. und G. Jung: „Philosophen-Lexikon. Handwörterbuch der Philosophie nach Personen", 2 Bde., Bd. I, Berlin 1949, Bd. II Berlin 1950, Bd. II, S. 476).
H. Glockner weiß, nach einer kurzen Abqualifizierung Carnaps und des Wiener Kreises, „... deren ‚Physikalismus' kaum mehr etwas mit Philosophie zu tun hat ..." (S. 1139), über Scholz folgendes zu berichten: „*Heinrich Scholz* (geb. 1884), der von Schleiermacher und Harnack ausgegangen war, sich aber nach Abschluß einer ‚Religionsphilosophie' (1921) gleichfalls der Logistik zuwandte und eine ‚Metaphysik als strenge Wissenschaft' (1941) aufbaute, flocht dem Irrationalen wenigstens einen Aphorismen-Vergißmeinnichtkranz." (Glockner, H.: „Die europäische Philosophie von den Anfängen bis zur Gegenwart", Stuttgart 1958, S. 1140).
Zur Einschätzung des kurzen Artikels über Scholz in RGG[3] Bd V, Sp. 1499, vgl. die Bemerkung von Mahlmann in seinem Aufsatz: Was ist Religion in der Religionsphilosophie von Heinrich Scholz? (vgl. Anm. 30) S. 25.
Die einzige Ausnahme von diesen eher unergiebigen Hinweisen ist der Artikel der „Encyclopedia of Philosophy", London 1967, reprinted Edition 1972, Vol. 7, S. 324 f.
In diesem Artikel wird gründlich über Werk und Themengebiete von Scholz informiert. Auch wird hier darauf hingewiesen, daß das Denken von Scholz

Könnte man hier noch vermuten, daß die Nichtbeachtung von Scholz auf die Tatsache zurückzuführen ist, daß Scholz' Professur ja 1943 von einer philosophischen in eine Professur für mathematische Logik umgewandelt wurde und Scholz deshalb nicht mehr zu den Philosophen zu zählen sei und daß so letztlich eine mangelnde Kenntnis oder eine grundsätzliche Ablehnung der Logistik[8] der Grund für die Nichtbeachtung von Scholz ist, so verfängt dieses Argument bei näherem Hinsehen nicht.

Selbst Bocheński, ein anerkannter Fachmann in Fragen der modernen Logik, kann einen nennenswerten Einfluß des Scholzschen Denkens innerhalb der modernen Philosophie nicht feststellen. So findet sich lediglich im Rahmen des Versuches, die zeitgenössischen Bemühungen

---

durchaus nicht diskontinuierlich zu interpretieren ist. Zwar wird von einer „... metamorphosis into a logician ..." (S. 324) gesprochen, aber gleichwohl wird festgestellt, daß „... Scholz' devotion to logic arose from a concern with metaphysics in theology." (S. 324) und bezüglich der Theologie wird festgestellt: „... Scholz did not renounce theology." (S. 324) Freilich muß auch dieser Artikel die Nicht-Rezeption von Scholz konstatieren: „His works were ignored and irrationalism exercised virtual hegemony in Germany during the Nazi era." (S. 325).

Der Sammelband „Die Philosophie im zwanzigsten Jahrhundert", der sich im Untertitel „eine enzyklopädische Darstellung ihrer Geschichte, Disziplinen und Aufgaben" nennt (Stuttgart 1963²) und als eines der Standardwerke der Philosophie für den angegebenen Zeitraum gelten kann, schweigt sich über Scholz aus. Wohl findet sich in dem Werk ein ausführlicher Artikel zum Problembereich der Metaphysik, aber weder sind hier irgendwelche Wirkungen des Scholzschen Metaphysikkonzeptes zu finden, noch ist Scholz in den Literaturhinweisen zum Themenbereich Metaphysik aufgeführt.

Auch der umfangreiche Metaphysik-Artikel im „Historischen Wörterbuch der Philosophie" vermerkt Scholz nur mit dem kurzen Hinweis: „... mit Hilfe der oft in der M[etaphysik] angewandten klassischen mathematischen Methode ..., deren Strenge durch ‚die Erzeugung einer formalisierten Sprache' noch gesteigert wird, hat *H. Scholz* ‚M[etaphysik] als strenge Wissenschaft' begründet, die ‚in jeder möglichen Welt' gültige Wahrheiten aufstellt."

„Historisches Wörterbuch der Philosophie" herausgegeben von J. Ritter † und K. Gründer, Bd. 5 (Darmstadt 1980, Sp. 1274).

Schließlich schweigt sich auch W. Stegmüller in seinem sonst vortrefflich über die gegenwärtige Philosophie informierenden Werk „Hauptströmungen der Gegenwartsphilosophie" (2 Bde., I. Band Stuttgart 1978⁶, II. Band Stuttgart 1979⁶) über Scholz aus.

[8] Das Philosophenlexikon von Ziegenfuss bietet ja bezeichnenderweise keinen Artikel über Frege.

zur Metaphysik zu typisieren, die kurze Feststellung, daß die Scholzsche Konzeption von Metaphysik sich einer Zuordnung zu Typen entzieht. Auch hier bleibt Scholz der weitgehend wirkungslose Außenseiter, von dem nur noch der Hinweis auf die ungewöhnliche Tatsache berichtenswert erscheint, daß Scholz, „... der führende deutsche mathematische Logiker ..., zugleich ein platonischer Metaphysiker ist."[9]

Diese Hinweise scheinen mir ein deutliches Indiz für die Tatsache zu sein, daß für den Bereich der gegenwärtigen Philosophie kaum von einer Rezeption des Scholzschen Denkens gesprochen werden kann. Keiner der beigezogenen Texte gibt eine Vorstellung von der Vielfalt und Weite der Themen und Probleme, die Scholz in durchaus eigenwilliger Weise bearbeitet hat, und von einer Wirkungsgeschichte seines Denkens scheint man kaum sprechen zu können.

Besonders eindrücklich stellt ein 1971 von Gotthard Günther veröffentlichter Aufsatz diese Nicht-Rezeption von Scholz und dessen zentralen Gedanken zum Verhältnis von Logik und Metaphysik unter Beweis.[10]

Günther beklagt hier an der „neuen Logik", wie sie zum Beispiel vom frühen Carnap vertreten wurde, „... daß sie ... (mit Unrecht) die von Plato und Aristoteles gegebene ontologische Grundlage unseres Denkens ignoriert."[11] Günther fährt dann fort: „Philosophische Ontologie aber ist Metaphysik, und die Metaphysik wird ... von der neuen Logik ausdrücklich ausgeschlossen ..."[12]. Demgegenüber betont er, daß

---

[9] Bocheński, J. M.: „Europäische Philosophie der Gegenwart" Bern-München 1951². Es sei hier jedoch darauf hingewiesen, daß die ‚platonistische' Position von Scholz unter Logikern und Mathematikern durchaus keine Seltenheit ist. Vielmehr kommt eine Reihe illustrer Namen zusammen, wenn man die ‚Platoniker' unter den Vertretern der mathematischen Logik und der Mathematik aufzählen wollte. Ich verweise nur auf Bolzano, Frege, Cantor im 19. Jhd., im 20. Jhd. vertraten zwei der bedeutendsten mathematischen Logiker, nämlich K. Gödel und A. Church einen revidierten Platonismus.
Zu Cantor und Gödel vgl. Meschkowski, H.: „Mathematik und Realität bei Georg Cantor", in: Meschkowski, H.: „Mathematik und Realität. Vorträge und Aufsätze", Mannheim-Wien-Zürich 1979, S. 95–110.
[10] Günther, G.: „Die Theorie der ‚mehrwertigen' Logik", in: Philosophische Perspektiven, 1971/3, S. 110–131.
[11] Günther, G., a. a. O., S. 111.
[12] ebda.

formale Logik bis zu Leibniz als „formalisierte Ontologie"[13] betrachtet wurde. Diese Kritik der „neuen Logik", die, wie erwähnt 1971 erschien, entfaltet ziemlich genau gerade die Einsichten, die für Scholz von seiner „Geschichte der Logik"[14] an im Zentrum seines Problembewußtseins stehen, und die Scholz in immer neuen Arbeiten weiterverfolgt und ausbaut, schließlich in seiner Monographie „Metaphysik als strenge Wissenschaft"[15] zusammenfaßt.

Allein, einen Hinweis auf das Lebenswerk von Scholz oder auch nur Verweise auf einzelne Arbeiten von Scholz sucht man bei Günther vergebens.

Um so ungewöhnlicher erscheint die weitgehende Nicht-Rezeption von Scholz angesichts der Tatsache, daß dieser Denker nicht weniger als die provozierende Behauptung aufstellt, er habe die alte Forderung nach einer wissenschaftlichen Metaphysik, in der sowohl Kant wie auch Leibniz je in ihrer Art übereinstimmen, eingelöst; eingelöst jedenfalls in dem Sinne, daß er deren Möglichkeit und Wirklichkeit an einem Beispiel vorgeführt hat.

Angesichts einer solch selbstbewußten und weitreichenden Behauptung sollte man ein reges Interesse an der Metaphysikkonzeption von Scholz und deren eingehende Diskussion erwarten, doch nichts dergleichen — abgesehen von einigen wenigen Ausnahmen[16] — ist geschehen.

Der Grund für diese geringe Beachtung des Scholzschen Metaphysikentwurfs ist wohl — abgesehen von der Ungunst der Zeit — nicht zuletzt in der Tatsache zu suchen, daß Scholz innerhalb eines Spannungsfeldes gearbeitet hat, welches drei Fachrichtungen umfaßte, und das man vergröbernd durch die drei Begriffe Philosophie, mathematische Logik, Theologie bezeichnen kann. Diese Konstellation von Interessen und

---

[13] ebda. Im Original hervorgehoben.
[14] Scholz, H.: „Geschichte der Logik", Berlin 1931 (Freiburg-München 1959² unter dem Titel „Abriß der Geschichte der Logik").
[15] Scholz, H.: „Metaphysik als strenge Wissenschaft", Köln 1941 (Darmstadt 1965²), Im folgenden zitiert als M. a. s. W.
[16] Monographische Auseinandersetzungen mit dem Scholzschen Konzept von Metaphysik existieren bisher m. W. noch nicht. Vor allem in einigen Rezensionen von M. a. s. W. kommt es zur kritischen Auseinandersetzung mit Scholz. Die ausführlichste und scharfsinnigste Kritik stammt dabei meines Erachtens von J. v. Kempski. Zur Darstellung dieser Kritik vgl. unten, S. 186—194.

Arbeitsgebieten war jedoch offensichtlich so selten und ungewöhnlich, daß zwar Scholz selber in der Lage war, diese unterschiedlichen Pole in seinem Denken zu integrieren, daß jedoch die jeweiligen Fachwissenschaftler, die das Denken von Scholz in der Perspektive des eigenen Faches sahen, vor allem das ihnen Fremde, Unverständliche, ja denkerisch ‚Anstößige' wahrnahmen.[17]

2.2. SCHOLZ ZWISCHEN MATHEMATIK UND PHILOSOPHIE

Auch für die Pole Mathematik und Philosophie wird die Nicht-Rezeption von Scholz deutlich durch die Arbeit von Lang dokumentiert.[18]

Lang beschäftigt sich mit dem Werk von Scholz allein unter dem Gesichtspunkt, dessen Arbeit für ein mögliches Gespräch zwischen Philosophie und Mathematik auszuwerten. Lang gibt einen kurzen philosophiegeschichtlichen Überblick über das Verhältnis zwischen Mathematik und Philosophie, mit der abschließenden Wertung, daß nicht zuletzt durch den „Frontalangriff auf die Philosophie"[19] durch R. Carnap das Gespräch zwischen diesen Wissenschaften — soweit es überhaupt stattfindet — zu einer „... unfruchtbar gewordenen Diskussion ..."[20] verkümmert. Demgegenüber hält Lang Scholz' Hauptwerk „Metaphysik als strenge Wissenschaft" für einen möglichen Anknüpfungspunkt zur Wiederbelebung des Gespräches.

Zureichender Grund für diese Vermutung ist die Interpretation dieses Werkes, denn nach der Meinung von Lang gilt: „... ‚Metaphysik als

---

[17] Es scheint jedoch so, daß gerade auch bezüglich der philosophiegeschichtlichen Arbeiten von Scholz ein steigendes Interesse festzustellen ist. Hatte schon H. Stachowiak in seinem Werk „Rationalismus im Ursprung. Die Genesis des axiomatischen Denkens.", Wien-New York 1971, breit auf Scholz' Arbeit „Die Axiomatik der Alten", M. U., S. 27—44, Bezug genommen, ist die Tatsache, daß in den von der wissenschaftlichen Buchgesellschaft geplanten ‚Wege der Forschung'-Bänden sowohl zu Kant als auch zu Leibniz Arbeiten von Scholz aufgenommen werden sollen, ein Indiz für eine verstärkte Aufmerksamkeit gegenüber den Arbeiten von Scholz.
[18] Lang, K.: „Konstruktive und kritische Anwendung der Mathematik in der Philosophie. Eine Demonstration anhand ‚Metaphysik als strenge Wissenschaft' von Heinrich Scholz." Mainz phil. Diss. 1970.
[19] Lang, K., a. a. O., S. 10.
[20] ebda.

strenge Wissenschaft' spiegelt den Versuch wider, der Philosophie innerhalb der Mathematik zu ihrem Recht zu verhelfen, sie zweifelsfrei als Wissenschaft zu etablieren."[21].

Aber schon ehe die Analyse dieses möglichen Gesprächsanknüpfungspunktes beginnt, stellt Lang fest: „... mit Scholz philosophieren heißt, ein ganz privates Wagnis abseits der Mathematik, abseits der Wissenschaft zu unternehmen."[22] Schon hier wird, ehe das Gespräch überhaupt beginnt, die Reserve — sowohl aus der philosophischen wie auch aus der mathematischen Perspektive — gegenüber dem Denken von Scholz überaus deutlich. Und so ist es nicht verwunderlich, daß Lang, nachdem er „Metaphysik als strenge Wissenschaft" inhaltlich und formal rekonstruiert hat, das Resümee zieht, daß sich dieses Werk offensichtlich als ein gemeinsamer Anknüpfungspunkt für Mathematik und Philosophie *nicht* eignet, da gerade die philosophisch bedeutsamen Implikationen der Schrift nicht mathematisch formuliert werden können, während umgekehrt gerade dem Mathematiker von Scholz Voraussetzungen abverlangt werden, die dieser eben (angeblich) nicht teilen kann.[23]

Ähnlich negativ fällt die Einschätzung aus der Perspektive des Wissenschaftstheoretikers G. Frey aus, der lakonisch feststellt:

„Jeder Versuch, ein metaphysisches-ontologisches Modell einer Logik zu Grunde zu legen, läuft auf eine petitio principii hinaus. Das ist im Grunde schon an der ontologischen Auffassung der Logik bei Aristoteles zu erkennen. Besonders deutlich wird das an dem modernen Versuch von Heinrich Scholz (1941). Wenn man eine Ontologie (oder Metaphysik) der Logik zu Grunde legt, dann ist es nicht verwunderlich, wenn man aus eben dieser Logik diese Ontologie wieder herausbekommt. Daß er die Metaphysik hinten wieder herausbekommt, die er — wenn auch manchmal implizit — vorne hineingesteckt hat, ist nur ein Beweis dafür, daß er richtig gerechnet hat."[24]

---

[21] Lang, K., a. a. O., S. 11.
[22] ebda.
[23] Eine eingehende Auseinandersetzung mit Lang folgt im Rahmen der Kritik von M. a. s. W., unten, S. 194—201.
[24] Frey, G.: „Sprache, Ausdruck des Bewußtseins", Stuttgart 1965, S. 50, hier zitiert nach Lang, K., a. a. O., S. 72.
   Diese Kritik von Frey wird fast wörtlich wiederholt in Frey, G.: „Unabdingbarkeit und Destruierbarkeit der Metaphysik", in: Perspektiven der Philosophie 1977/3, S. 31—57.
   Weniger ablehnend verhält sich der Wissenschaftstheoretiker W.-K. Essler gegenüber Scholz' Metaphysikkonzept. In der Diskussion um die Frage, ob Metaphysik grundsätzlich aus dem Wissenschaftsbetrieb auszuschließen sei, weil

Ähnlich wie für die Philosophie selbst scheint so auch für die Probleme der Grenzgebiete von Mathematik und Philosophie eher Distanz und Skepsis gegenüber dem Denken von Scholz vorzuliegen.

2.3. SCHOLZ IN DER THEOLOGIE

Am ehesten kann noch für den Bereich der Theologie von einer literarischen Wirkungsgeschichte des Scholzschen Denkens gesprochen werden. Freilich gilt auch hier, daß lediglich einige Sektoren aus seinem Denken rezipiert und erschlossen wurden.

So avancierten vor allem in der Debatte um den Wissenschaftscharakter der Theologie seine zwei Aufsätze „Wie ist eine evangelische Theologie als Wissenschaft möglich"[25] und „Was ist unter einer theologischen Aussage zu verstehen"[26] zu Standardtexten, mit denen sich jeder Autor, der sich zu dem Thema ‚Theologie als Wissenschaft' äußern wollte, eingehend auseinanderzusetzen hatte. Dementsprechend gibt es für diesen kleinen Teil des Denkens von Scholz eine breite Wirkungsgeschichte in der deutschen Theologie. Darüber hinaus wurden aber auch seine Überlegungen zum Problem eines ontologischen Gottesbeweises in der theologischen Diskussion aufgenommen[27].

---

deren Theorien „... zur Zeit wenig oder überhaupt keine Verbindung mit den Theorien der Erfahrungswissenschaft haben ..." (Essler, W.-K.: „Wissenschaftstheorie", Bd. II, Freiburg-München 1971, S. 120), scheint ihm das Metaphysikkonzept von Scholz der Beweis für die Möglichkeit, daß die metaphysischen Theorien sich lediglich „... im Vorstadium der Formalwissenschaften befinden ..." (Essler, W.-K., a. a. O., S. 140). Scholz habe gezeigt, „... wie man den Metaphysikbegriff des Aristoteles durch konsequente Weiterentwicklung in eine Theorie der Verwendung des Notwendigkeitsbegriffs überführen kann ..." (Essler, W.-K., a. a. O., S. 140). Es scheint mir allerdings treffender zu sagen, daß der Aristotelische Metaphysikbegriff durch Scholz in eine Theorie der Verwendung des Identitätsbegriffes überführt wird.

[25] Scholz, H.: „Wie ist eine evangelische Theologie als Wissenschaft möglich?", in: Zwischen den Zeiten, 1931/9, S. 8−53, wiederabgedruckt in Sauter, G. (Hg.): „Theologie als Wissenschaft", München 1971, S. 221−264.

[26] Scholz, H.: „Was ist unter einer theologischen Aussage zu verstehen?", in: „Theologische Aufsätze, Karl Barth zum 50. Geburtstag", München 1936, S. 25−37, wiederabgedruckt in Sauter, G., a. a. O., S. 265−278.

[27] Über Scholz' Arbeiten zum sogenannten ontologischen Gottesbeweis hat Rentz ausführlich unter Einbeziehung des Scholz-Nachlasses informiert. Vgl. Rentz, W.: „Die Analyse und Interpretation des argumentum Anselmi von Heinrich Scholz",

Aber charakteristisch für beide Themenbereiche ist, daß Scholz hier jeweils als Autorität rezipiert wird, entweder als Fachmann in Fragen der Wissenschaftstheorie oder als Logik-Experte, der sich zu logischen Problemen des ontologischen Gottesbeweises äußert.

Nicht eigentlich das Denken von Scholz oder gar dessen theologische Überzeugungen stehen hier zur Diskussion, sondern seine Meinung als Fachmann für Logik.

Gemessen an den wissenschaftstheoretischen Schriften zur Theologie hat die von Scholz verfaßte „Religionsphilosophie"[28] einen weitaus geringeren Einfluß in der gegenwärtigen theologischen Diskussion, wenn auch hier vermutet werden darf, daß die eingehende Rezeption dieses Werkes noch bevorsteht[29].

Eine weitere Stufe in der Scholz-Rezeption und in gewisser Weise eine neue Qualität des Umgangs mit dem Scholzschen Denken scheint mir in der Arbeit von Ulrich „Was ist theologische Wahrheitsfindung?"[30] vorzuliegen. Hier werden erstmals Scholzsche Gedanken für die Lösung

---

in: Neue Zeitschrift für systematische Theologie und Religionsphilosophie 1979/ 21, S. 71—91.

[28] Scholz, H.: „Religionsphilosophie", Berlin 1921 (Berlin 1922 zweite, neuverfaßte Ausgabe), im folgenden zitiert als Religionsphilosophie[1] und Religionsphilosophie[2].

[29] Diese Meinung vertritt z. B. H. G. Hubbeling in seiner „Einführung in die Religionsphilosophie", Göttingen 1981, wenn er S. 197 von einer Wiederanknüpfung „... an die Tradition des großen deutschen Logikers und Religionsphilosophen H. Scholz..." in der gegenwärtigen deutschen Theologie spricht. Vgl. auch Fallenstein, M.: „Religion als philosophisches Problem. Studien zur Grundlegung der Frage nach der Wahrheit der Religion im religionsphilosophischen Denken von Heinrich Scholz", Frankfurt-Bern 1981.

Fallenstein schreibt im Vorwort seiner Arbeit: „Die wissenschaftliche Auseinandersetzung mit dem religionsphilosophischen Denken von Heinrich Scholz hat noch kaum begonnen." (S. I)

[30] Ulrich, H. G.: „Was ist theologische Wahrheitsfindung? Bemerkungen zu den Fragen von Heinrich Scholz an Karl Barth", in: Evangelische Theologie 1983/ N. F. 38, S. 350—370.

Für die religonsphilosophische Diskussion führt Th. Mahlmann die Gedanken von H. Scholz weiter. Vgl. Th. Mahlmann: „Was ist Religion in der Religionsphilosophie von Heinrich Scholz?", in Härle, W. und E. Wölfel (Hg): „Religion im Denken unserer Zeit", Marburg 1986, S. 1—33.

Für den Bereich der wissenschaftstheoretischen Diskussion vgl. A. L. Molendijk: „Heinrich Scholz — Karl Barth. Een discussie over de wetenschappelijkheid van de theologie", in Nederlands Theologisch Tijdschrift 1985/39, S. 295—313.

eines religionsphilosophischen Problems, nämlich der Frage nach der Möglichkeit und Methode theologischer Wahrheitsfindung eingeführt und theologisch aufgenommen. Angesichts dieser Entwicklung scheint gerade im Bereich der Theologie eine breitere und intensivere Rezeption von Scholz wahrscheinlich.

2.4. ZUSAMMENFASSUNG

Zusammenfassend kann so festgestellt werden, daß Scholz — den Fachwissenschaftlern in den jeweils für ihr Denken bedeutsamen Sektoren wohlbekannt — als fachliche Autorität hoch geschätzt wurde und wird[31]. Auch als Gewährsmann für eine bestimmte wissenschaftliche Meinung oder historische Wertung wurde er gerne ins Feld geführt[32], wobei dann den zitierten ‚Dicta' von Scholz sicher dessen Vorliebe

---

[31] Beispielsweise kann der Logiker E. Kaila 1942 feststellen, daß zu den führenden Forschern der modernen Logik in Deutschland neben Hilbert und seinen Mitarbeitern nur noch Scholz und seine Mitarbeiter zu zählen sind. Vgl. Kaila, E.: „Logistik und Metaphysik", in: Theoria 1942/8, S. 58—60, S. 58.
Der Mathematiker H. Meschkowski bezeichnet Scholz als den „Altmeister der mathematischen Logik in Deutschland". Meschkowski, H.: „Was wir wirklich wissen", München 1984, S. 101.

[32] Stellvertretend mag hier auf den Band der kleinen Vandenhoeck Reihe verwiesen werden: Frege, G.: „Logische Untersuchungen", herausgegeben und eingeleitet von G. Patzig, Göttingen 1976². Frege wird hier auf dem Einband des Buches dem Publikum durch das folgende Scholzzitat bekannt gemacht: „Heinrich Scholz bezeichnet Frege als einen der größten deutschen Denker, ja, als einen der größten europäischen Denker überhaupt. ‚Ein Denker vom Rang und der Tiefe eines Leibniz und einer schöpferischen Kraft, die von der seltensten Mächtigkeit ist'." (Das Zitat stammt aus dem Aufsatz „Gottlob Frege", hier zitiert nach M. U., S. 268).
Meschkowski verwendet mit Vorliebe ein Dictum von Scholz über K. Gödels Arbeit „Über formal unentscheidbare Sätze der Principia Mathematica und verwandter Systeme", in: Monatshefte für Mathematik und Physik 1931/38, S. 173—198. Diese Arbeit sei die „Kritik der reinen Vernunft vom Jahre 1931" (Meschkowski, H., vgl. Anm. 31, S. 15 u. ö.). Dieses Zitat konnte ich allerdings nicht an Scholz-Texten verifizieren, lediglich die These zu Gödels Arbeiten: „Diese Untersuchungen sind vom Rang einer zweiten nachkantischen Vernunftkritik." (M. U., S. 289). Außerdem schreibt Scholz „Dieser von K. Gödel stammende Satz (sc. der Gödelsche Unvollständigkeitssatz) liefert das Rüstzeug zu einer ‚Kritik der reinen Vernunft', für welche behauptet werden kann, daß sie bei weitem das Tiefste darstellt, was seit Kant zu diesem Thema gesagt worden ist." (M. U., S. 367, Anm. 24).

für überspitzte, aphoristische Wendungen oder von starkem Pathos getragenen Urteilen zugute kommt. Dementsprechend kann gesagt werden, daß es wohl eingehende Auseinandersetzungen verschiedener Autoren mit einzelnen Arbeiten von Scholz gegeben hat — und durchweg wird Scholz in jedem der von ihm bearbeiteten Teilgebiete eine hohe Kompetenz zugestanden —, gleichwohl wird die Frage nach der Gesamtheit seines Denkens, nach dessen Einheit, innerer Kohärenz und Systematik nicht gestellt.

Scholz bleibt so letztlich doch Sonderling, der *zwischen* all den Wissenschaften steht, die er durch seine Arbeit bereichert hat, ein Grenzgänger, der sich nicht in das traditionelle Fakultätenschema einordnen ließ, und deshalb von keiner ‚seiner' Wissenschaften wirklich rezipiert wurde.

3. DIE FRAGE NACH DER MÖGLICHKEIT EINES EINHEITLICHEN VERSTÄNDNISSES DES DENKENS VON SCHOLZ

3.1. DIE BEDEUTUNG DER FRAGE ANGESICHTS DER THEMATISCHEN VIELFALT DER ARBEITEN VON SCHOLZ

Die Arbeits- und Themenschwerpunkte von Scholz sind so reich und vielseitig, daß hier nicht einmal der Versuch unternommen werden kann, sie alle detailliert zu erschließen. Trotzdem ist es jedoch von großer Wichtigkeit zu überprüfen, ob die Vielzahl von Arbeiten zu scheinbar ganz unterschiedlichen Themen in irgendeiner Weise geordnet, aufeinander bezogen werden können.

Was für den Zusammenhang dieser Arbeit interessiert, ist also nicht eine Einzelanalyse aller Schriften von Heinrich Scholz, vielmehr soll untersucht werden, ob es so etwas wie einen ‚cantus firmus' gibt, der sich durch das gesamte Werk von Scholz hindurchzieht. Je nachdem, wie die Beantwortung dieser Frage ausfällt, wären dann Konsequenzen für die Interpretation des Philosophierens von Scholz zu ziehen, die beträchtlich auseinanderlägen. Insofern stellen diese Überlegungen eine notwendige Vorbedingung auch für die Interpretation einzelner Schriften von Scholz dar.

Im Denken von Heinrich Scholz lassen sich formal vier Themenbereiche unterscheiden, die — legt man ein grobes Raster an — zeitlich in der wissenschaftlichen Biographie von Scholz aufeinander folgen. Man kann deutlich unterscheiden zwischen

1. dem Themenbereich Theologie und Theologiegeschichte
2. dem Themenbereich Religionsphilosophie
3. dem Themenbereich Philosophie und Philosophiegeschichte
4. dem Themenbereich Logistik und Grundlagenforschung.[32a]

[32a] Der heute eher ungebräuchliche Begriff der ‚Logistik' wird hier verwendet, um den Sprachgebrauch von Scholz wiederzugeben. Gemeint ist dasselbe wie mit den Termen ‚mathematische Logik', ‚formale Logik', ‚moderne Logik'. Vgl. auch

Aus der Tatsache, daß diese Themenbereiche beim ersten Augenschein zeitlich aufeinanderfolgen, hat man oft die Folgerung gezogen, daß es sich hier um drei in sich weitgehend abgeschlossene Kreise wissenschaftlicher Forschung handelt, die in keiner Wechselwirkung und keinem systematischen Zusammenhang miteinander stehen.

So geht beispielsweise H. Kuhn in seinem Aufsatz „Die Theologie vor dem Tribunal der Wissenschaftstheorie"[33] davon aus, daß Scholz in seiner logistischen Phase keine Beziehung mehr zu Fragen der Theologie hat. Er versucht hier, Heinrich Scholz mit W. Pannenberg zu vergleichen und kommt zu dem Ergebnis:

> „In der Tat besteht eine tiefe Verwandtschaft zwischen Heinrich Scholz (1884–1956) und Pannenberg: Beide sind bewegt von dem Doppelinteresse an Theologie und Wissenschaftstheorie (die bei Scholz die Form einer mathematischen Logik einnahm). Aber während die Doppelheit sich bei Scholz zu einer persönlichen und beruflichen Krise zuspitzte und zu seiner loyalen Abwendung von der Theologie (aber keineswegs zur Annäherung an den Positivismus) führte, ist P[annenberg] auf Versöhnung eingestellt."[33]

Von einer ähnlichen Vorstellung geht Meschkowski aus, wenn er schreibt:

> „Die Klarheit der mathematischen Aussageweise wurde einem geisteswissenschaftlich geschulten Gelehrten zu einem eindrucksvollen Erlebnis. Im Jahre 1922 (sc. muß heißen 1921) stieß Heinrich Scholz ... damals Ordinarius für Philosophie ..., auf die ‚Principia mathematica'.... Ihm lag die Beschäftigung mit Grundfragen der Mathematik und mit formaler Logik damals völlig fern, aber er war fasziniert von diesem Werk.... Er hatte sich bereits durch eine vielbeachtete religionsphilosophische Arbeit einen Namen gemacht.... Dennoch veränderte die Begegnung mit der Mathematik und der mathematischen Logik seinen Forschungsstil völlig. ... Es ging in dem Werk von Russell und Whitehead freilich nicht um die großen Fragen über Gott und die Welt, die den Theologen und Religionsphilosophen beschäftigt hatten. Dafür gab es präzise Definitionen und Aussagen, Beweisgänge, die keine Zweifel mehr offen ließen."[34]

Beide Autoren lassen keinen Zweifel daran, daß Scholz' kontingente Begegnung mit der Logistik zu einer Abwendung von der Theologie und Religionsphilosophie geführt hat, die nur als ein völliger Bruch

---

die Äquivalentsetzung dieser Terme bei Menne, A.: „Einführung in die Logik", München 1973[2], Vorwort zur ersten Auflage.

[33] Kuhn, H.: „Die Theologie vor dem Tribunal der Wissenschaftstheorie", in: Philosophische Rundschau 1978/25, S. 264–277, S. 268.

[34] Meschkowski, H. a.a.O., S. 95.

beschrieben werden kann. Während Kuhn davon ausgeht, daß im Denken von Scholz eine Konkurrenz zwischen Theologie und „Wissenschaftstheorie" vorliegt, die schließlich — begleitet von einer persönlichen Krise — mit der ‚Niederlage' der Theologie und dem ‚Sieg' der Wissenschaftstheorie endet, erweckt Meschkowski den Eindruck, als habe die Mathematik mit ihrer Faszination der Theologie gleichsam den Rang abgelaufen. Jedenfalls faßt man hier die verschiedenen Themenbereiche im Denken von Scholz als unterschiedliche Stadien in der wissenschaftlichen Entwicklung von Scholz auf, die in sich jeweils abgeschlossen waren und die nur zufällig aufeinander folgten — letztlich begründet in einem kontingenten Wechsel wissenschaftlicher Interessen.

So schien es durchaus legitim, ja, dem scheinbar widersprüchlichen Denken von Scholz sogar in gewisser Weise angemessen, Scholz, den Theologen, *oder* Scholz, den Philosophen, *oder* Scholz, den Logistiker, zu rezipieren, das jeweils andere hingegen als vielleicht befremdlich, jedenfalls aber als unwichtig zu registrieren und deshalb beiseite zu lassen.

Kein geringerer als E. Spranger, ein enger Freund von Scholz, scheint, zumindest was die Theologie betrifft, dieser Einschätzung Ausdruck zu verleihen, wenn er für Scholz nach dessen Wendung zur Logistik feststellt: „... eigentlich Theologisches kam nicht wieder..."[35]. Die entgegengesetzte Meinung kann demgegenüber durch die These von C. H. Ratschow markiert werden, für den feststeht: „Er (sc. Scholz) legte die Theologie nicht ab wie ein altes Gewand, das nicht mehr tauge, sondern er versuchte die Rechtfertigung des religiösen Anliegens in gefährdeter Zeit."[36]

Angesichts dieser unterschiedlichen Einschätzungen stellt sich die Frage, ob es im Denken von Scholz vier verschiedene Themenkreise gibt, die streng voneinander getrennt sind, dergestalt, daß sich Scholz von einem Themenbereich ab- und dem nächsten Themenbereich zugewandt hätte: Eine wissenschaftliche Entwicklung also, die durch deutliche Brüche gekennzeichnet wäre, oder ob es vielmehr so ist, daß die

---

[35] Heinrich Scholz. Drei Vorträge gehalten bei der Gedächtnisfeier der Math.-Naturw. Fakultät der Universität Münster am 20. Dezember 1957, Schriften der Gesellschaft zur Förderung der Westfälischen Wilhelms-Universität zu Münster, Heft 41, Münster 1958, S. 7, im folgenden zitiert als ‚Gedächtnisfeier'.
[36] Ratschow, C. H.: „Heinrich Scholz der Theologe und der Christ", in: ‚Gedächtnisfeier', S. 10−24, S. 23.

verschiedenen Themenbereiche als Stufen einer in sich konsequenten Entwicklung, die sich zu einer ganzheitlichen Philosophie integriert, zu interpretieren sind.

Es ist deutlich, daß es nur bei der Wahrheit der ersten Variante dem Selbstverständnis von Scholz angemessen ist, einzelne Sektoren aus dem Denken von Scholz herauszulösen und zu interpretieren, während man andere Bereiche seines Denkens als nicht mehr bedeutsam beiseite läßt.

Ich werde für die Wahrheit der zweiten Variante argumentieren, die von der These der Möglichkeit einer einheitlichen Interpretation des Denkens von Scholz ausgeht. Zur Stützung dieser These möchte ich vier Argumente entfalten, die nach ihrer wachsenden Bedeutsamkeit geordnet sind:

1. Die Themenbereiche der Veröffentlichungen von Scholz sind zeitlich nicht genau voneinander zu trennen.
2. Die Biographie und der Charakter von Scholz schließen einen sprunghaften, unmotivierten Interessenwechsel aus.
3. Es gibt eine Schrift von Scholz, die als ein implizites Programm seines gesamten Philosophierens gedeutet werden kann.
4. Es gibt inhaltliche Konstanten, die sich durch das gesamte Denken von Scholz verfolgen und nachweisen lassen.

3.2. DIE THEMENBEREICHE IM DENKEN VON SCHOLZ

3.2.1. Bereich Theologie

Will man die obenbenannten Themenbereiche im Denken von Scholz präzisieren, so wäre der erste Bereich dadurch gekennzeichnet, daß Arbeiten zur Schleiermacherforschung im Vordergrund stehen. Die umfangreichste und auch wichtigste Monographie dieses Themenbereiches ist dabei „Christentum und Wissenschaft in Schleiermachers Glaubenslehre"[37]. Die zweite bedeutende Monographie des theologischen Themenbereichs ist die systematisch orientierte Augustinus-Arbeit „Glaube und Unglaube in der Weltgeschichte"[38]. Neben diesen beiden Werken

---

[37] Scholz, H.: „Christentum und Wissenschaft in Schleiermachers Glaubenslehre. Ein Beitrag zum Verständnis der Schleiermacherschen Theologie.", Berlin 1909 (Leipzig 1911²).
[38] Scholz, H.: „Glaube und Unglaube in der Weltgeschichte. Ein Kommentar zu Augustins De civitate dei, mit einem Exkurs: Fruitio Dei, ein Beitrag zur Geschichte der Theologie und der Mystik", Leipzig 1911.

ist jedoch noch eine Fülle theologisch orientierter Veröffentlichungen zu nennen, unter denen sicher der Aufsatz „Wie ist eine evangelische Theologie als Wissenschaft möglich" zu den Arbeiten mit der stärksten Wirkung in der Gegenwart zählt[39].

3.2.2. Bereich Religionsphilosophie

Die wichtigste Arbeit zu dem religionsphilosophischen Themenkreis stellt die „Religionsphilosophie"[40] dar. Diese Arbeit ist gerade auch im Hinblick auf die Frage nach der Entwicklung des Denkens von Scholz zweifellos von besonderer Bedeutung, denn zwischen der ersten und der zweiten Auflage der „Religionsphilosophie" werden Scholz die „Principia mathematica" von Whitehead und Russell[41] bekannt.

Wenn an irgendeiner Stelle in der wissenschaftlichen Biographie von Scholz von einem Bruch soll gesprochen werden können, dann würde dies für das Jahr 1921 gelten. In diesem Jahr orientiert Scholz sein Denken radikal um. Um so aufschlußreicher ist hier ein Vergleich der beiden Auflagen der Religionsphilosophie, auf den hier kurz eingegangen werden soll.

Im Vergleich der beiden Auflagen wird sofort deutlich, daß Scholz die Umarbeitung seiner „Religionsphilosophie" nicht unabhängig von seiner Rezeption der „Principia mathematica" durchführt. Vielmehr hat man den Eindruck, daß Scholz sofort versucht, die Konsequenzen aus seiner ersten Beschäftigung mit der Logistik zu ziehen und für seine „Religionsphilosophie" auszuwerten. Scholz dringt radikal auf größere

---

[39] Scholz, H.: „Wie ist eine evangelische Theologie als Wissenschaft möglich?", a. a. O.
[40] Scholz, H.: „Religionsphilosophie", a. a. O. Zu den wichtigsten Vorarbeiten zur „Religionsphilosophie" zählen: „Die Religion im Systembegriff der Kultur", in: Zeitschrift für Theologie und Kirche 1917/27, Festgabe für Wilhelm Herrmann zu seinem 70. Geburtstag, S. 230−249.
„Der Unsterblichkeitsgedanke als philosophisches Problem", Berlin 1920 (Berlin 1922, zweite neuverfaßte Ausgabe).
„Die Religionsphilosophie des Als-ob. Eine Nachprüfung Kants und des idealistischen Positivismus.", Leipzig 1921.
[41] In der autobiographischen Skizze schreibt Scholz: „Nachdem ich meine Religionsphilosophie publiziert hatte, entdeckte ich 1921 durch einen Glücksfall ... die ‚Principia Mathematica' ..." (S. 2) von A. N. Whitehead und B. Russell, Bd I 1910, Bd II 1913, Bd III 1913.

Klarheit, größere Präzision der Begriffe und Straffung der Gedankenführung. Schon auf Grund dieser Beobachtungen ist man berechtigt zu behaupten, daß sich die zweite Auflage der „Religionsphilosophie" ganz erheblich von der ersten Auflage nicht nur formal, sondern auch inhaltlich unterscheidet.

Was den Inhalt betrifft, so ist von Scholz für die zweite Auflage folgendes hervorgehoben: „Eine neue Tendenz ist die Befreiung der Religion von den Ansprüchen einer sich selbst überschätzenden Kultur und Kulturphilosophie, in die sie in der ersten Fassung noch viel zu sehr verflochten war."[42] Scholz will seine Einsicht in „... das Gottesbewußtsein der Religion in seinem autonomen Charakter ..."[43] noch nachdrücklicher unterstreichen, eine Akzentsetzung, die deutlich auch an die theologischen Interessen der sich formierenden dialektischen Theologie erinnert, obwohl ein Kontakt zwischen Barth und Scholz für diese Zeit mit Sicherheit auszuschließen ist[44]. Inhaltliche Verschiebungen von der ersten zur zweiten Auflage der „Religionsphilosophie" sollen hier jedoch nicht weiter verfolgt werden. Das Interesse soll hier vor allem den formalen Veränderungen gelten.

Scholz bemerkt im Vorwort zur zweiten Auflage der „Religionsphilosophie", daß vor allem die „logische Evidenz", die „Geschlossenheit" und die „Präzision"[45] erhöht werden sollten. Charakteristisch und aufschlußreich sind die Veränderungen, die Scholz im Einleitungsteil und im Schlußteil vorgenommen hat. Der Einleitungsteil ist nach Scholz' Auskunft „... völlig neu geschrieben ..."[46]. Hier sind die auffälligsten neuen Begriffe einerseits die ‚ponderable Religion', andererseits ‚Axiome' und ‚Axiomatisierung'.

---

[42] Religionsphilosophie², S. IV.
[43] ebda.
[44] Vgl. „Karl Barth — Eduard Thurneysen Briefwechsel. Bd. 2 1921—1930", bearbeitet und herausgegeben von Eduard Thurneysen (Karl Barth. Gesamtausgabe. V. Briefe), Zürich 1974, S. 693:
„Noch ist über einen sehr merkwürdigen Freund zu berichten, der uns hier erstanden ist: der Philosoph Heinrich Scholz ...". Von dieser Äußerung Barths her muß auch die von Meschkowski vertretene Meinung, Scholz und Barth seien Studienfreunde gewesen, korrigiert werden. Vgl. Meschkowski, H., vgl. Anm. 31, S. 96.
[45] Religionsphilosophie², S. III.
[46] ebda.

Der Begriff der ponderablen Religion, so grundlegend er auch für die inhaltliche Konzeption der „Religionsphilosophie" geworden ist, scheint mir für die augenblicklich verfolgte Frage von nachgeordneter Bedeutung. Mit diesem Begriff umreißt Scholz lediglich einen Sachverhalt bündig, der auch in der ersten Auflage, wenn auch nicht in dieser begrifflichen Prägnanz, gesehen und beschrieben ist. So wird dieses Anliegen von Scholz beispielsweise in der ersten Auflage[47] bereits ausführlich beschrieben, während er in der zweiten Auflage mit dem kurzen Verweis auf den Begriff der ponderablen Religion an der entsprechenden Stelle auskommt.

Interessanter ist dagegen die Verwendung des Axiombegriffs und der Versuch einer „Axiomatisierung der Religionsphilosophie"[48]. Diese Begrifflichkeit, die in der ersten Auflage keine Entsprechung hat, deutet klar darauf hin, daß sich Scholz hier bewußt am Paradigma der Mathematik, beziehungsweise der Logistik, orientiert. Scholz will die axiomatisch-deduktive Methode, die Russell und Whitehead für die Darstellung der Aussagenlogik verwenden, nun auch für die Religionsphilosophie fruchtbar machen und einsetzen.[49] Scholz formuliert — in deutlicher Nähe zu den „Principia mathematica" — sechs Axiome, aus denen er analog zu einer axiomatisch-deduktiven Wissenschaft seine Religionsphilosophie mit Notwendigkeit ableiten will: „Es gibt nur *eine* konsequente Realisierung der hier geforderten Religionsphilosophie"[50], betont Scholz.

Wenn man davon ausgeht, daß Scholz hier den Axiom-Begriff nicht leichtfertig einführt, dann ist sehr wahrscheinlich, daß Scholz sich zu dieser Zeit bereits mit einem axiomatisierten Logikkalkül intensiv beschäftigt hat und zu dem Ergebnis gekommen ist, daß hier eine direkte Übernahme logistischer Methodik für den Bereich der Religionsphilosophie nicht nur möglich, sondern auch von Vorteil für diese Wissenschaft sei.

---

[47] Religionsphilosophie¹, S. 49—51.
[48] Religionsphilosophie², S. 22.
[49] Weniger wahrscheinlich scheint mir dagegen die Möglichkeit, daß Scholz hier nur auf das alte Ideal des Rationalismus anspielt, ‚more geometrico' zu verfahren. Vielmehr wird es so sein, daß Scholz erst *nach* der Rezeption der Logistik dieses alte Ideal ‚wiederentdeckt' und rehabilitiert.
[50] Religionsphilosophie², S. 25.

Auch hier wird also deutlich, daß ständig eine starke Wechselwirkung zwischen den Themenbereichen im Denken von Scholz besteht, hier exemplifiziert an der Wechselwirkung zwischen Religionsphilosophie und Logistik. Die Einarbeitung in die Logistik führt für Scholz nicht zur Abwendung von der religionsphilosophischen Thematik, er läßt die notwendig gewordene zweite Auflage der „Religionsphilosophie" nicht etwa unverändert oder gar nicht erscheinen, sondern er versucht sofort, seine neuen Einsichten im Bereich der Logistik in sein gesamtes Denken zu integrieren und sie für die Lösung seiner zentralen Probleme einzusetzen.

Auch im Schlußteil der zweiten Auflage der „Religionsphilosophie" fällt ein Begriff auf, der sich in der ersten Auflage überhaupt nicht findet: Der Begriff des Bekenntnisses, genauer, des philosophischen Bekenntnisses. Dieser Begriff wird auch im späteren Denken von Scholz eine herausragende Bedeutung erhalten[51], er wird für Scholz zu dem notwendigen Korrespondenzbegriff gegenüber den Sätzen, die im ‚Wenn-so-Stil' formuliert werden können, also der Satzmenge, die in Axiome und Folgerungen aus diesen Axiomen vermittels bestimmter Ableitungsregeln aufgespalten werden können.

Scholz will im Zusammenhang der „Religionsphilosophie" eine „... Erörterung der notwendigen und hinreichenden Bedingungen, unter denen ein philosophisches Bekenntnis zur Wahrheit der Religion möglich ist ..."[52], vorlegen. Während Scholz in der ersten Auflage der „Religionsphilosophie" noch Gründe für die Glaubwürdigkeit der Religion anführen möchte, fragt er jetzt nach den Möglichkeitsbedingungen für ein Bekenntnis zur Wahrheit der Religion.

Exkurs

Ein detaillierter Vergleich der beiden Auflagen der „Religionsphilosophie", sowohl unter inhaltlichen wie auch unter formalen Gesichtspunkten, stellt ein echtes Desiderat dar. Leider bietet auch die letzte bisher vorgelegte Arbeit von Fallenstein hier genausowenig eine Analyse wie die ältere Dissertation von Luthe[53]. Die Dissertation von M. Fallenstein

---

[51] Zum Bekenntnisbegriff und seiner Funktion in der Metaphysikkonzeption von Scholz vgl. unten, S. 134 ff.
[52] Religionsphilosophie², S. 281.
[53] Luthe, H., a. a. O.

„Religion als philosophisches Problem"[54], die sich zum Ziel setzt, einer „... eindringenden Auseinandersetzung mit der theologischen Gedankenwelt dieses Gelehrten (sc. Scholz) den Weg zu bereiten ..."[55], konzentriert sich auf das Problem der Einordnung und Analyse des religionsphilosophischen Ansatzes von Scholz. Leider läßt sich Fallenstein einen kritischen Vergleich der beiden Auflagen der Religionsphilosophie entgehen. Er scheint von vorneherein davon auszugehen, daß keine erheblichen Veränderungen zwischen den beiden Auflagen existieren. Von dieser Vormeinung her interpretiert er dann alle offensichtlichen Veränderungen als letztlich unerheblich. Besonders deutlich wird diese Vorgehensweise, wenn die originären und profilierten Begriffe der ponderablen und der imponderablen Religion, die sich erst in der zweiten Auflage finden, in ihren Gehalten gar nicht diskutiert werden. Es wird lediglich in einer Fußnote die Tatsache erwähnt, daß in der zweiten Auflage anstelle der Begriffe ‚erstorbene Religion' und ‚erlebbare Religion' die Begriffe ‚ponderable' und ‚imponderable' Religion benutzt werden. „Aber diese terminologische Änderung ist für die gedankliche Struktur der Scholzschen Religionsphilosophie doch wohl (!) ohne wesentliche Bedeutung..."[56]. Mit dieser Begründung verwendet Fallenstein dann für seine Interpretation weiter die Begriffe ‚erlebbar' und ‚erstorben', offenbar nicht zuletzt deshalb, weil diese Begriffe ihm die Möglichkeit geben, sie biologistisch zu (miß)interpretieren, wobei die Begriffe die Bedeutung von ‚gegenwärtig' und ‚vergangen' anzunehmen scheinen. Es ist jedoch evident, daß dieses Verständnis im genauen Gegensatz zu dem steht, was Scholz mit den Begriffen bezeichnen will. Gerade mit dem von Fallenstein als unerheblich apostrophierten Begriffswechsel in der zweiten Auflage will Scholz deutlich machen, daß dasjenige, was er mit ‚ponderabel' und ‚imponderabel' meint, quer zu historischen oder ‚biologischen' Entwicklungen steht.

In diesem Interpretationszusammenhang scheint mir auch die Annahme von Fallenstein unbegründet, daß Scholz von Spenglerschem Denken oder gar seiner Terminologie beeinflußt sei. Vielmehr scheint

---

[54] Fallenstein, M., a. a. O.
[55] Fallenstein, M., a. a. O., S. 5.
[56] Fallenstein, M., a. a. O., S. 179 Anm. 37.

mir schon die Kritik „Zum ‚Untergang des Abendlandes'"[57], noch deutlicher aber das bereits auf das Jahr 1924 zurückgehende Buch „Die Grundlagenkrisis der griechischen Mathematik"[58] zu belegen, daß Scholz ein entschiedener Gegner des Denkens und der Begriffsbildung Spenglers ist. Jedenfalls ist die Arbeit von Fallenstein so angelegt, daß Unterschiede zwischen den beiden Auflagen der „Religionsphilosophie" nicht deutlich werden. Mir scheinen jedoch mehrere Argumente dafür zu sprechen, daß es lohnend ist, gerade im Falle Scholz das Augenmerk auf Differenzen zwischen den beiden Auflagen zu richten, denn *erstens* ist das Werk rein äußerlich um ein Drittel gekürzt, es wäre also systematisch zu überprüfen, *was* Scholz gestrichen hat, *zweitens* betont Scholz selber, daß er das grundlegende Einleitungskapitel völlig neu geschrieben hat[59], *drittens* fällt genau in die Zeit zwischen erster und zweiter Auflage der Religionsphilosophie die Entdeckung und beginnende Rezeption der „Principia mathematica"[60].

3.2.3. Bereich Philosophie und Philosophiegeschichte

Dieser dritte Themenbereich ist in der Zeit bis 1918 einerseits bestimmt durch Beiträge zur Fichterezeption[61], die in diesem Zeitraum

---

[57] Vgl. Scholz, H.: „Zum ‚Untergang des Abendlandes'. Eine Auseinandersetzung mit Oswald Spengler" Berlin 1920 (Berlin 1921 zweite, neubearbeitete und ergänzte Auflage).
Fallenstein scheint bei seiner Scholz-Interpretation lediglich die erste Auflage zu verwenden, dies geht aus den Anmerkungen S. 180 ff hervor, nicht hingegen die zweite, neubearbeitete und ergänzte Auflage. Dies kann jedoch nur vermutet werden, da Fallenstein in seinem Literaturverzeichnis weder die erste noch die zweite Auflage anführt.

[58] Vgl. Scholz, H. und H. Hasse: „Die Grundlagenkrisis der Griechischen Mathematik", Berlin 1928, S. 4 Anm. 1.

[59] Religionsphilosophie², S. III.

[60] Dies geht aus den Angaben der autobiographischen Skizze hervor, vgl. Anm. 41.
Dieser Vergleich der beiden Auflagen der „Religionsphilosophie" kann außerdem ergänzt und kontrolliert werden an der Arbeit „Der Unsterblichkeitsgedanke als philosophisches Problem". Diese 1920 erstmals erschienene Arbeit ist ebenfalls unter dem Einfluß der Rezeption der ‚Principia mathematica' in einer neuverfaßten zweiten Auflage 1922 erschienen.

[61] Die wichtigsten Arbeiten zur Fichte-Forschung sind: Eine Ausgabe der „Anweisung zum seligen Leben", zu der Scholz eine Einleitung verfaßte (Berlin 1912).
„Fichte als Erzieher", in: Kantstudien 1914/19, Festheft zum 70. Geburtstag von Alois Riehl, S. 146—181.

verstärkt einsetzt, andererseits befaßt sich Scholz mit dem Pantheismusproblem[62]. Während jedoch die Frage nach dem Pantheismusproblem noch durch die Schleiermacherforschungen bedingt zu sein scheint, verweisen die zeitlich nun folgenden Arbeiten zur ‚Philosophie des Alsob' bereits auf die Vorarbeiten zu der entstehenden „Religionsphilosophie". Für den Zeitraum bis 1932 konzentriert sich Scholz vor allem auf die Auseinandersetzung mit Kant, die ihre erste ausführliche Zusammenfassung in einer ausgearbeiteten Vorlesung findet[63]. Ebenso in diesen Zeitraum fallen die intensiven Studien zur Geschichte der Metaphysik, die ebenfalls in einer ausgearbeiteten Vorlesung zusammengefaßt sind[64]. Hier wird bereits das begriffsgeschichtliche Fundament für die Metaphysikkonzeption gelegt, die in der Monographie „Metaphysik als strenge Wissenschaft" und den thematisch zugehörigen Schriften[65] entfaltet wird. In den Themenbereich Philosophiegeschichte muß schließlich auch bezeichnenderweise die „Geschichte der Logik" eingeordnet werden[66].

„Fichte als Dichter", in: Preußische Jahrbücher 1915/159, S. 255—271.
„Ein neues Dokument zu Fichtes religionsphilosophischer Entwicklung" in: Kantstudien 1918/22, S. 393—425.

[62] Zum Pantheismusproblem sind die wichtigsten Arbeiten:
„Die Hauptschriften zum Pantheismusstreit zwischen Jacobi und Mendelssohn. Herausgegeben und mit einer Einleitung versehen von Heinrich Scholz", Berlin 1916.
„Der Pantheismus in seinem Verhältnis zum Gottesglauben des Christentums" in: Preußische Jahrbücher 1910/141, S. 439—464.
„Das pantheistische Problem in protestantischer Beleuchtung", in: Deutsch-Evangelisch, Monatsblätter für den gesamten deutschen Protestantismus 1912/3, S. 321—340.

[63] Scholz, H.: „Kant". Die Vorlesung ist mit folgendem Zusatz versehen: „Vorlesung von Prof. Dr. H. Scholz Sommer-Semester 1932, Ausarbeitung nach Manuskript von Prof. Dr. Scholz. Schrift: Tonio Kalle. Herausgeber: Mathematische Arbeitsgemeinschaft Münster i/W". Diese Vorlesung wird im folgenden als ‚Kant' zitiert.

[64] Scholz, H.: „Hauptgestalten der abendländischen Metaphysik". Die Vorlesung ist mit folgendem Zusatz versehen: „Vorlesung von Prof. Dr. H. Scholz Wintersemester 1931/32. Ausarbeitung: Prof. Dr. Scholz. Schrift: Tonio Kalle. Als Manuskript gedruckt. Der Herausgeber: Mathematische Arbeitsgemeinschaft Münster i. W.". Diese Vorlesung wird im folgenden als ‚Hauptgestalten' zitiert.

[65] Die mit M. a. s. W. am engsten verbundene Schrift ist „Logik, Grammatik, Metaphysik.", hier zitiert nach M. U., S. 399—436. Weiterhin gehört in diesem thematischen Zusammenhang „Was ist Philosophie? Der erste und der letzte Schritt auf dem Wege zu ihrer Selbstbestimmung.", hier zitiert nach M. U., S. 341—387.

[66] Scholz, H.: „Geschichte der Logik.", a. a. O.

3.2.4. Bereich Logistik

Der vierte Themenbereich schließlich umfaßt die Arbeiten zur Logistik. Diesem Themenbereich hat Scholz zweifellos von 1936 an den größten Teil seiner Arbeitszeit gewidmet. Vor allem im Bereich der akademischen Lehre wird anhand der gehaltenen Vorlesungen deutlich, daß Scholz sich hier weitgehend auf die Logistik konzentriert[67], obwohl auch für die akademische Lehre dies nicht ausschließlich gilt: So hält Scholz 1943 erneut eine Kant-Vorlesung[68], außerdem gibt er 1950 eine „Einführung in die Philosophie"[69], die merkwürdigerweise mit der Diskussion des ontologischen Argumentes beginnt. Der in der akademischen Lehre deutlich hervortretende Logistik-Schwerpunkt spiegelt sich hingegen in den literarischen Veröffentlichungen von Scholz nicht so eindeutig wieder. In diesen Veröffentlichungen versucht Scholz vielmehr innerhalb verschiedener Arbeiten seine Gesamtkonzeption von Philosophie im allgemeinen und von Metaphysik im besonderen zu entfalten[70].

Während so die akademische Tätigkeit in Lehre und Forschung — mit Worten von Scholz gesprochen — als die logistische Werkstattarbeit angesehen werden kann, versuchen die Veröffentlichungen die Konsequenzen aus den Ergebnissen dieser Werkstattarbeit zu formulieren und zu einem einheitlichen Konzept von Metaphysik zu integrieren.

3.3. GRÜNDE FÜR EINE EINHEITLICHE INTERPRETATION DES SCHOLZSCHEN DENKENS

3.3.1. Die Probleme eines Phasenmodells

Die oben gegebene kurze Darstellung der Themenbereiche, in denen Scholz arbeitete, und vor allem auch der etwas ausführlichere Seitenblick auf die „Religionsphilosophie" in ihren beiden Auflagen macht deutlich, daß es außerordentlich problematisch ist, die wissenschaftliche Entwicklung von Scholz mit Hilfe eines Phasen-Modells zu interpretieren. Ein Phasen-Modell wäre dann berechtigt, wenn auf die Phase der

---

[67] Vgl. die Zusammenstellung von Scholz' Vorlesungen in M. U., S. 468—470.
[68] „Einführung in die Kantische Philosophie.", WS 1943/44, abgedruckt in M. U., S. 152—218.
[69] „Einführung in die Philosophie. I." Vorlesung WS 1950/51, zum Teil abgedruckt in M. U., S. 62—74.
[70] Vgl. vor allem die in Anm. 65 genannten Arbeiten.

theologischen Veröffentlichungen eine Phase mit ausschließlich religionsphilosophischen Veröffentlichungen, darauf eine Phase mit ausschließlich philosophischen Veröffentlichungen und schließlich eine Phase mit ausschließlich logistischen Veröffentlichungen zeitlich abgrenzbar folgen würde. Diesem Modell entsprechend wäre dann auch zu erwarten, daß die verschiedenen Themenbereiche im Denken von Scholz gegeneinander abgeschlossen bleiben. Gegen diese Vorstellung sprechen jedoch sowohl die Beobachtungen an der „Religionsphilosophie" wie auch die Veröffentlichungen der ‚logistischen Phase'. Denn wenn es wirklich so wäre, daß die Themenbereiche im Denken von Scholz gegeneinander abzugrenzen sind, so wäre zu erwarten gewesen, daß Scholz, da er für die Logistik gewonnen ist, der Religionsphilosophie den Abschied gibt und sich ganz auf das neue, nun entscheidende Themen- und Interessengebiet konzentriert. Das Gegenteil ist jedoch der Fall: Scholz versucht, seine Religionsphilosophie so umzuschreiben, daß sie vor den Präzisionsanforderungen der ‚Principia mathematica' (zumindest so, wie sie sich Scholz zu diesem Zeitpunkt – 1921 – darstellen) bestehen kann. Selbst an diesem zweifellos markantesten Wendepunkt in der wissenschaftlichen Biographie von Scholz strebt dieser eine Integration der divergierenden Denkbewegungen an.

Aber auch für den Zeitraum der ‚logistischen Phase' ist es aufschlußreich, daß gerade hier eine Fülle von Veröffentlichungen verfaßt wird, die in ihren Fragestellungen ganz deutlich machen, daß Scholz seine Beschäftigung mit der Logistik nicht als eine reine Kalkülforschung versteht, sondern daß er ständig darum bemüht ist, seine logischen Einsichten mit seinen historischen, theologischen, religionsphilosophischen Einsichten und Interessen zu vermitteln. Es kann deshalb gezeigt werden, daß die gesamte ‚Phase' seines logistischen Arbeitens auch derjenige Zeitraum ist, in dem äußerst bedeutsame Arbeiten der ersten drei Themenbereiche entstehen[71].

---

[71] Folgende *Auswahl* von Veröffentlichungen zu theologischen und philosophischen Themen mag das belegen:
1929 „Eros und Caritas. Die platonische Liebe und die Liebe im Sinne des Christentums",
1931 „Wie ist eine evangelische Theologie als Wissenschaft möglich?",
1932 „Augustinus und Descartes",
1934 „Der Gottesgedanke in der Mathematik", „Goethes Stellung zur Unsterblichkeitsfrage",

Allein von dieser Betrachtung der wissenschaftlichen Veröffentlichungen Scholz' verbietet sich eigentlich die Vorstellung, daß die großen Themenbereiche im Denken von Scholz in sich abgeschlossen sind und als einzelne Stadien oder Phasen seines Denkens, die zeitlich aufeinanderfolgen, aufgefaßt werden können. Allein das zeitliche Nebeneinander der Veröffentlichungen deutet auch auf eine inhaltliche Wechselwirkung hin.

3.3.2. Gründe, die aus der Persönlichkeit von Scholz folgen

Wir sind in der glücklichen Lage, auf eine von Scholz selbst verfaßte ‚akademische vita' zurückgreifen zu können, die in einer Abschrift in Münster verwahrt wird[72].

Scholz macht hier deutlich, daß von „... Anfang an ... die Logik im Zentrum meiner philosophischen Interessen gestanden [hat]."[73] Allerdings enttäuschte ihn die Art von philosophischer Logik, die er an der Berliner Universität kennenlernte. So legte er die Schwerpunkte seiner

---

1935 „Das theologische Element im Beruf des logistischen Logikers",
1936 „Was ist unter einer theologischen Aussage zu verstehen?",
1938 „Person und Sache im Protestantismus", „Die mathematische Logik und die Metaphysik",
1940 „Was ist Philosophie? Der erste und der letzte Schritt auf dem Wege zu ihrer Selbstbestimmung",
1941 „Fragmente eines Platonikers", „Metaphysik als strenge Wissenschaft",
1942 „Leibniz",
1943 „Platonismus und Positivismus",
1944 „Logik, Grammatik, Metaphysik",
1947 „Pascal",
1948 „Begegnung mit Nietzsche",
1949 „Ein theologisches Paradoxon nach Arnauld von Ch. Hartshorne, mitgeteilt von Heinrich Scholz",
1950/51 „Einführung in die Philosophie" (Vorlesung),
1954 „Gedanken um den Philosophen",
1956 „Warum ich mich zu Karl Barth bekenne. Ein Beitrag zu einer Studie über Treue gegen Linientreue".

Diese Auswahl würde noch weiter an Gewicht gewinnen, wenn die im Nachlaß vorhandenen Arbeiten (zum Teil in einem Anhang der Arbeit von Luthe, H., a. a. O., S. 389—510 abgedruckt) und die Fülle von Veröffentlichungen in Tages- und Wochenzeitschriften zu theologischen und philosophischen Themen hinzugezogen würden.

[72] Autobiographische Skizze (vgl. Anm. 4).
[73] Autobiographische Skizze, S. 1.

Arbeit auf die Theologie und die Religionsphilosophie. 1921 kommt dann die große Neuorientierung seines Denkens, die Scholz folgendermaßen beschreibt: „Nachdem ich hier (sc. in Kiel) meine Religionsphilosophie publiciert hatte, entdeckte ich 1921 durch einen Glücksfall auf der Kieler Bibliothek die ‚Principia Mathematica'. Ich sah sofort, daß ich hier das gefunden hatte, was ich so lange vergeblich gesucht hatte. Das Studium dieses Werkes ist für den weiteren Verlauf meines persönlichen Lebensganges von einer entscheidenden Bedeutung geworden."[74]

Die Konsequenz aus dieser neuen Perspektive ist für Scholz ein Studium der Mathematik und der theoretischen Physik. Von Russell auf Frege zurückgeführt, macht Scholz es sich zur Aufgabe, den wissenschaftlichen Nachlaß von Frege zu sammeln, der noch heute — soweit er den Krieg überdauert hat — in Münster aufbewahrt wird. Schließlich weist Scholz auf seine Kontakte zu dem polnischen Logiker Jan Lukasiewicz hin, mit dem ihn ein gemeinsames Verständnis in der Interpretation der Logik und ein gemeinsames Interesse an der Geschichte der Logik verbindet.[75]

Auch aus dieser persönlichen Retrospektive von Scholz wird so deutlich, daß er seine Entwicklung durchaus als kontinuierlich und einheitlich versteht, in der von Beginn an ein Interesse an Fragen der Logik präsent ist. Dies gilt auch bereits für den Zeitraum, den man von den Veröffentlichungen her als die theologische und die religionsphilosophische Phase in seinem Denken charakterisieren müßte.

So wäre einerseits durch Scholz' Äußerung belegt, daß auch in den theologischen und der religionsphilosophischen Phase das Interesse an Fragen der Logik bereits vorhanden ist[76], andererseits ist durch die

---
[74] Autobiographische Skizze, S. 2.
[75] Vgl. auch Scholz, H.: „In memoriam Jan Lukasiewicz", in: Archiv für mathematische Logik und Grundlagenforschung 1956/3, S. 3—18.
  Über die Logikauffassung von Lukasiewicz informiert Skolimowski, H.: „Polish Analytical Philosophy", London 1967, hier besonders S. 56—66.
  Zur persönlichen Beziehung von Scholz und Lukasiewicz vgl. auch Lukasiewicz, J.: „Aristotele's Syllogistic. From the Standpoint of Modern Formal Logic", Oxford 1957², Vorwort, S. ix.
[76] So verweist Scholz bereits in „Glaube und Unglaube in der Weltgeschichte ...", a. a. O., S. 29 Anm. 1 auf G. Cantors 1890 erschienenes Buch „Zur Lehre vom Transfiniten" im Zusammenhang seiner Diskussion des Unendlichkeitsbegriffes, was sein Interesse an der Diskussion philosophischer Probleme unter Zuhilfe-

faktisch greifbaren Veröffentlichungen gezeigt, daß auch in der Phase, in der das Interesse für die Logik explizit wird, theologische und religionsphilosophische Themen nicht verschwinden.

Aber auch die *Forschergestalt* von Scholz läßt es nicht zu, davon auszugehen, daß die Vielfalt seiner unterschiedlichen Arbeiten lediglich einem sprunghaften, unmotivierten Interessenwechsel entstammt.

Scholz selbst hat in verschiedenen Arbeiten darüber Rechenschaft abgelegt, welche Anforderungen er an einen Forscher und an einen Philosophen und damit auch an sich selbst stellt[77], außerdem gibt es

---

nahme der Mathematik auch schon für diesen frühen Zeitpunkt der wissenschaftlichen Entwicklung von Scholz belegt.

[77] Vgl. z. B. die Äußerungen von Scholz in der Aphorismenreihe „Der Forscher", in: Archiv für Rechts- und Sozialphilosophie 1942/35, S. 1—33. Hier beschreibt Scholz die Charakteristika des Forschers folgendermaßen:

„Der Forscher fußt auf der ehrlichen Arbeit. Er fußt auf der Arbeit, die kontrolliert werden kann.... Pünktlichkeit und Treue im kleinen sind die Tugenden, in denen der Forscher auf jeder Stufe so groß sein sollte, wie irgend ein exemplarischer Mensch.... Der Forscher geht Schritt für Schritt voran. Wer von Natur so großzügig ist, daß er nur in Siebenmeilenstiefeln vorzuschreiten vermag, kann eine Höhensonne sein mit allen Effekten, die niemand bestreitet: zum Forschen ist er ganz ungeeignet." (S. 19)

Vgl. auch den Aufsatz „Warum Mathematik?". Hier beschreibt Scholz den Begriff des intellektuellen Charakters. Die Menschen die Scholz als *„intellektuelle Charaktere"* bezeichnet, müssen folgenden vier Bedingungen genügen:

„1. Sie schweigen unerbittlich, wenn sie nicht etwas zu sagen haben, was mindestens so formuliert ist, daß es nachgeprüft werden kann.

2. Sie behaupten das, was sie sagen, nur dann, wenn es jeder überhaupt möglichen Nachprüfung standhält, und auch dann mit dem Vorbehalt, daß in irgendeiner Zukunft immer einmal der Fall eintreten kann, daß etwas gefunden wird, woraus sich ergibt, daß sie sich korrigieren müssen.

3. Sie unterscheiden in dem, was sie sagen, genau zwischen dem, was sie beweisen, und dem, was sie *nicht* beweisen können. Das, was sie nicht beweisen können, heben sie ausdrücklich als Voraussetzung hervor und hüten sich wohl, es mit den Folgen zu verwechseln, die sie aus diesen Voraussetzungen deduzieren können. Sie unterscheiden mit anderen Worten scharf zwischen dem, was in ihren Behauptungen als eine Art von Bekenntnis auftritt, und dem, was so erweislich ist, daß es den schönen Namen ‚Erkenntnis' verdient.

4. Sie protestieren unerbittlich, wenn irgend etwas so gesagt wird, daß es entweder überhaupt nicht geprüft werden kann, oder, *wenn* es geprüft werden kann, einer strengen Nachprüfung nicht standhält. Und ebenso protestieren sie da, wo sie auf irgendwelche Behauptungen stoßen, deren bekenntnismäßige Bestandteile von ihren erkenntnismäßigen Bausteinen nicht so scharf als möglich

Äußerungen von Freunden und Personen, die Scholz nahestanden, welche Aufschluß geben über das Ethos und die Arbeitsweise von Scholz, seine Grundsätze, seine Persönlichkeit.
Lassen wir zwei dieser Freunde von Scholz zu Wort kommen. In einer Gedenkveranstaltung anläßlich des Todestages von Scholz versucht der Dekan der mathematisch-naturwissenschaftlichen Fakultät der Universität Münster, Prof. Dr. H. Seifert, Scholz' Persönlichkeit zu charakterisieren. „Das hohe Ethos kantischer Pflichterfüllung..., ... eine unbestechliche ‚heilige' Wahrheitsliebe, ... Klarheit des Denkens und Folgerns bis zur Härte..."[78] gelten ihm als die herausragenden Eigenschaften von Scholz. Außerdem überliefert Seifert einige sehr interessante Bemerkungen von E. Spranger, der ein enger Freund von Scholz war. Auch Spranger hebt „... jene stürmische Leidenschaft für die Wahrheit, die jeder kennt, der ihm zugehört hat..."[79] hervor, außerdem rühmt er mit pathetischen Worten seine Freundestreue: „... Er hat die Freundschaft zum Heiligtum erhöht."[80]

Überdies gibt Spranger jedoch auch einen materialen Hinweis, der hier besonders interessieren muß: Spranger schreibt über die biographischen und persönlichen Gründe, die Scholz zu seiner Entscheidung für die Logistik geführt habe:

> „Wie seltsam scheint der spätere Weg... von der Theologie zur Geistesphilosophie, darüber hinaus zur Logistik! ... Die *Ursachen* der Wandlungen aber lagen ganz in der seelischen Tiefe. 1924 verlor Heinrich Scholz die liebenswürdige erste Gattin.
> Auf ihren Grabstein in Kiel ließ er die Worte setzen:
> Alles Vergängliche ist nur ein Gleichnis;
> Die Liebe aber ist das größte unter ihnen.
> An diesem Grabstein hat er mir gesagt: ‚Du verstehst, ich *kann* die inhaltlichen Dinge nun nicht mehr treiben!'"[81]

Was Scholz hier mit der Wendung „die inhaltlichen Dinge" gemeint haben könnte, präzisiert Spranger leider nicht. Aus der Äußerung Sprangers kann man vielleicht schließen, daß dieser die Wendung so versteht, daß Scholz sich von den ‚inhaltlichen Dingen' abgewendet und den ‚formalen Dingen' zugewendet hat: ‚Inhaltlich' wären dann die Arbeiten

---

unterschieden sind. Erst recht also protestieren sie da, wo sie auf irgendeinen Versuch einer absichtlichen Vermengung dieser heterogenen Bestandteile stoßen." (hier zitiert nach M. U., S. 313).

[78] ‚Gedächtnisfeier', S. 7. [79] ‚Gedächtnisfeier', S. 6.
[80] ‚Gedächtnisfeier', S. 7. [81] ‚Gedächtnisfeier', S. 6.

zur Theologie, Philosophie und Religionsphilosophie gewesen, während die Logistik von Inhalten abstrahiert und sich völlig auf die ‚formalen Dinge' konzentriert. Trotz dieser möglichen Deutung bleibt diese Aussage jedoch einigermaßen rätselhaft.

Dies gilt umso mehr als Spranger gleichzeitig mitteilt, daß Scholz mit dem wachsenden Interesse für die Logistik schon jetzt die Idee vorschwebt, „... eine Metaphysik im neuen Sinne ..."[82] zu konstruieren.

Bei allem Respekt für das Urteil eines engen Freundes müssen jedoch Bedenken angemeldet werden bezüglich Sprangers Vermutungen, was die „Ursachen" der Wendung zur Logistik betrifft.

Scholz selbst datiert seine Bekanntschaft mit den ‚Principia mathematica' auf das Jahr 1921, bereits von diesem Zeitpunkt an belegt er Seminare in Mathematik und theoretischer Physik. Diese Umorientierung paßt genau mit der Umarbeitung der Religionsphilosophie zusammen. Was außerdem das vorgeordnete Interesse am ‚Formalen' gegenüber dem ‚Inhaltlichen' betrifft, so steht Scholz selbst dazu, daß er von Anfang an ein großes Interesse an Fragen der Logik, also dem ‚Formalen' hatte, dies zeigt sich durchaus bereits in der Schleiermacher-Dissertation.[83]

Das, was Spranger als Ursache angibt, scheint so eher der letzte Anstoß zu sein, einen Weg nun entschlossen weiterzugehen, dessen Richtung schon lange eingeschlagen war, und auf dem Scholz von 1921 an schon ein ganzes Stück gegangen war.

Vielleicht hat auch in dieser Deutung Sprangers der Wunsch ein wenig Pate gestanden, Scholz als den großen „Sonderling"[84], den „Mann voll merkwürdiger Widersprüche"[85], wie von anderer Seite gesagt wird, zu zeichnen.

Auch der Schüler und längjährige Mitarbeiter von Scholz, H. Hermes, charakterisiert diesen als einen Mann, der „... hohe Anforderungen ...

---

[82] ‚Gedächtnisfeier', S. 7.
[83] Zu nennen sind hier vor allem „Christentum und Wissenschaft in Schleiermachers Glaubenslehre ...", a. a. O. und Scholz' Beitrag zu der Festschrift für A. v. Harnack: Scholz, H.: „Zufällige Geschichts- und notwendige Vernunftwahrheiten", in: „Harnack-Ehrung, Beiträge zur Kirchengeschichte, ihrem Lehrer Adolf von Harnack zu seinem 70. Geburtstag, dargebracht von einer Reihe seiner Schüler", Leipzig 1921, S. 377—393.
[84] ‚Gedächtnisfeier', S. 7.
[85] ‚Gedächtnisfeier', S. 9.

an sich und andere [stellt]", der über einen „eisernen Willen" verfügt, „... der notwendig ist, das zu erreichen, was ihm vorschwebt."[86]

All diese Eigenschaften der Persönlichkeit von Scholz lassen es a priori als unwahrscheinlich erscheinen, daß dieser Mann sich zufällig verschiedenen Themen zuwendet. Zu erwarten wäre vielmehr das konsequente Verfolgen bestimmter Problemstellungen, dergestalt, daß jede Detailarbeit in Beziehung gesetzt werden kann zu dem Generalproblem.

Auch für Hermes kommt deswegen der Gedanke eines einfachen Interessenwechsels nicht in Frage. Er schreibt:

> „Wer diese Stationen des Lebenslaufes betrachtet, die Scholz von der Religionsphilosophie über die Philosophie bis zu einer nahezu mathematischen Wissenschaft geführt haben, der möchte zunächst an einen einfachen Wandel der Interessen glauben. Bei näherem Zusehen kann er aber bald feststellen, daß es sich hier um eine folgerichtige Entwicklung handelt. Die Triebfedern dieser Entwicklung ... liegen im Menschlichen und wurzeln in der Person. Bei Heinrich Scholz vollzieht sich — anders als bei vielen anderen Menschen —, die wissenschaftliche Tätigkeit nicht als eine Art Parallellauf neben der Entwicklung der eigenen Persönlichkeit. Bei ihm ist dies alles zu einem untrennbaren einheitlichen Ganzen verwoben. Er ist Forscher als Mensch."[87]

Hermes geht also immerhin von einer folgerichtigen Entwicklung aus, die jedoch — wenigstens expressis verbis — die theologische Phase der Entwicklung nicht miteinschließt. Für Hermes ist jedoch die wissenschaftliche Entwicklung auf das Engste mit der Person, dem Menschen Scholz, verbunden. Hermes geht sogar soweit, die Kenntnis von dem Menschen als eine notwendige Bedingung zu bezeichnen, die erfüllt sein muß für ein tieferes Scholz-Verständnis, wenn er schreibt: „So wird man nur dann die wissenschaftliche Entwicklung von Heinrich Scholz tiefer verstehen können, wenn man den Menschen begreift."[88] Wenn diese These von Hermes richtig ist, so scheidet zumindest ein Verständnis von Entwicklung aus, das lediglich eine aufweisbare Kausalkette von Entwicklungsschritten voraussetzt. Vielmehr ist hier ein Entwicklungsbegriff vorauszusetzen, der bezogen werden muß auf die Identität der Persönlichkeit von Scholz, so daß folgt:

---

[86] Hermes, H.: „Heinrich Scholz, die Persönlichkeit und sein Werk als Logiker", in: ‚Gedächtnisfeier', S. 25—46, S. 26 und S. 27.
[87] Hermes, H., a. a. O., S. 26.
[88] ebda.

1. In der Persönlichkeit von Scholz ist die Gesamtheit der einzelnen Stadien dieser wissenschaftlichen Entwicklung integriert.
2. Die Persönlichkeit von Scholz ist diejenige Konstante, von der her allein ein einheitliches Verständnis der Philosophie von Scholz möglich ist.

Wie aber kann man diese vorausgesetzte ‚Persönlichkeit' bezüglich der Integrationskraft dieser Entwicklung beschreiben? Meiner Ansicht nach kann diese Beschreibung nicht anders vorgehen, als daß man erstens versucht, die für diesen Bereich relevanten Persönlichkeitsmerkmale zusammenzutragen, dann jedoch in einem zweiten Arbeitsgang versucht, die zentralen Fragen und Probleme zu bestimmen, die die Identität dieser Persönlichkeit ausmachen.

Nachdem im Vorhergehenden versucht wurde, diese Persönlichkeitsmerkmale aufzuweisen, ist es deshalb nun notwendig, diejenigen Hauptprobleme zu benennen, um die sich das Denken von Scholz ordnet.

3.3.3. Die „Geschichte der Logik" als Programm

Bei der Frage nach der Integration der verschiedenen Themenbereiche im Denken von Scholz nimmt seine „Geschichte der Logik"[89] einen besonderen Platz ein.

Scholz hat nie viel von der Verkündung philosophischer Programme gehalten, er war der Meinung, daß die eigentliche Arbeit erst nach der Verkündung von Programmen einsetzt, dann nämlich, wenn es um deren Verwirklichung geht. Aufschlußreich ist in diesem Zusammenhang eine Bemerkung der autobiographischen Skizze, in der er zum Ausdruck bringt, was er an Husserl tadelt und an Frege bewundert. Er führt hier aus:

> Bei Frege „... wurde nicht nur meditiert, wie bei *Husserl*, sondern es wurde gezeigt, wie es gemacht werden musste, wenn es gut und gründlich gemacht werden sollte. Hier wurde nicht die Möglichkeit einer reinen Logik diskutiert, sondern man bekam diese Logik zu sehen. Man konnte sie studieren wie eine mathematische Theorie. Hier wurde endlich einmal nicht geredet, sondern es wurde gehandelt ..."[90].

Wegen dieser Abneigung von Scholz ist ein expliziter programmatischer Entwurf, der die Forschungsziele und die Hauptintentionen des eigenen

---

[89] Scholz, H.: „Geschichte der Logik", a. a. O.
[90] Autobiographische Skizze, S. 2 f.

Denkens zusammenfaßt, von Scholz kaum zu erwarten. Gleichwohl scheint es einige Anhaltspunkte zu geben, die erlauben, aus der „Geschichte der Logik" so etwas wie eine implizite Programmatik des Scholzschen Denkens zu entnehmen.

Die „Geschichte der Logik" ist die erste selbständige monographische Veröffentlichung, die nach Scholz' Studium der Mathematik und der theoretischen Physik und der Einarbeitung in die Logistik steht. Insofern ist es aufschlußreich und bedeutsam, wie Scholz hier die Schwerpunkte setzt, die Anknüpfungen zu seinem früheren Denken vollzieht und die Ausblicke pointiert.

Schon der Modus dieser ‚Erstlingsarbeit' in logicis ist eine implizite programmatische These für Scholz, macht er sich doch nichts geringeres zur Aufgabe, als die Kontinuität zwischen der philosophischen Tradition und der modernen Logistik nachzuweisen. Dies ist in der forschungsgeschichtlichen Situation, in der dieses Buch erscheint, durchaus nicht selbstverständlich. Zwar war die wegweisende Arbeit von Couturat[91], welche die Beziehungen zwischen der Leibnizschen Logik und der modernen Logistik aufwies, lange erschienen, trotzdem wurde die Logistik sowohl von deren bedeutendsten Protagonisten wie auch von deren philosophischen Gegnern in erster Linie als der bewußte Abbruch der philosophiegeschichtlichen Kontinuität empfunden.

1928 war Carnaps grundlegendes Werk „Der logische Aufbau der Welt"[92] erschienen, das diesen zu einem einflußreichen Interpreten und Verbreiter der Gedanken des Wiener Kreises machte. Hier wird die moderne Logistik entschlossen mit einer wissenschaftstheoretischen Position verknüpft, die sich dezidiert anti-philosophisch und anti-metaphysisch versteht. Bei der hier entstehenden programmatischen Betonung des diastatischen Verhältnisses von Logistik und philosophischer Tradition war ein historisches Desinteresse bezüglich der philosophiegeschichtlichen Wurzeln der ‚neuen Logik' nur folgerichtig. Denn gerade die neue Logik schien ja den Standpunkt und die Kriterien zu liefern, von denen aus die ‚vorlogistische' Philosophie zu destruieren war.

---

[91] Couturat, L.: „La logique de Leibniz, d'après des documents inédits", Paris 1901. Vgl. Scholz, H.: „Geschichte der Logik", a. a. O., S. 53.

[92] Carnap, R.: „Der logische Aufbau der Welt", (1928¹) Hamburg 1961² mit einem zusammenfassenden Vorwort von Rudolf Carnap.

Allerdings weist Patzig mit Recht auf die besondere geistesgeschichtliche Situation hin, in der gerade Carnaps kämpferische Haltung gegenüber einer traditionalistisch orientierten Philosophie zu verstehen ist, wenn er ausführt: „Die exemplarische Geburt der Metaphysik aus dem Geiste der mißverstandenen Negation in Heideggers ‚Was ist Metaphysik' von 1929 konnte die Vermutung rege machen, daß alle Metaphysik auf falsch verstandene Sprachformen zurückgehe ..."[93]. Carnaps antimetaphysische Radikalität dieser Zeit entstammt also dem gerade auch philosophisch ehrenwerten Motiv, sich einem philosophischen Irrationalismus entgegenzustellen, während er sich in späterer Zeit erheblich moderater und toleranter gegenüber der Möglichkeit von Metaphysik zeigt.[94]

Gleichwohl muß man zugestehen, daß Scholz in dieser Situation durchaus weiter gesehen hat. Bei vollem Respekt vor der Leistung Carnaps macht er doch seine abweichende Meinung gerade bezüglich der weitreichenden Folgerungen Carnaps für die Metaphysik deutlich.

„Dieses Werk ...", so schreibt Scholz über „Der logische Aufbau der Welt", „... ist nun zwar in jedem Falle eine höchst respektable Leistung. Es steht in Ansehung seine Durchdachtheit turmhoch über der philosophischen Durchschnittsliteratur. Aber es führt, wenigstens im Vorwort, auf Machscher Basis, im Namen der wissenschaftlichen Philosophie einen Kampf gegen die Metaphysik, von dem ich hier weit abrücken möchte."[95]

Implizit programmatisch darf die „Geschichte der Logik" jedoch vor allem aus zwei Gründen genannt werden. Scholz formuliert hier die zwei Grundeinsichten, die für seine gesamte spätere Arbeit von entscheidender Bedeutung bleiben werden, und die gleichzeitig die Verknüpfung der Themenbereiche herstellen. Die erste Einsicht betrifft die Stellung der Logistik innerhalb der Geschichte der Philosophie, die zweite das Verhältnis der Logistik zur Metaphysik.

Während gerade der logische Positivismus in der Gefahr stand, die eigene Position für so revolutionär zu halten, daß sie nur in der Betonung ihrer völligen Diskontinuität zur Geschichte der Philosophie sich selbst darzustellen vermochte, sieht Scholz die Logistik als die Vollendung

---

[93] So G. Patzig im Nachwort zu dem Neudruck von Carnap, R.: „Scheinprobleme in der Philosophie", Frankfurt 1966, S. 88 f.
[94] Vgl. Hochkeppel, W. und R. Carnap: „Andere Seiten des Denkens", in: Der Monat 1967/19, Heft 224, S. 50—56.
[95] Scholz, H.: „Geschichte der Logik", a. a. O., S. 64.

oder doch wenigstens als den augenblicklichen Höchststand der traditionellen Philosophie an. Es ist für ihn deshalb nicht nur notwendig zu zeigen, daß die Logistik in die Tradition abendländischen Philosophierens hineingehört, vielmehr will er darüber hinaus zeigen, daß erst die Logistik in der Lage ist, große Bereiche der Philosophiegeschichte angemessen zu interpretieren und zu würdigen. Dies wird deutlich, wenn Scholz sich mit Prantls voluminöser Geschichte der Logik auseinandersetzt[96]. Nach der Meinung von Scholz konnte Prantl die Einzelleistungen innerhalb der Geschichte der Logik überhaupt nicht angemessen bewerten, weil ihm hinreichende Bewertungskriterien fehlten, die für Scholz erst die Logistik zu Verfügung gestellt hat.

So wird für Scholz einerseits die Logistik zum Verständnisschlüssel für große Bereiche der Philosophiegeschichte, andererseits kann seiner Meinung nach erst die Philosophiegeschichte die Logistik in ihrer Bedeutsamkeit deutlich machen. In vielen späteren Arbeiten wird Scholz dieses wechselseitige Verhältnis von Logistik und Philosophiegeschichte entfalten[97].

Die zweite Einsicht, die Scholz erstmals in der „Geschichte der Logik" formuliert und die für ihn von programmatischer Bedeutung ist, betrifft die Verhältnisbestimmung von Logistik und Metaphysik. Auch für diese Einsicht wird sofort deutlich, welche Bedeutung die These von der Wechselwirkung im Verständnis von Logistik und Philosophiegeschichte faktisch hat. Denn Scholz' Abrücken von Carnap in dessen unterschiedslosem „... Kampf gegen die Metaphysik ..."[98] ist entscheidend durch historische Einsichten begründet.

Für Scholz setzt die Entwicklung der Logistik (für Scholz die ‚moderne Gestalt der formalen Logik' gegenüber der ‚klassischen Gestalt der formalen Logik') bereits mit Leibniz ein. Leibniz war der erste, der forderte, „... die Regeln des Schließens ... in *Rechenregeln* zu verwandeln."[99]. Aber Scholz versäumt auch nicht, das Motiv anzugeben, um dessen willen Leibniz diese Reform der Logik anstrebt: „*Leibniz*

---

[96] Zu Prantl, C.: „Geschichte der Logik im Abendlande" 4 Bde. 1855–1870, vgl. die Ausführungen von Scholz in der Vorrede zur „Geschichte der Logik".
[97] Besonders deutlich wird dies in dem Aufsatz „Was ist Philosophie? ..." a.a.O., aber auch der Gedankengang von M.a.s.W. beruht auf dieser Einsicht.
[98] Scholz, H.: „Geschichte der Logik", a.a.O., S. 64.
[99] Scholz, H.: „Geschichte der Logik", a.a.O., S. 51.

sah, daß die alte Logik nicht ausreicht für eine Metaphysik, die neben der Mathematik als eine strenge Wissenschaft auftreten kann. Es galt, eine neue Logik zu schaffen, von der man dies erwarten durfte."[100]

> „... Je höher, künstlicher und geschwinder die Rechnung ...", zitiert Scholz Leibniz, „... je leichter auch sich zu verrechnen: so ist es auch mit der Logik bewandt, daß man nämlich in wichtigen, zumal theologischen Streitsachen, so Gottes Wesen und Willen, auch unsere Seelen betreffend, wohl tut, wenn man alles mit großem Fleiß auflöset und auf die allereinfältigsten und handgreiflichsten Schlüsse bringet, da auch der geringste Schüler ohnfehlbar sehen kann, was folge oder nicht."[101]

Auf dieses Motiv, das Leibniz bei seinen Versuchen zur Konstitution einer rechnenden Logik bestimmt, legt Scholz großen Wert. Diese Herkunft der Logistik aus dem Bedürfnis einer klaren Entfaltung der Probleme der Metaphysik hat für Scholz jedoch alles andere als den Charakter einer historischen Kuriosität, vielmehr gewinnt diese Herkunft für Scholz systematische Bedeutung. Denn von diesem Motiv und dieser Einschätzung Leibnizens her wird auch für Scholz das Verhältnis von Logistik und Metaphysik dergestalt bestimmt, daß er mit Entschlossenheit feststellen kann:

> „In keinem Fall steht es so, daß ein überzeugter Logistiker nicht zugleich Metaphysiker sein kann, in dem streng determinierten Leibnizischen Sinne eines denkenden Menschen, für welchen sogar die Gottesfrage als ein durch keinen noch so charaktervollen Positivismus totzumachendes philosophisches Problem mit dem ganzen Gewicht eines solchen existiert."[102]

Scholz zeigt sich also schon hier entschieden, auch als Logistiker sowohl den Begriff wie auch die Sache der Metaphysik nicht preiszugeben, die grundlegenden religionsphilosophischen Probleme behalten auch für den Logistiker ungeschmälert ihre ganze Bedeutsamkeit, denn Scholz ist überzeugt, daß erst diese, die Geschichte der Metaphysik miteinbeziehende Position, die Logistik in ihrer wirklichen Bedeutung erfassen kann.

Die „Geschichte der Logik" bietet aber noch mehr als die grundsätzliche Entscheidung für Sache und Begriff der Metaphysik. Ansatzweise äußert sich Scholz auch schon über die Form, die ihm für eine die Logistik miteinbeziehende Metaphysik vorschwebt. Scholz sieht die

---

[100] Scholz, H.: „Geschichte der Logik", a. a. O., S. 50.
[101] ebda.
[102] Scholz, H.: „Geschichte der Logik", a. a. O., S. 65.

bisher erarbeitete Logistik als *das* Fundament an, auf dem weitergebaut werden muß, um „Leibnizens Traum" einer „durchmathematisierten Metaphysik"[103] zu realisieren. Diese Metaphysik muß so aussehen, daß sie im „Wenn-so-Stil"[104] formuliert ist. Dies bedeutet hier interessanterweise für Scholz jedoch nicht die vollständige Formalisierung dieser Metaphysik, denn Scholz stellt fest:

> „Und auch das ist hier nicht gemeint, daß die neue Metaphysik nur noch in logistischen Symbolen angeschrieben werden darf.... Sondern verlangt wird von dieser Metaphysik die Strenge und Pünktlichkeit des Denkens, an der man den Logistiker auch *außerhalb* der Logistik erkennt.... Daß vieles bei dieser Strenge verschwinden wird, was heute noch hochtönend fortexistiert, ist ein Gewinn und nicht ein Verlust. Und niemand kann heute übersehen, wieviel Neues dabei zum Vorschein kommen wird."[105]

Scholz ist sich bei diesen in die Zukunft weisenden Aussagen durchaus im klaren, daß ‚Leibnizens Traum' nur auf einem langen und mühevollen Weg zu realisieren ist, so daß es falsch wäre, zu früh zu viel zu erwarten, aber er ist allerdings der Überzeugung, daß diese Realisierung prinzipiell möglich ist und daß mit der Entwicklung der Logistik dieser Weg eingeschlagen ist. Er fordert deshalb hier, wie auch immer wieder in späteren Arbeiten, sich zu bescheiden mit kleineren, aber dafür sicheren Ergebnissen.

> „Von allen Übeln ...", bemerkt Scholz, „... mit denen die Philosophie des gegenwärtigen Zeitalters belastet ist, ist eines der größten der Mangel an Selbstbeherrschung. Man fordert zuviel und erzwingt dadurch ein Philosophieren, das, indem es diese Forderungen scheinbar erfüllt, in Wirklichkeit so unscharf ist, daß es aus diesem und *nur* aus diesem Grunde nicht zur Verantwortung gezogen werden kann."[106]

Zusammenfassend kann Scholz' Einstellung zur Metaphysik in der „Geschichte der Logik" folgendermaßen charakterisiert werden:

1. In Ansehung der Herkunft und der Geschichte der Logistik ist es sowohl der Metaphysik als auch der Logistik angemessen, wenn man Logistik und Metaphysik miteinander zu verknüpfen sucht. Gerade

---

[103] Scholz, H.: „Geschichte der Logik", a. a. O., S. 55, „Leibnizens Traum" wird dieses Ziel S. 64 genannt. (Der Name Leibniz ist im Original hervorgehoben).
[104] Scholz, H.: „Geschichte der Logik", a. a. O., S. 55.
[105] Scholz, H.: „Geschichte der Logik", a. a. O., S. 66.
[106] Scholz, H.: „Geschichte der Logik", a. a. O., S. 63.

Leibniz, dem Begründer der Logistik, schwebte der Einsatz der Logistik für die Metaphysik vor.
2. Begriff und Sache der Metaphysik werden von Scholz nicht preisgegeben. Vielmehr glaubt er, mit Hilfe der Logistik eine neue Metaphysik konstituieren zu können.
3. Scholz visiert als Ziel und Aufgabe seiner logistischen Arbeit die Verwirklichung der Vorstellung Leibnizens von einer „durchmathematisierten Metaphysik" an.
4. Scholz hat bereits Vorstellungen von der Form, die diese Metaphysik haben müßte.
5. Im Zusammenhang der Erwägung dieses Programms fällt erstmals die Wendung von einer Metaphysik, die „... als eine strenge Wissenschaft auftreten kann."

4. VERSUCH EINER EINHEITLICHEN INTERPRETATION DES DENKWEGES VON HEINRICH SCHOLZ

Der amerikanische Philosoph Charles Hartshorne, der Heinrich Scholz persönlich kannte, charakterisiert diesen in einem seiner Werke folgendermaßen:

„... a theologian who turned from theological studies to formal logic because — and this is characteristic of the man — he thought that there was no other equally honest and effective way to further the clarification of theological questions."[107]

Hartshorne, der gleichermaßen in Fragen der Logik wie in Fragen der Metaphysik als kompetenter Autor gelten kann, gibt hier eine Interpretation der biographischen Entwicklung, die von der Vorstellung einer durch tiefe Brüche gekennzeichneten, in einzelne Phasen einteilbaren Entwicklung erheblich abweicht. Hartshorne stellt hier nicht weniger als die These auf, daß es bestimmte Fragen und Probleme gewesen sind, die die wissenschaftliche Entwicklung von Scholz entscheidend gesteuert haben. Nicht eine Abwendung von der Theologie zugunsten einer anderen Wissenschaft sei Scholz' Weg zur Logistik gewesen, sondern die Konzentration auf die Logistik sei vielmehr aus *theologischen* Fragen erwachsen. Die Wendung zur Logistik ist nach der Meinung von Hartshorne motiviert durch das Interesse, „... to further the clarification of theological questions". Mit dieser Einschätzung scheint mir Hartshorne auf's genaueste die Besonderheit der Entwicklung von Scholz benannt zu haben, und gleichzeitig die Möglichkeit zu einer einheitlichen Interpretation des Denkens von Scholz zu eröffnen.

Scholz ist von seinen ersten theologischen Veröffentlichungen an immer wieder mit der Frage befaßt, wie Christentum einerseits und neuzeitliches Wahrheitsbewußtsein andererseits miteinander vermittelt werden können. Diese Frage, die man sicher als eine der Zentralfragen

---

[107] Hartshorne, Ch.: „Anselms Discovery: A Re-examination of the ontological Proof for God's Existence", Lasalle Ill. 1965, S. 278 f.

zumal der evangelischen Theologie seit Schleiermacher[108] bezeichnen kann, ist nun sicher keine Spezialfrage, die zu bearbeiten Scholz vorbehalten blieb, vielmehr treffen sich in dem Versuch ihrer Beantwortung im 20. Jahrhundert so bedeutende und doch grundverschiedene Theologen wie Emanuel Hirsch, Paul Tillich oder Ernst Troeltsch, um nur einige zu nennen. Was allerdings den Weg des Versuchs einer Beantwortung dieser Frage betrifft, so steht Scholz als ein überaus origineller Denker vor uns.

Im folgenden soll nun versucht werden zu zeigen, wie dieser Denkweg einheitlich interpretiert werden kann, wobei vorher auf zwei abweichende Interpretationen der Entwicklung des Denkens von Scholz eingegangen werden muß.

4.1. DER VERSUCH EINER ‚ENTWICKLUNGSGESCHICHTLICHEN' DEUTUNG

Der umfangreichste mir bekannte Versuch, die Gesamtentwicklung von Scholz' Denken zu interpretieren, erschien 1944 unter dem Titel „Heinrich Scholz als Philosoph"[109].

Der Autor, G. Wernick, stellt fest, daß die Entwicklung von Scholz, die er „seltsam genug" nennt, „in bestimmtem Sinne *folgerichtig*"[110] genannt werden kann, wenn sie auch durch einen „mindestens zweimalig[en] Bruch"[111] gekennzeichnet ist. Diese Folgerichtigkeit besteht für ihn in zwei — wie er es nennt — „Persönlichkeitsaxiome[n]"[112], die über die ganze Entwicklung von Scholz konstant bleiben und so diese Entwicklung in gewisser Weise steuern. Für Wernick gilt hier der Grundsatz: „Die *Persönlichkeit* formt die Entwicklung, aber sie wird nicht von ihr geformt."[113]

---

[108] Hier ist vor allem auf Schleiermachers Ausführungen in dem berühmten zweiten Sendschreiben an Lücke (in: Friedrich Schleiermacher's sämtliche Werke. Erste Abteilung. Zur Theologie. Zweiter Band, Berlin 1836, S. 605—653) zu verweisen.
[109] Wernick, G.: „Heinrich Scholz als Philosoph. Eine entwicklungsgeschichtliche Studie", in: Archiv für Rechts- und Sozialphilosophie 1944/37, 1, S. 1—12. Der Deutung von Wernick schließt sich auch Luthe an. Vgl. Luthe, H., a.a.O., S. 140 f.
[110] Wernick, G., a.a.O., S. 1.
[111] ebda.
[112] Wernick, G., a.a.O., S. 2.
[113] ebda.

Wernick bestimmt nun das erste Persönlichkeitsaxiom als den „leidenschaftliche[n] Drang nach Wahrheit"[114], hingegen beschreibt er das zweite durch den Grundsatz: „Alles, was den Wert der Menschheit erhöht, ist selbst wertvoll."[115] Diese beiden Axiome, die zueinander in Spannung stehen, sind der eigentliche Motor der Scholzschen Entwicklung, die nun gedeutet wird als der dreimalig neu ansetzende Versuch, die Persönlichkeit gemäß diesen beiden Persönlichkeitsaxiomen zu verwirklichen.

Als erster Versuch dieser Verwirklichung ist nach Meinung von Wernick die religionsphilosophische Phase aufzufassen. Hier ist auffällig, daß Wernick die theologischen Arbeiten überhaupt nicht miteinbezieht, ebenso bleibt unbegründet, warum die Scholzsche Entwicklung gerade in der Religionsphilosophie einsetzt.[116] Wernick versucht nun, die Ergebnisse der religionsphilosophischen Bemühungen zusammenzufassen, um zu zeigen, warum für Scholz „... ein Beharren bei ihr (sc. der Religionsphilosophie) nicht möglich war ..."[117]. Diese Ergebnisse sind für Wernick pointiert zum Ausdruck gebracht in dem Satz von Scholz „‚Der religiöse Mensch ist von der Wahrheit seiner Religion überzeugt, aber der philosophische Forscher erkennt, daß sie sich nicht beweisen läßt.'"[118] Die Folgerung aus diesem „Endergebnis" ist für Wernick klar: „Damit ist die Entscheidung für die weitere Richtung des Wahrheitsuchens gefallen, zunächst in negativem Sinn."[119] Es ist dieses nach Meinung von Wernick negative Ergebnis, das Scholz veranlaßt, „... die Wahrheit hinfort an anderen Stellen zu suchen ..."[120].

Der nächste Versuch der Verwirklichung nach diesem ersten Bruch innerhalb der Biographie besteht für Wernick nun in der Auseinandersetzung mit Kant und Hegel, aber auch diese Phase der philosophischen Arbeit endet letztlich mit „negativen Feststellungen"[121]. Erst nach diesem erneuten Bruch konzentriert sich Scholz auf die Möglichkeit, einen eigenen, „... einen neuen Begriff der Philosophie zu prägen. Für diesen ist maßgebend das Vorbild der Mathematik, in der *die* Schärfe der Begriffe und *die* Standfestigkeit der Ergebnisse, nach denen wir suchen,

---

[114] ebda.
[115] Wernick, G., a.a.O., S. 4.
[116] für Wernick scheint dies notwendig aus den Persönlichkeitsaxiomen zu folgen.
[117] Wernick, G., a.a.O., S. 3.
[118] ebda. [119] Wernick, G., a.a.O., S. 3f.
[120] Wernick, G., a.a.O., S. 4. [121] Wernick, G., a.a.O., S. 6.

vorfinden."[122] Schließlich kommt diese Entwicklung so mit der Konstitution eines an der Logistik orientierten Philosophiebegriffs zu ihrem Ziel.

Ohne Zweifel betont diese Studie von Wernick mit Recht die gerade für Scholz bedeutsame Determinante der Persönlichkeit.[123] Aber die Arbeit zeigt auch deutlich, daß eine methodische Fixierung auf die ‚Persönlichkeitsaxiome', die allein die Entwicklung steuern, Antworten auf entscheidende Fragen schuldig bleibt:

1. Wernick kann die Frage, *warum* die Verwirklichung des „leidenschaftliche[n] Drang[es] nach Wahrheit"[124] gerade in der Religionsphilosophie einsetzt, nicht hinreichend begründen[125], auch bleibt die Beziehung zu dem eigentlichen Ausgangspunkt des Scholzschen Denkens, nämlich zur Theologie, ungeklärt.
2. Die Übergänge von einem Themenbereich zum nächsten werden gerade nicht, wie es die Studie eingangs behauptet, als „folgerichtig" erwiesen, sondern erscheinen als kontingent. Durch die Studie drängt sich vielmehr das Bild einer diskontinuierlichen Entwicklung auf, in der Scholz immer wieder neue Versuche unternimmt, seine Persönlichkeitsaxiome zu verwirklichen. Auch hier bleibt so die Studie die Antwort schuldig, *warum* sich der Übergang von der Religionsphilosophie zur Philosophie und zur Logistik vollzieht.
3. An dem Modell einer diskontinuierlichen, von den Persönlichkeitsaxiomen ‚Wahrheit' und ‚Wert' gesteuerten Entwicklung orientiert, verzeichnet Wernick den Ertrag der religionsphilosophischen Arbeit erheblich.

So ist bezüglich der Frage nach der Wahrheit der Religion die philosophische Unbeweisbarkeit von „... aus religiösem Boden erwachsenden Aussagen..."[126] ja gerade nicht das letzte Wort der „Religionsphilosophie". Der Ertrag der „Religionsphilosophie" besteht vielmehr in der

---

[122] ebda.
[123] Obwohl mir der metaphorische Gebrauch des Axiombegriffes zur Beschreibung der Persönlichkeit unglücklich erscheint, da er einen letztlich statischen Persönlichkeitsbegriff suggeriert, gegen den sich der Autor an anderer Stelle selbst wendet. Vgl. S. 5.
[124] Wernick, G., a. a. O., S. 2.
[125] Das Axiom selbst als Grund einzusetzen, wie es Wernick (S. 3) tut, erscheint mir zirkulär.
[126] Wernick, G., a. a. O., S. 3.

Einsicht, daß die Wahrheit der *Axiome* der Religionsphilosophie unbeweisbar ist. Aber diese Einsicht gilt nicht für den Bereich der Religion allein, sondern sie gilt genauso beispielsweise für die Peano-Axiome der Theorie der natürlichen Zahlen[127].

Was für Scholz schon hier deutlich wird, ist folgendes Problem: Selbst wenn es möglich ist, die Religionsphilosophie axiomatisch-deduktiv aufzubauen, also alle Sätze der Religionsphilosophie in Axiome und Theoreme aufzuspalten, dann bleibt immer noch die Frage, woher wir um die Wahrheit dieser Axiome wissen. Hier kann man prinzipiell eine agnostische, eine konventionalistische oder eine metaphysische Antwort geben, diese jedoch kann nicht mehr in der Form des Beweises, sondern nur in der Form des Bekenntnisses geliefert werden. Das letzte Wort, das für Scholz um der Kohärenz seiner „Religionsphilosophie" willen notwendig ist, ist deshalb das Bekenntnis zur Wahrheit der Religion. Dies ist jedoch nicht ein enttäuschtes Resignieren über die Einsicht, daß in Sachen Religion eben doch keine Wahrheit zu finden ist, wie Wernick zu meinen scheint[128], sondern dies ist für Scholz die letzte Konsequenz, die sich aus dem axiomatisch-deduktiven Aufbau seiner „Religionsphilosophie" ergibt. Erst dieser letzte Schritt entspricht dem semantischen Wahrheitsverständnis von Scholz, für den Wahrheit in jedem Falle mehr ist als die innere Kohärenz eines axiomatisch-deduktiven Systems.

Die Bedeutung der Religion, über deren Wahrheit nach der Meinung von Wernick nichts auszumachen ist, wird nun für Scholz allein durch das zweite Persönlichkeitsaxiom des Wertes gesichert, so daß Wernick feststellen kann:

> „Wenn auch jene (sc. die Religion) das Verlangen nach gesicherter Erkenntnis nicht befriedigt, und diese sich möglicherweise mit Dingen beschäftigt, die auf Selbsttäuschung beruhen, so haben sie einen anderen, nicht zu bezweifelnden Wert: sie bereichern das Dasein des Einzelnen und erhöhen den Wert der Menschheit."[129]

Dies mag man sagen können, um Menschen, die außerhalb der Religion stehen, den kulturellen Wert des Christentums plausibel zu machen, für Scholz selber, der seine „Religionsphilosophie" mit einem philosophischen Bekenntnis zur Wahrheit der Religion beschließt, gilt diese Einschätzung jedoch in keinem Fall.

---

[127] Vgl. z. B. Scholz, H.: „Der Gottesgedanke in der Mathematik", hier zitiert nach M. U., S. 308.
[128] Vgl. Wernick, G., a. a. O., S. 4.
[129] ebda.

Im Gegenteil macht er in der Auseinandersetzung mit dem Pragmatismus und der ‚Philosophie des Als-ob' gerade deutlich, daß die Interpretation der Religion mit Hilfe des Wertbegriffes *kein* religionsphilosophisch gangbarer Weg ist. Scholz schreibt hier ganz klar:

> „Um Irrtümer auszuschließen, sei ausdrücklich bemerkt, daß der *Wert* der beurteilten Geisteshaltungen (sc. ein sittlicher Idealismus) ... nicht im geringsten beeinträchtigt wird. Eine durchdachte Weltanschauung, ein andächtiges Weltgefühl, die Sorge um das Heil der Seele, endlich die sittliche Idealität — das sind allerdings vier große Dinge, und man kann jeden beneiden, der sie besitzt. Es bleibt auch jedem vorbehalten, sie *über* die Religion zu stellen. Man soll sie nur nicht mit ihr *verwechseln*. Dies und dies allein ist das Thema, um das sich unsere Erörterung dreht."[130]

Und die unverzichtbare Bedeutung der Wahrheitsfrage für die Religion unterstreicht Scholz mit dem unmißverständlichen Hinweis: *„Ein Mensch, der mit Gott gebrochen hat, hat aufgehört, Religion zu haben. Und mit Gott hat jeder gebrochen, der nicht an seine Wirklichkeit glaubt."*[131]

Das Fazit schließlich, das Wernick zum Schluß der Studie zieht, zeigt noch einmal, daß die entscheidenden Fragen, die die Entwicklung von Scholz' Denken aufwirft, nicht beantwortet sind, wenn er abschließend über die weiterhin als „höchst eigenartig"[132] apostrophierte Entwicklung von Scholz schreibt: „Rückblickend dürfen wir sagen, daß trotz dem Wechsel der Hauptthemen ... die Grundüberzeugungen unseres Philosophen (sc. Scholz) eine weitgehende Konstanz zeigen."[133] Und weiter kann Wernick feststellen:

> „Er bleibt sich selber treu und hat niemals verbrannt, was er angebetet hat. Könnte heute der Logistiker die Zeit erübrigen, nochmals eine Religionsphilosophie zu schreiben, was seine Überzeugungen keineswegs verböten, so würde sie nicht wesentlich anders ausfallen, als die vor mehr als drei Jahrzehnten niedergeschriebene."[134]

So bleibt die Entwicklung von Scholz auch am Ende der Studie „höchst eigenartig", weil diese an den entscheidenden Stellen nicht geklärt

---

[130] Scholz, H.: „Die Religionsphilosophie des Als-ob ...", a. a. O., S. 150.
[131] ebda.
[132] Wernick, G., a. a. O., S. 12, was offensichtlich im Sinne von ‚seltsam' zu verstehen ist.
[133] ebda.
[134] ebda. Es ist zu vermuten, daß Wernick hier ein Scholz-Zitat paraphrasiert, diese Vermutung konnte von mir bisher jedoch nicht verifiziert werden.

wurde. Weiterhin bleibt die mit dem Schlußwort nun geradezu zugespitzte Frage unbeantwortet, warum Scholz nun immer noch eine Religionsphilosophie schreiben könnte, wo doch schon vor dreißig Jahren für Scholz nach Wernick klar war, daß „... das negative Ergebnis in betreff der Beweisbarkeit der auf religiösem Boden erwachsenden Aussagen Scholz dazu veranlassen mußte, die Wahrheit hinfort an anderen Stellen zu suchen ..."[135].

Diese Studie scheint so einerseits von ihrer Argumentation, andererseits von ihrem Ergebnis her darauf hinzudeuten, daß eine Interpretation des Denkens von Scholz, das von einem Modell der diskontinuierlichen Entwicklung bezüglich der bearbeiteten Themen ausgeht und die alleinigen Konstanten der Entwicklung in „Persönlichkeitsaxiomen" vermutet, unvollständig und letztlich inkohärent bleibt.

Weil sich die Studie ganz auf die Persönlichkeit meint konzentrieren zu müssen, kommt die Möglichkeit einer inneren Logik der *Themen*entwicklung gar nicht in den Blick. Die Themen erscheinen vielmehr als das kontingente Material, an dem und gegen das sich die Persönlichkeit mit ihren Konstanten verwirklicht.

4.2. DER VERSUCH EINER DEUTUNG VOM BEGRIFF DER STRUKTUR HER

Auch Hermes, der durchaus betont, daß die Entwicklung von Scholz nicht zufällig, sondern folgerichtig ablief, äußert sich nicht zu bestimmten Grundproblemen oder Grundfragen, die eine die Entwicklung bestimmende Rolle für Scholz gespielt haben könnten. Er konstatiert vielmehr, daß sich Scholz „... mehr und mehr auf die mathematische Logik konzentriert, nach 1933 nahezu ausschließlich."[136] Auch hier steht also letztlich der Gedanke im Hintergrund, daß es keine Kontinuität der Grundprobleme im Denken von Scholz gibt, vielmehr gilt, daß Scholz von einem bestimmten Zeitpunkt an nur noch Logistiker ist, der sich dementsprechend völlig auf die durch die Logistik gestellten Probleme konzentriert.

Hermes seinerseits versucht, die Kontinuität des Denkens von Scholz anhand des Begriffes der Struktur zu deuten. Dieser Begriff bezeichnet für Hermes das Leitmotiv, nachdem sich die folgerichtige Entwicklung

---

[135] Wernick, G., a.a.O., S. 4.
[136] Hermes, H., a.a.O., S. 35.

von Scholz vollzieht. Die Ästhetik der Struktur wird demnach für Scholz gleichsam zu dem Ideal, dem dieser sich im Verlauf seiner Entwicklung immer weiter anzunähern versucht. Hermes schreibt:

> „Heinrich Scholz hält das hoch, was Form hat. ... Es läßt sich feststellen, daß der Sinn für das Strukturierte sich bei Heinrich Scholz im Laufe seines Lebens immer stärker entfaltet, und sich schließlich des ganzen Menschen bemächtigt. So wird seine Sprache im Lauf der Zeit mehr und mehr des füllenden Beiwerks entkleidet, ohne allerdings an Ausdrucksfähigkeit zu verlieren. Es bleiben die tragenden Rippen. Sie verleihen seinem Stil ein Gepräge, an dem man Scholz schließlich in fast einem jeden Satz erkennen kann."[137]

Zweifellos ist diese Beobachtung von Hermes richtig, und die Aphorismenreihen von Scholz, die sich immer stärker auf das sprachlich und inhaltlich Wesentliche zu beschränken suchen, belegen diese Entwicklung. Tatsächlich gibt es in der Entwicklung von Scholz dieses Interesse an der Struktur, das bereits in der Schleiermacher-Arbeit deutlich auszumachen ist, und unübersehbar läßt sich ebenfalls die Tendenz zu immer stärkerer Strukturierung feststellen. Aber auch für dieses Erklärungsmodell der Entwicklung von Scholz gilt, daß grundsätzlich auf die Untersuchung thematischer Konstanten verzichtet wird: Nicht Themen und Fragen treiben die Entwicklung voran, sondern die Faszination, die „Strukturen" auszuüben vermögen.

Allerdings steht auch für Hermes außer Frage, daß diese Tendenz zu immer stärkerer Strukturierung für Scholz nicht Selbstzweck ist, sondern vielmehr den Versuch darstellt, bestimmte *Inhalte* immer klarer, immer präziser zu formulieren. Auch Hermes betont, daß am Ende dieser Entwicklung zu immer stärkerer Strukturierung nicht — wie man erwarten könnte — die Beschäftigung mit Strukturen im Sinne einer ausschließlichen Erforschung von Kalkülen für Scholz steht. Vielmehr stellt Scholz auch hier, in der Betrachtung ‚reiner' Strukturen, die eminent inhaltlich philosophische Frage nach der Auszeichnung eines Kalküls als Logikkalkül.[138] Und Scholz beantwortet diese Frage mit einer Entscheidung für die Metaphysik, so teilt Hermes mit:

> „Nach seiner Ansicht werden die Gesetze der Logik nicht willkürlich *erfunden* durch die Konstruktion irgendwelcher Kalküle, sondern sie sind *vor* dem Menschen vorhanden und werden von den Menschen *ge*funden."[139]

---

[137] Hermes, H., a. a. O., S. 33.
[138] Vgl. vor allem Scholz, H.: „Formalisierte Sprachen. Eine grundlegende Entdeckung des 19. Jahrhunderts", in: Archiv für Philosophie 1954/55/5, S. 1—18.
[139] Hermes, H., a. a. O., S. 39.

Diese Vorstellung impliziert nicht weniger als die These von der ontologischen Begründung der Logik. Aber gerade dieser Hinweis von Hermes auf bedeutsame inhaltliche Fragen, die Scholz auf seinem gesamten Denkweg beschäftigen, macht deutlich, daß auch der richtige und zweifellos wichtige Hinweis auf die Bedeutung des Strukturbegriffs in der denkerischen Entwicklung von Scholz die weitere Nachfrage nach inhaltlichen Determinanten, die eine einheitliche Interpretation des Denkens von Scholz ermöglichen könnten, nicht ersetzen kann.

Hermes überliefert, daß Scholz mit Vorliebe das Wort von Leibniz zitierte:

> „Sans les Mathématiques on ne pénètre point au fond de la Métaphysique. Sans le Métaphysique on ne pénètre point au fond des Mathématiques. Sans ces deux on ne pénètre au fond de rien."[140]

Unter Voraussetzung dieses Leitsatzes soll nun versucht werden, die Entwicklung der Themen des Scholzschen Denkens zu deuten.

4.3. DIE INTERPRETATION DES SCHOLZSCHEN DENKENS AUS INHALTLICHEN KONSTANTEN

Wenn man die Veröffentlichungen von Scholz verfolgt, so läßt sich mit guten Gründen eine Leitfrage rekonstruieren, von der her das Denken von Scholz interpretiert werden kann. Diese theologische Frage müßte lauten: „Unter welchen Bedingungen kann heute sinnvoll behauptet werden: ,Es gibt einen Gott'?"

Aus dieser Frage entfaltet sich das Denken von Scholz in folgerichtigen Schritten. Diese Frage deutet das Problem und das zentrale Thema an, gleichsam den Fluchtpunkt, auf den die Denkbemühungen von Scholz ausgerichtet sind.

Die gesamte Denkentwicklung von Scholz kann von drei zentralen Problemen und deren Verknüpfung aus erschlossen werden:

1. Das Problem der Religion,
2. das Problem der Wahrheit,
3. das Problem der Metaphysik.

Es mag erlaubt sein, in Aufnahme der Überlegungen von Wernick, das Interesse an der Religion und die Leidenschaft für die Wahrheit als die

---

[140] Hermes, H., a. a. O., S. 35.

grundlegenden Interessen zu bezeichnen, die in der Persönlichkeit von Scholz wurzeln. Gleichwohl, wie diese grundlegenden Interessen zu philosophischen Problemen verdichtet werden und wie daraufhin ihre Lösungen entfaltet werden, verläuft als Entwicklung von bemerkenswerter Folgerichtigkeit. Die Verknüpfung des Fragenbereiches der Religion und des Fragenbereiches des Wahrheitsbegriffes, wie auch die Zuspitzung jedes einzelnen dieser Fragenbereiche, führt Scholz zur Frage nach der Metaphysik und der Möglichkeit ihrer Rekonstruktion, zu eben der Frage also, die die Arbeit von Scholz während seiner logistischen Arbeitsphase entscheidend bestimmt und mit der Veröffentlichung der Monographie „Metaphysik als strenge Wissenschaft" ihre — für Scholz abschließende — Beantwortung findet.

4.3.1. Der Wahrheitsbegriff der Schleiermacher-Arbeit

Die erste Arbeit, die ‚in nuce' die Grundintention des Scholzschen Denkens, die Hauptaufgaben, die Hauptprobleme und gewisse methodische Grundsätze enthält, ist die Schleiermacher-Dissertation von 1909 „Christentum und Wissenschaft in Schleiermachers Glaubenslehre"[141].

Es soll hier nicht in eine Diskussion eingetreten werden, inwieweit die Schleiermacher-Interpretation, die Scholz in dieser Arbeit vorlegt, zutreffend ist[142], vielmehr interessiert die Arbeit hier nur insoweit, wie sie verwendet werden kann, um den Denkweg von Scholz zu rekonstruieren.

Bereits in dieser Arbeit ist die zentrale Frage für Scholz, unter welchen Voraussetzungen die Religion mit den Forderungen der Wissenschaft, die für Scholz am Klarsten das neuzeitliche Wahrheitsbewußtsein repräsentiert, in Einklang gebracht werden kann. Schon hier ist also die Frage nach dem Verhältnis von Christentum und neuzeitlichem Wahrheitsbewußtsein, hier freilich vermittelt durch die Frage nach dem Verhältnis von Glauben und Wissen, die entscheidende Frage für den Theologen Scholz.

Scholz versucht nun, diese Frage in einem historisch-systematisch orientierten Rückgriff auf Schleiermachers Position zu beantworten.

---

[141] Scholz, H.: „Christentum und Wissenschaft ...", a. a. O.
[142] Zu diesem Problem vgl. Fallenstein, M., a. a. O., der die Scholzsche Schleiermacher-Interpretation und -Rezeption eingehend untersucht.

Interessant ist dabei für die hier verfolgte Frage vor allem, wie Scholz in Anlehnung an Schleiermacher den Wissenschaftsbegriff zu fassen sucht, um eine Versöhnung von Glauben und Wissen zu erreichen.

‚Wissenschaft' ist, in dem hier von Scholz vertretenen Verständnis, durch eine Gruppe von Postulaten, die sich einerseits auf die Methode, andererseits auf die Form beziehen, festgelegt. Inhaltliche Vorgaben werden hingegen nicht gemacht.

Bezogen auf die Theologie bedeutet dieser Wissenschaftsbegriff dann, daß beispielsweise eine Dogmatik genau dann ‚wissenschaftlich' heißen kann, wenn diese logisch kohärent ist, wenn, wie Scholz im Anschluß an Schleiermacher ausführt, „... von einigen Hauptpunkten aus alles durch die Konsequenz der Anordnung, den Parallelismus der Glieder und die Zusammengehörigkeit der einzelnen Sätze ins Licht gestellt wird ..."[143]. Genau in dieser Bestimmung des Wissenschaftsbegriffes, wie er oben angedeutet wurde, sieht Scholz die Möglichkeit begründet, daß Schleiermacher „... überhaupt für die Glaubenslehre den Titel einer Wissenschaft, ja, streng genommen, *der* theologischen Wissenschaft in Anspruch nehmen konnte."[144] Scholz sieht jedoch klar, daß dieser Wissenschaftsbegriff, der ermöglicht, von einer theologischen Wissenschaft zu sprechen, andererseits auch den Anteil der ‚Wissenschaft' innerhalb der Glaubenslehre eng begrenzt, wenn er betont: „... die wissenschaftliche Arbeit der Glaubenslehre ist durchaus auf das Gestalten beschränkt; sie betrifft nicht den Inhalt des Christentums, der immer und überall ein gegebener ist, sondern lediglich die Form seiner Darbietung ..."[145].

Der mögliche Konflikt zwischen Glaube und Wissenschaft wird hier also entschärft, indem die beiden Pole innerhalb des Form-Inhalt-Schemas interpretiert werden. Das Christentum stellt die Inhalte bereit, während die Wissenschaft den formalen Apparat zur Verfügung stellt, um diese Inhalte angemessen darzubieten. Hier wird deutlich, daß Scholz in dieser Fassung des Wissenschaftsbegriffes letztlich einen kohärenztheoretischen Wahrheitsbegriff voraussetzt. Wird jedoch dieser Begriff von Wahrheit zweifelhaft, so funktioniert auch die von Scholz hier

---

[143] Scholz, H.: „Christentum und Wissenschaft ...", a. a. O., S. 58.
[144] ebda.
[145] ebda.

angestrebte Konfliktlösung nicht mehr, denn nur der kohärenztheoretische Wahrheitsbegriff vermag den hier vorausgesetzten Wissenschaftsbegriff zu tragen. Dieser Wissenschaftsbegriff aber ist es, der für Scholz ermöglicht zu postulieren:

1. Glaube konzentriert sich auf seinen Urgrund, nämlich das Abhängigkeitsgefühl von Gott.
2. Das Wissen verzichtet auf Übergriffe auf den Glauben; es ist Form und Methode, während die Inhalte das Gegebene sind.

Der Zusammenhang dieses Lösungsversuches macht zweierlei deutlich: Einerseits ist in der Frage nach der Wissenschaft, die hier durch Scholz gestellt wird, auch die als Grundfrage postulierte Frage nach der Wahrheit implizit präsent, andererseits treibt die äußerst eingeschränkte Tragfähigkeit der hier von Scholz erreichten Lösung diesen über die hier erreichte Position hinaus.

Dieser Fortschritt aber wird durch den vorausgesetzten Wahrheitsbegriff induziert, denn es ist deutlich, daß die Schwäche der hier erreichten Konzeption wesentlich in diesem Wahrheitsbegriff begründet ist. Zum Ausdruck kommt dieser Sachverhalt in der Vorstellung, daß eine Dogmatik genau dann wissenschaftlich ist, wenn sie formal korrekt, das heißt widerspruchsfrei aufgebaut ist, mithin dem Kohärenzkriterium als notwendiger und hinreichender Wahrheitsbedingung genügt.

Die Inhalte hingegen, die als das Gegebene eingebracht werden, stehen dabei noch nicht zur Disposition.

Aber hat es Wissenschaft wirklich mit einem solch eingeschränkten Wahrheitsbegriff zu tun, und ist dieses Wahrheitsverständnis bereits der christlichen Religion angemessen? Es ist verständlich, daß dieses Konzept von Wahrheit für Scholz in dem Maße fragwürdig wird, in dem er die Implikationen des Wahrheitsbegriffes weiter durchdenkt. Denn wenn die Wahrheitsfrage an die Religion in ihrer ganzen Schärfe gestellt werden soll, so kann man sich nicht mit der formalen Korrektheit der Sätze der Dogmatik begnügen, sondern es muß weitergefragt werden, wie es sich mit der Wahrheit der *Inhalte* verhält, um die es im Christentum geht und die die Dogmatik formulieren will.

Um diese Frage zu klären, reicht jedoch ein kohärenztheoretischer Wahrheitsbegriff nicht mehr aus, sondern es muß die korrespondenztheoretische Fassung des Wahrheitsbegriffes vorausgesetzt werden.

Hier kündigt sich der nächste Schritt an, den Scholz in der Klärung der Frage nach der Wahrheit der Religion tun wird.

Aber nicht nur dieses Zentralproblem der Verknüpfung der Frage nach der Wahrheit und der Frage nach der Religion ist in der Schleiermacher-Arbeit präsent, sondern auch die methodischen Grundsätze, die für Scholz später charakteristisch werden, sind hier bereits als Ideale anvisiert: Klarheit der Darstellung, Folgerichtigkeit der Gedankengänge, innere Kohärenz eines Entwurfs, kurz, das Interesse an der Idee der Form und der Struktur, das ja auch Hermes als für Scholz charakteristisch betont, treten hier bereits deutlich zutage.

Schließlich wird auch das systematische Hauptanliegen von Scholz deutlich, nämlich für die Gegenwart diejenige Synthese von Theologie und Philosophie zu vollziehen, die von Schleiermacher für seine Zeit vollzogen wurde. Scholz stellt deshalb an exponierter Stelle, gleichsam als Resümee der gesamten Arbeit fest: „Die Konsonanz von Glauben und Wissen wird in dem Maße objektiv, als es gelingt, den Glauben in der wissenschaftlichen Weltsprache der Gegenwart auszusprechen."[146]

Die Möglichkeit einer Synthese von Wissenschaft und Christentum scheint hier für Scholz noch allein abhängig zu sein von der möglichen Lösung eines ‚hermeneutischen' Problems, nämlich die Inhalte des Glaubens in eine neue Form, hier als die wissenschaftliche Weltsprache der Gegenwart gefaßt, zu kleiden.

Diese Einschätzung des Problems wird jedoch mit der Weiterentwicklung der Wahrheitsfrage durch Scholz aufgegeben. Ein theologisch-‚hermeneutischer' Lösungsweg kann für Scholz die Frage nach der Wahrheit der Religion bald nicht mehr beantworten, vielmehr wird Scholz klar, daß dieses Problem einer *religionsphilosophischen* Behandlung bedarf.

4.3.2. Die philosophische Frage nach der Wahrheit der Religion

Ihre eigentliche Zuspitzung findet für Scholz die Frage nach der Wahrheit der Religion folgerichtig in der „Religionsphilosophie" und der in diesem Zusammenhang durchgeführten Auseinandersetzung mit dem Pragmatismus und der Philosophie des Als-ob. Scholz wird klar,

---

[146] Scholz, H.: „Christentum und Wissenschaft ...", a. a. O., S. 200. Der ganze Satz ist im Original hervorgehoben.

daß er nur in einem religionsphilosophischen Gedankengang die Religion der ganzen Schärfe der Wahrheitsfrage unterwerfen kann. Gleichzeitig wird es nun aber auch notwendig, *den* Wahrheitsbegriff philosophisch zu klären, der der Religion und ihrem Selbstverständnis angemessen ist.

Scholz setzt für diese Klärung bei dem Wahrheitsbegriff an, der von der Philosophie des Als-ob und dem Pragmatismus angeboten wird und der hier kurz als ein konventionalistischer Wahrheitsbegriff charakterisiert werden kann.

In einer meisterhaften Studie stellt Scholz die Positionen fair und gewissenhaft dar, verteidigt sie — zumal den Pragmatismus[147] — nicht selten gegen ungerechtfertigte Vorwürfe, kommt aber gleichwohl zu einem vernichtenden Ergebnis: Die hier ausgeführte Variante der Verknüpfung von Wahrheitsbegriff und Religionsbegriff, die einen konventionalistischen Wahrheitsbegriff voraussetzt, führt gleichermaßen zu einer Destruktion des Wahrheitsbegriffes wie des Religionsbegriffes. Die philosophische Frage nach der Wahrheit der Religion verfehlt den Wahrheitsanspruch der Religion notwendig, wenn sie sich auf die Position des Pragmatismus oder der Philosophie des Als-ob einläßt, denn eine „... ins Zentrum eindringende Betrachtung ..."[148] der Religion wird immer zu dem Ergebnis kommen, daß es sich hier um „... das Erfaßtsein des Menschen von Gott ..."[149] handelt und nicht um eine handlungsorientierende „Gottfiktion"[150].

Scholz folgert aus dieser Einsicht:

> „Ganz anders, wenn wir den Gottesglauben so sehen, wie er auf Grund seiner Herkunft gesehen werden muß, also nicht als Maxime, sondern als eine von praktischen Gesichtspunkten grundsätzlich unabhängige Aussage über das Dasein Gottes. Dann tritt die Wahrheitsfrage auf einmal mit einem Ernst an uns heran, dem der Pragmatismus schlechterdings nicht mehr gewachsen ist. ... Dann aber wird uns nichts übrig bleiben, als entweder auf die Lösung der Wahrheitsfrage überhaupt zu verzichten oder einen ganz neuen Anlauf zu nehmen. Verzichten dürfen wir als Philosophen nur dann, wenn alle Möglichkeiten erschöpft sind."[151]

---

[147] Vgl. Scholz, H.: „Die Religionsphilosophie des Als-ob ...", a. a. O., S. 139 und S. 155.
[148] Scholz, H.: „Die Religionsphilosophie des Als-ob ...", a. a. O., S. 147.
[149] Scholz, H.: „Die Religionsphilosophie des Als-ob ...", a. a. O., S. 146.
[150] Scholz, H.: „Die Religionsphilosophie des Als-ob ...", a. a. O., S. 148.
[151] Scholz, H.: „Die Religionsphilosophie des Als-ob ...", a. a. O., S. 159.

Besonders bemerkenswert erscheint bei dieser Absage an eine konventionalistische Lösung der Wahrheitsfrage das Motiv, welches für Scholz hier entscheidend wird: Nicht auf Grund einer philosophischen Reflexion auf den Wahrheitsbegriff wird die Lösung des Pragmatismus abgelehnt, im Gegenteil wird eingeräumt, daß der pragmatistische Wahrheitsbegriff für viele „Wahrheitsklassen"[152] durchaus brauchbar ist, sondern das Wesen der Religion selbst erzwingt einen anderen, weitergehenden Wahrheitsbegriff. Diese Auffassung macht Scholz ganz deutlich, wenn er in der „Religionsphilosophie" die Frage nach der Wahrheit der Religion stellt.

Er fordert hier zuerst eine Fassung des Wahrheitsbegriffs, der nicht nur der allgemeinen Bedeutung entspricht, sondern der ebenso das Selbstverständnis der Religion berücksichtigt.

Wenn man aber dieses Selbstverständnis der Religion ernstnimmt, so muß man nach der Meinung von Scholz feststellen: „Die Elementarform der Wahrheit der Religion ist die Wahrheit des Urteils über das Dasein Gottes."[153] Dies aber ist, wie Scholz sagen kann, ein „Existentialurteil", das dann und nur dann wahr ist, „... wenn das Subjekt dieses Urteils *wirklich* ist."[154] Damit liegt nun aber genau die korrespondenztheoretische Fassung des Wahrheitsbegriffes vor: Ein Urteil ist genau dann wahr, wenn der von diesem Urteil behauptete Sachverhalt wirklich ist. Nicht durch philosophische Vorentscheidungen gelangt Scholz zu diesem Wahrheitsbegriff, sondern es ist das Selbstverständnis der Religion, von dem her eine konventionalistische oder kohärenztheoretische Fassung des Wahrheitsproblems kategorisch ausgeschlossen wird: Die Würde und das Verständnis der Religion selbst erfordern die denkbar schärfste Fassung des Wahrheitsbegriffes.

Wenn dies so ist, muß gefolgert werden, daß die Wendung von Scholz zur Religionsphilosophie nicht als der erste Schritt des Abschiedes von der Theologie gedeutet werden darf. Vielmehr ist die religionsphilosophische Überlegung, die Scholz durchführt, nicht ein distanziertes Betrachten der Religion von außen, sondern ein Gedankengang, der um des Selbstverständnisses der Religion willen unter den Bedingungen der Neuzeit notwendig ist. Scholz behandelt also nicht nur um der Wahrheit

---

[152] Scholz, H.: „Die Religionsphilosophie des Als-ob...", a. a. O., S. 139.
[153] Religionsphilosophie², S. 222. Im Original hervorgehoben.
[154] ebda.

willen, sondern genauso auch um der Religion willen „Religion als philosophisches Problem"[155].

Auch hier ist es wieder die innere Dynamik, welche eine Verknüpfung der Wahrheitsfrage mit der Frage nach der Religion erzeugt, die den Reflexionsgang von Scholz weitertreibt. Denn wenn tatsächlich philosophisch die Frage nach der Wahrheit der Religion gestellt werden soll, dann muß entweder auf einen der Religion angemessenen Wahrheitsbegriff verzichtet werden, oder aber es müßte ein Wahrheitsbegriff zugelassen werden, der den Rahmen der durch Kant geprägten Philosophie und insbesondere den Rahmen der durch Kant geprägten Religionsphilosophie, sprengt.

4.3.3. Die Frage nach der Relativität von Wahrheit

Besonders wichtig für Scholz' Erwägungen zum Wahrheitsbegriff und den sich anbahnenden Übergang zur Logistik ist hier die Arbeit „Zur Analysis des Relativitätsbegriffs"[156] von 1922, in der sich Scholz wohl am weitesten auf eine neukantianische Position einläßt.

In dieser, in dem Festheft der Kant-Studien für H. Vaihinger veröffentlichten Skizze, ist Scholz bemüht, den Begriff der Relativität zu präzisieren. Er unterscheidet drei Dimensionen des Gebrauchs dieses Begriffes:

1. den erkenntnistheoretischen Relativitätsbegriff,
2. den perspektivischen Relativitätsbegriff,
3. den physikalischen Relativitätsbegriff.

Schon in dem ersten Reflexionsgang, in dem Scholz nach der Anwendung des Relativitätsbegriffes auf die Frage nach ‚Wahrheit' und ‚Geltung' fragt, scheint Scholz eine entschieden neukantianische Position zu vertreten. Er verneint mit Nachdruck, daß es sinnvoll sein könne, von Wahrheit an sich zu reden, wenn er auch die „... Tendenz zur Autonomisierung des Wahrheitsbegriffes..."[157], die sich in dieser Redeweise manifestiert, ausdrücklich *nicht* der Kritik unterziehen will.

---

[155] So der treffend gewählte Titel der Arbeit von Fallenstein.
[156] Scholz, H.: „Zur Analysis des Relativitätsbegriffs", in: Kantstudien 1922/27, Festheft der Kantstudien für H. Vaihinger zum 70. Geburtstag, S. 369–398. Im folgenden zitiert als ‚Analysis'.
[157] Analysis, S. 370.

Diese ablehnende Haltung ergibt sich für Scholz aus der Analyse sowohl des Wahrheitsbegriffes wie auch des Geltungsbegriffes. Beide Begriffe sind nur als *Relationsbegriffe* zu fassen, die ein Subjekt unbedingt voraussetzen, andernfalls jedoch sinnlos werden. Denn um von Wahrheit überhaupt sprechen zu können, ist „... die Tätigkeit des Subjekts in einem konstitutiven Sinne gefordert ..."[158], und auch die Wahrheitsbedingungen „... sind ... allerdings nicht durch das Denken erzeugt, ... aber sie sind schlechterdings erst im Denken präsent und setzen es in diesem Sinne voraus."[159]

Deshalb folgt hier für Scholz aus der Analyse des Wahrheitsbegriffes: Wahrheit ist in einem wohlbestimmten Sinne nie an sich, sondern notwendig relativ. Eine These, die durchaus unerwartet und insofern als erstaunlich gelten darf, da sie hinter das bis zur „Religionsphilosophie" erarbeitete Problemniveau zurückzufallen scheint.

Scholz zieht aus dieser Einsicht deshalb auch entschlossen die Konsequenz, daß selbst beispielsweise der Lehrsatz des Pythagoras „... auch heute noch nicht wahr [wäre], wenn er nicht irgendeinmal aufgestellt und bewiesen worden wäre."[160]

---

[158] Analysis, S. 376.
[159] Analysis, S. 376 f.
[160] Analysis, S. 378.
Aus der Verwendung dieses Beispiels kann meiner Meinung nach mit einiger Sicherheit geschlossen werden, daß Scholz zur Zeit der Abfassung dieser Skizze die Arbeiten von Frege noch nicht zur Kenntnis genommen hatte. Ganz abgesehen davon, daß Scholz hier einen Wahrheitsbegriff anvisiert, der dem Wahrheitsbegriff von Frege diametral entgegen steht, sei darauf hingewiesen, daß Frege in seinem Aufsatz „Der Gedanke" genau das Beispiel des Pythagoras-Lehrsatzes verwendet, um die Existenz von ‚Wahrheiten an sich' plausibel zu machen.
Frege schreibt hier: „So ist z. B. der Gedanke, den wir im pythagoreischen Lehrsatz aussprachen, zeitlos wahr, unabhängig davon wahr, ob irgend jemand ihn für wahr hält. Er bedarf keines Trägers. Er ist wahr nicht erst, seitdem er entdeckt worden ist, wie ein Planet, schon bevor jemand ihn gesehen hat, mit anderen Planeten in Wechselwirkung gewesen ist." Frege, G.: „Der Gedanke", hier zitiert nach Frege, G.: „Logische Untersuchungen", herausgegeben von G. Patzig, Göttingen 1976² (1918¹), S. 43 f. Hätte Scholz diese Äußerungen Freges bereits gekannt, so wäre zu erwarten, daß zumindest ein Hinweis auf sie gegeben worden wäre.
Diese Vermutung würde darauf hindeuten, daß der Aufsatz von Scholz, der ja erst 1922, also nach der beginnenden Rezeption der ‚Principia mathematica' und damit dem Aufmerksamwerden auf Frege, erschien, bereits früher entstanden ist und zu den Vorarbeiten zu der „Religionsphilosophie" zu zählen ist.

Allerdings versucht sich Scholz auch hier noch vor einer radikal relativistischen Position zu schützen, indem er betont, daß das Faktum der Formulierung dieses Lehrsatzes nur eine der notwendigen Bedingungen für seine Wahrheit sei. Aber immerhin besteht Scholz auf der Tatsache, *daß* die Formulierung einer Wahrheit durch ein Subjekt überhaupt eine Bedingung von Wahrheit sei. So schreibt er: „... es hat einen guten Sinn zu sagen, daß der Pythagoras erst durch seine Entdeckung wahr geworden ist, insofern er *vor* dieser nicht existierte, also gar nicht wahr sein *konnte.*"[161] Es ist natürlich sofort zu fragen, warum Scholz hier den Begriff „Entdeckung" verwenden kann, der durch den Duktus des Argumentes hier nicht begründet werden kann, weiterhin stellt sich außerdem die Frage, ob Scholz sich mit dieser Argumentation tatsächlich gegen einen auch von ihm verworfenen Relativismus schützen kann, denn indem er dem Subjekt zumindest an *einer* Stelle die Funktion einer Wahrheitsbedingung, wenn auch nur als einer von mehreren notwendigen Bedingungen, zuweist, wird Wahrheit in letzter Konsequenz subjektabhängig und mithin radikal relativ.

Die Möglichkeit einer subjektunabhängigen Fassung des Wahrheitsbegriffes steht für Scholz an dieser Stelle jedoch nicht zur Debatte, denn er betont klar: „Wer anders urteilt, muß zu Wahrheiten greifen, die in erhabener Unabhängigkeit von der Tatsache ihres Gedachtwerdens in irgendeinem intelligiblen Raum existieren und irgendwann durch das menschliche Denken ergriffen werden oder auch nicht."[162]

Die Alternative wird also in aller Schärfe deutlich gemacht: Entweder der Wahrheitsbegriff wird als Relationsbegriff gefaßt, oder man muß die Entscheidung für einen Wahrheitsbegriff fällen, den Scholz hier als „mythisch"[163] apostrophiert, wobei ausdrücklich festzustellen ist, daß — jedenfalls nach dem Sprachgebrauch der „Religionsphilosophie" — ‚Mythos' eine eindeutig negative Kategorie für Scholz darstellt[164].

Bis zu diesem Punkt des Gedankenganges scheint so kein Zweifel zu bestehen, auf welcher Seite Scholz angesichts dieser Feststellungen meint stehen zu müssen, wenn es um die Alternative geht, Wahrheit sei ein Relationsbegriff oder aber ein mythischer Begriff. Gleichwohl bleibt

---

[161] Analysis, S. 378.
[162] Analysis, S. 378 f.
[163] Vgl. Analysis, S. 379.
[164] Vgl. z. B. Religionsphilosophie², S. 17.

bemerkenswert, wie genau Scholz hier die möglichen Alternativen beschreibt.

Allerdings nimmt die Studie eine ganz erstaunliche Wendung, denn in einer ausführlichen Fußnote, mit der Scholz die Analyse der ersten Dimension des Relativitätsbegriffes abschließt, deutet sich für Scholz eine ganz neue Sicht der Dinge an: Es gibt für Scholz *eine* Möglichkeit, die erlaubt, von Wahrheiten an sich zu reden und gleichzeitig den analysierten Charakter des Wahrheitsbegriffes festzuhalten, aber diese Möglichkeit würde eine Metaphysik voraussetzen. Scholz stellt hier fest:

> „*Alle eigentlichen ‚Wahrheiten an sich'* haben den intellectus divinus *zum denknotwendigen Korrelat.* Wer mit Bolzano von dieser Voraussetzung ausgeht, schafft eine neue Konstellation, über die nur auf Grund einer fundierten Stellungnahme zur Metaphysik geurteilt werden kann. Die Kritik des Textes richtet sich lediglich gegen die metaphysisch entwurzelten ‚Wahrheiten an sich', die in den Gedankengängen der neueren Geltungslogik auftreten."[165]

Diese Anmerkung gibt dem Text eine völlig neue Perspektive und der Argumentation ein ganz anderes Gefälle, so daß fast gesagt werden kann, daß die vorhergehende Entscheidung für die erste Alternative bei der Bestimmung des Wahrheitsbegriffes neutralisiert wird. Sah es bisher so aus, als wolle Scholz vorbehaltlos die neukantianische Position ausbauen und verteidigen, so scheint jetzt deutlich zu werden, daß Scholz zwei Grundformen des Philosophierens über den Wahrheitsbegriff einander gegenüberstellen und gleichzeitig zeigen will, daß unter Voraussetzung der Grundform ‚A' eine Konsequenz ‚a' zu einem Widerspruch führt, während unter Voraussetzung der Grundform ‚B' dieselbe Konsequenz kohärent ist.

Dies führt Scholz in der Reflexion des Wahrheitsbegriffes zu der Folgerung:

1. Unter Ablehnung der metaphysischen Prämisse eines ‚Intellectus divinus' muß auf den Begriff ‚Wahrheit an sich' verzichtet werden, Wahrheit hat dann in einem wohlbestimmten Sinn grundsätzlich immer relativen Charakter.
2. Wenn auf den Begriff ‚Wahrheit an sich' nicht verzichtet werden soll, so muß notwendig die metaphysische Prämisse eines ‚Intellectus divinus' akzeptiert werden.

---

[165] Analysis, S. 380, Anm. 1.

3. Eine Position, die den Begriff ‚Wahrheit an sich' festhalten will und gleichzeitig die metaphysische Prämisse eines ‚Intellectus divinus' negiert, wird widersprüchlich.

Mit dieser Bezugnahme auf die Metaphysik Bolzanos und — wie ergänzt werden darf — die Metaphysik von Leibniz ist für Scholz eine völlig neue Konstellation gegeben, eine Tatsache, aus der deutlich erhellt, daß sich Scholz *nicht* eindeutig und vorbehaltlos auf die Seite neukantianischer Philosophie schlägt. Er ist durchaus nicht willens, die metaphysische Prämisse von Bolzano und Leibniz mit einem Federstrich zu erledigen, vielmehr gilt für Scholz: „Die metaphysische Logik Bolzanos ist das einzige konsequente, folglich annehmbare System einer transzendentalen Wahrheitslehre."[166]

In der vorliegenden Studie bleibt die Möglichkeit einer Entscheidung von Scholz für diese metaphysische Prämisse noch in der Schwebe, gleichwohl signalisiert diese hier erstmals greifbare Anknüpfung an eine metaphysische Fundierung des Wahrheitsbegriffes, wo Scholz die eigentlichen Fragen vermutet, an denen weitergearbeitet werden muß:

Es ist nun notwendig, eine „fundierte Stellungnahme zur Metaphysik" zu erarbeiten, die klärt, ob es ein intellektuell redlicher und gangbarer Weg ist, diese metaphysische Prämisse aufzustellen und zu vertreten. In dieser Arbeit wird somit erstmals deutlich, daß die Grundfrage nach der Wahrheit der Religion folgerichtig auf die Frage nach der Möglichkeit einer Metaphysik führt, denn wie gezeigt wurde, erforderte die Frage nach der Wahrheit der Religion zwingend einen Wahrheitsbegriff von absolutem Charakter. Ein solcher Wahrheitsbegriff aber impliziert, wie Scholz hier zeigt, mit Notwendigkeit Voraussetzungen, die nur im Rahmen einer ausgeführten Metaphysik gemacht werden können.

Aber nicht nur aus der Perspektive der Klärung des Wahrheitsbegriffes wird Scholz auf die Frage nach der Metaphysik geführt, sondern ebenso auch aus der Perspektive der Klärung des Religionsbegriffes. In seinem Beitrag zur Festschrift für Harnack[167] versucht Scholz die Frage zu klären, wie der Gedanke historisch relativer Wahrheiten zu einem absoluten Begriff von Wahrheit in Beziehung gesetzt werden kann, ohne daß ein Widerspruch entsteht. Er stellt sich die Frage, welche

---

[166] ebda.
[167] Scholz, H.: „Zufällige Geschichts- und notwendige Vernunftwahrheiten", a. a. O.

Konsequenzen sich für die Religion aus dem Beweis ergeben „... daß aus historischen Tatsachen, auch wenn sie noch so gut beglaubigt sind, nie metaphysische Schlüsse allgemeinverbindlicher Art gezogen werden können ..."[168]. Da es sich aber nach Meinung von Scholz so verhält, daß Religion „... in jedem Falle ... ein Inbegriff von metaphysischen, das heißt alle Sinneserfahrung überschreitenden Urteilen [ist] ..."[169], läßt sich Religion letztlich nicht historisch fundieren. Vielmehr bedarf es nach Scholz des erlebenden Subjektes, denn ein historisches Ereignis „... [empfängt] seine metaphysische Bedeutung immer erst in dem erlebenden Subjekt (aber nicht *durch* dasselbe) ..."[170].

Scholz verfolgt in diesem Aufsatz den Gedanken nun weiter in Richtung auf die Fassung des Offenbarungsbegriffes und gelangt zu der interessanten Überzeugung: Wenn es richtig ist, daß es in der Religion um metaphysische Urteile geht, dann folgt, daß eine religionsphilosophische Reflexion den Offenbarungsbegriff grundsätzlich von einem historischen zu einem „pantheistischen"[171] Offenbarungsbegriff erweitern muß.

Diese interessante Erwägung von Scholz soll hier jedoch nicht weiter verfolgt werden, für den vorliegenden Zusammenhang ist von besonderer Bedeutung, daß sich auch aus der Perspektive der Religion die Frage nach der Möglichkeit einer Metaphysik stellt. Denn wenn es, wie Scholz meint, dem innersten Wesen der Religion entspricht, metaphysische Urteile zu formulieren, so steht und fällt die Möglichkeit religiöser Urteile mit dem Nachweis der Möglichkeit einer Metaphysik, da ja, wie Scholz gezeigt hat, eine historische Fundierung dieser Urteile aus logischen Gründen nicht in Frage kommen kann.

So führt auch die Reflexion des Problems religiöser Urteile und ihrer möglichen Fundierung Scholz zu der Frage nach der Möglichkeit einer Metaphysik.

4.3.4. Zusammenfassung

Zusammenfassend können nun die entscheidenden Entwicklungsstufen für die denkerische Entwicklung von Scholz folgendermaßen charakterisiert werden:

---

[168] Scholz, H.: „Zufällige Geschichts- und notwendige Vernunftwahrheiten", a. a. O., S. 387. Im Original hervorgehoben.
[169] Scholz, H.: „Zufällige Geschichts- und notwendige Vernunftwahrheiten", a. a. O., S. 388.
[170] Scholz, H.: „Zufällige Geschichts- und notwendige Vernunftwahrheiten", a. a. O., S. 390.
[171] ebda.

1. Die Schleiermacher-Arbeit benennt die beiden Grundprobleme im Scholzschen Denken, die Frage nach der Wahrheit und die Frage nach der Religion. In ihrer Frage nach der Zuordnung von Glauben und Wissen verknüpft diese Arbeit ‚in nuce' diese beiden Problembereiche zur Frage nach der Wahrheit der Religion. Sie löst dieses Problem jedoch nur in einem stark eingeschränkten Rahmen, der durch den vorausgesetzten kohärenztheoretischen Wahrheitsbegriff gesteckt ist.
2. In der „Religionsphilosophie" und den ihr thematisch zuzuordnenden Schriften wird nun diese eingeschränkte Lösung überschritten, hier werden erstmals alle Konsequenzen aus der Frage nach der Wahrheit der Religion gezogen, jedoch dergestalt, daß nicht nur vom Wahrheitsbegriff, sondern gleichzeitig auch von der Religion her allein ein absoluter Wahrheitsbegriff als der Sache angemessen erwiesen wird.
3. Wenn es jedoch so ist, daß die philosophische Frage nach der Wahrheit der Religion allein einen absoluten Wahrheitsbegriff als angemessen akzeptieren kann, dann muß weiter gefragt werden, unter welchen Voraussetzungen ein solcher Begriff von Wahrheit gebildet werden kann, ohne daß ein Widerspruch in der Bildung des Begriffes auftritt. Die Analyse des Wahrheitsbegriffes führt hier zu der Einsicht, daß ein absoluter Wahrheitsbegriff notwendig metaphysische Voraussetzungen verlangt, wenn er nicht widersprüchlich werden soll.
4. Aber nicht nur die Analyse des Wahrheitsbegriffes führt zu der Frage nach der Metaphysik, sondern ebenso die philosophische Analyse religiöser Aussagen, da für Scholz feststeht, daß die Sätze der Religion als metaphysische Sätze bezeichnet werden müssen, und zwar in dem Sinne, daß es sich bei den Urteilen der Religion um die Sinneserfahrung überschreitende Urteile handelt.
5. So ergibt sich aus der Frage nach der Wahrheit der Religion für Scholz folgerichtig die Frage nach der Metaphysik.
6. Damit aber wird der Erweis der Möglichkeit von Metaphysik zur notwendigen Bedingung für die Behauptung desjenigen Wahrheitsbegriffes, den die Religion in einer philosophischen Betrachtung implizit erzwingt, und also zur Voraussetzung für die Möglichkeit der Beantwortung der Scholzschen Grundfrage.
7. Wie aber kann dieser Möglichkeitserweis von Metaphysik geführt werden?

Bereits in „Zur Analysis des Relativitätsbegriffes" stellte Scholz fest, daß allein eine „metaphysische Logik"[172] — Scholz verweist hier auf Bolzano — den von Scholz anvisierten Wahrheitsbegriff annehmbar begründen könne.

Es ist deshalb durchaus folgerichtig, daß Scholz in der Rezeption der Logik, und zwar in der Form, in der sie auf der Höhe der Zeit steht, nämlich der Logistik, den Weg zu diesem Möglichkeitserweis sieht.

Die Logistik stellt ihm dabei jedoch nicht nur das bei weitem leistungsfähigste formale Instrumentarium bereit, um die Analyse und Konstitution des angestrebten Wahrheitsbegriffes voranzutreiben, sondern sie eröffnet Scholz, zumal in ihrer Fundierung durch Frege, die Perspektive einer standfesten Metaphysik.

Es wurde bereits erwähnt, daß Spranger schon für die frühesten Stufen der Scholzschen Logistikrezeption verbürgt, daß diesem „eine Metaphysik im neuen Sinne"[173] vorschwebte. Dieser Hinweis bringt deutlich zum Ausdruck, was auch innerhalb der Logistikrezeption durch Scholz deutlich wird: Daß nämlich diese Rezeption nie Selbstzweck ist, sondern von Anfang an unter dem klaren Interesse eines Möglichkeitserweises von Metaphysik als Voraussetzung für einen absoluten Wahrheitsbegriff vor sich geht.[174] Gerade die Rezeption der Logistik wird es schließlich sein, die Scholz erlaubt, einen Wahrheitsbegriff zu vertreten, den er noch 1922 als ‚mythisch' verwirft, nämlich nun tatsächlich von Wahrheiten zu sprechen, die, wie er noch 1922 ablehnend formulieren konnte, „... in erhabener Unabhängigkeit von der Tatsache ihres Gedachtwerdens in irgendeinem intelligiblen Raum existieren ..."[175].

Mit diesen hier zusammengestellten Hauptschritten der Entwicklung ist nun die weitere Forschungsorientierung für Scholz vorgezeichnet: Um die Grundfrage „Unter welchen Bedingungen kann heute sinnvoll

---

[172] Analysis, S. 380, Anm. 1.
[173] ‚Gedächtnisfeier', S. 7.
[174] Dies wird auch an der Tatsache deutlich, daß Scholz der Formalisierung des korrespondenztheoretischen Wahrheitsbegriffes durch Tarski eine hervorragende Bedeutung beimißt. So kann Scholz in der Vorrede des Lehrbuches ‚Grundzüge der mathematischen Logik', Berlin-Göttingen-Heidelberg 1961, S. VII betonen, daß die „... bahnbrechende Semantik von *A. Tarski* ..." die Voraussetzung dafür geschaffen hat, daß eine ontologische Interpretation der Logik auf der Stufe mathematischer Genauigkeit durchgeführt werden kann.
[175] Analysis, S. 378 f.

behauptet werden: ‚Es gibt einen Gott'?" beantworten zu können, muß zuerst der Nachweis für die Möglichkeit einer wissenschaftlichen Metaphysik geführt werden. Dieser Nachweis aber erfordert die Begründung, wie ein gehaltvoller Gebrauch des Begriffes ‚Metaphysik' aussehen muß. Es muß mithin gezeigt werden, daß eine von Scholz zu konstituierende Metaphysik ihrem Inhalt nach in einem signifikanten Sinn mit dem Begriffsumfang und dem Problemgehalt desjenigen philosophischen Unternehmens übereinstimmt, das die philosophische Sprachgemeinschaft traditionell ‚Metaphysik' nennt. Der Lösung eben dieser Probleme werden sich nun entscheidende Arbeiten von Scholz widmen.

Wenn also dieser problemorientierte Versuch einer integrierenden Interpretation des Denkweges von Scholz auch nur im Ansatz zutrifft, so belegt er auf das genaueste die These von Hartshorne, daß Scholz' Wendung zur Logistik als „... way to further the clarification of theological questions..."[176] zu interpretieren ist, denn Scholz' Konzentration auf die Logistik mit der Intention der Rekonstruktion der Metaphysik wäre dann tatsächlich aus einem originär theologischen Interesse erwachsen und deshalb auch aus diesem Interesse zu verstehen.

Außerdem würde diese Interpretation des Denkweges von Scholz unter Beweis stellen, daß die Beschäftigung Scholz' mit der Metaphysik *nicht* ein nebensächliches Thema unter der Vielzahl der Scholzschen Veröffentlichungen darstellt, sondern, daß es sich hier vielmehr um das Hauptproblem handelt, das aus der Frage nach der Wahrheit der Religion erwächst. Es wäre dann erwiesen, daß „Metaphysik als strenge Wissenschaft" nicht als eine unbedeutende Gelegenheitsarbeit aufzufassen ist, sondern vielmehr als *das* Hauptwerk von Scholz, welches die abschließende Beantwortung der Frage nach der Möglichkeit der Metaphysik für Scholz liefert. Auf dieses Hauptwerk hin wären dann die unterschiedlichen Arbeiten von Scholz zu interpretieren.

Nachdem im Abschnitt 3. gezeigt wurde, *daß* in allen Phasen der Veröffentlichungen von Scholz die Frage nach der Metaphysik einen hohen Stellenwert einnimmt und immer wieder im Zentrum des Interesses von Scholz steht, ist nun nach einer problemorientierten Interpretation der Denkentwicklung von Scholz auch begründet worden, *warum* die Frage nach der Metaphysik im Zentrum des Denkens von Scholz

---

[176] Hartshorne, Ch., a. a. O., S. 279.

steht, und wie sie sich aus der Frage nach der Wahrheit der Religion entfaltet.

Im folgenden soll nun das Konzept von Metaphysik dargestellt werden, das Scholz im Verlauf verschiedener Einzelstudien ausgearbeitet hat.

ZWEITER TEIL

DAS METAPHYSIKKONZEPT VON HEINRICH SCHOLZ

1. ZUR BESTIMMUNG DES METAPHYSIKBEGRIFFS

1.1. PROBLEME DER BEGRIFFSBESTIMMUNG

Der polnische Logiker Alfred Tarski vermerkt einmal bezüglich der Bestimmung des Metaphysikbegriffs, und das klingt ein wenig ironisch-resignierend:

> „Die ganze Frage hängt offenbar davon ab, was man unter ‚Metaphysik‘ versteht. Dummerweise ist der Begriff extrem unbestimmt und mehrdeutig. Wenn man Diskussionen über diesen Gegenstand verfolgt, bekommt man gelegentlich den Eindruck, daß der Term ‚metaphysisch‘ jedes objektiven Sinnes entbehrt und bloß eine Art professioneller philosophischer Beschimpfung ist."[177]

Tatsächlich scheint sich der Sachverhalt so darzustellen und vielleicht darf noch ergänzt werden, daß die Situation innerhalb der Theologie durchaus mit ähnlichen Worten beschrieben werden kann.

Der Metaphysikbegriff scheint in der gegenwärtigen protestantischen Theologie eine ähnliche Funktion zu haben, wie sie für eine ganze theologische Epoche dem Begriff der ‚natürlichen Theologie‘ zukam[178]. Der Begriff hat in erster Linie die Funktion, schulfremde

---

[177] Tarski, A.: „Die semantische Konzeption der Wahrheit und die Grundlagen der Semantik", in: Skirbekk, G.: „Wahrheitstheorien. Eine Auswahl aus den Diskussionen über Wahrheit im 20. Jahrhundert", Frankfurt 1977, S. 140–188, S. 171.

[178] Zum Begriff der natürlichen Theologie und seiner Funktion in der theologischen Diskussion vgl. Birkner, H.-J.: „Natürliche Theologie und Offenbarungstheologie. Ein theologiegeschichtlicher Überblick", in: Neue Zeitschrift für Systematische Theologie und Religionsphilosophie 1961/3, S. 279–295. Es ist unter anderen vor allem den Arbeiten von Gestrich und Link zu verdanken, daß dieser Begriff heute eine differenziertere Verwendung in der Theologie findet.
Vgl. Gestrich, Ch.: „Neuzeitliches Denken und die Spaltung der dialektischen Theologie. Zur Frage der natürlichen Theologie", Tübingen 1977.
Link, Ch.: „Die Welt als Gleichnis. Studien zum Problem der natürlichen Theologie", München 1976.

Theologen zu markieren und so theologische Lager gegeneinander abzugrenzen[179].

Gemeinsam ist hier der ‚philosophischen' wie der ‚theologischen' Verwendungsweise des Begriffs, daß man sich nicht bei der genaueren Bestimmung des Inhalts des Metaphysikbegriffs aufhält, sondern daß man mit dem Begriff lediglich vage Negativassoziationen hervorrufen will. In ihren extremen Ausprägungen führt diese Verwendungsweise zu der Äquivalent-Setzung der Begriffe ‚metaphysisch' und ‚sinnlos', wie sie faktisch vom frühen Carnap und, diesem folgend, später von A. Ayer vorgenommen wird[180].

Angesichts dieser Situation eines einerseits extrem unbestimmten Begriffsgebrauches und andererseits eines rein denunziatorischen Begriffsgebrauches, einer Situation, die für die Zeit des Wirkens von Scholz ebenso gegeben war wie in der Gegenwart, ist Scholz vor eine dreifache Aufgabe gestellt.

Erstens muß er den seiner Meinung nach zu verwendenden Metaphysikbegriff formulieren.

Zweitens muß Scholz begründen, daß seine Konzeption wirklich ‚Metaphysik' und nicht irgend etwas anderes ist.

Drittens muß er die Voraussetzungen für die Möglichkeit einer Beurteilung seines Metaphysikkonzeptes bereitstellen, das heißt, Scholz muß Kriterien formulieren, mit deren Hilfe entschieden werden kann, wann in einem signifikanten Sinne von einer Metaphysik gesprochen werden kann.

Alle drei Aufgaben sind für Scholz von unaufgebbarer Bedeutung, denn nur wenn sie gelöst sind, hat die Bezeichnung ‚Metaphysik' einen bedeutenderen Stellenwert als den einer stipulativen Definition. Und an diesem Ergebnis ist Scholz allerdings in hohem Maße gelegen, denn von diesem Nachweis hängt für Scholz nicht nur die programmatische These der „Geschichte der Logik" ab, die Logistik sei die Vollendung

---

[179] Vgl. stellvertretend für die Einschätzung der Metaphysik und deren Wirkungen auf die Theologie Klappert, B.: „Tendenzen der Gotteslehre in der Gegenwart", in: Evangelische Theologie 1975/N. F. 30, S. 189—208.
[180] Es ist trivial festzustellen, daß diese ‚Definition', auf Leibniz oder Kant zurückgespiegelt, nun wirklich ‚Unsinn' ergibt, wenn man an den ‚metaphysischen Diskurs' oder die ‚metaphysischen Anfangsgründe der Naturwissenschaften' denkt.

und nicht der Abbruch der Tradition abendländischer Metaphysik, sondern auch die Möglichkeit der Beantwortung der Scholzschen Grundfrage: Wenn es so ist, daß die Frage nach der Wahrheit der Religion sowohl vom Begriff der Wahrheit wie auch vom Begriff der Religion her eine Metaphysik notwendig erfordert, und wenn es die zentrale Aufgabe der Theologie ist, „... den Glauben in der wissenschaftlichen Weltsprache der Gegenwart auszusprechen..."[181], dann ist es notwendig, den Nachweis der Möglichkeit einer Metaphysik zu erbringen, der über den Standard einer Stipulation hinausgeht. Dies ist aber nach der Ansicht von Scholz nur zu erreichen mit Hilfe einer methodisch kontrollierten Rekonstruktion des Metaphysikbegriffes.

1.2. SCHOLZ' METHODE DER BEGRIFFSBESTIMMUNG

Wenn das bisher Gesagte zutrifft, so stellt sich sofort die Frage, wie eine solche methodisch kontrollierte Rekonstruktion eines derart unklaren und schillernden Begriffes, wie ihn der Metaphysikbegriff darstellt, durchzuführen sei. Der Ansatz bei der Analyse des gegenwärtigen Sprachgebrauchs fällt für Scholz aus, da ja gerade dieser Sprachgebrauch mit Gründen präzisiert werden soll. Scholz entwickelt deshalb in seinen Arbeiten eine für ihn charakteristische Methode der Begriffsbestimmung. Leider hat er diese Methode nie in einer methodologisch ausgerichteten Arbeit selbst zum Thema gemacht, gleichwohl kann sie deutlich aus den Arbeiten von Scholz rekonstruiert werden.

Diese Methode kann als historisch-systematische Begriffsbestimmung bezeichnet werden, die sich in fünf deutlich voneinander abzuhebende methodische Schritte gliedert:

1. Zunächst unterwirft Scholz das Wort selbst einer Analyse, indem er nach den konstitutiven begrifflichen Bestandteilen fragt. Hier ergeben sich erste Hinweise zu einer Materialabgrenzung.
2. Daraufhin vergewissert sich Scholz, mit welchen Vertretern der Philosophiegeschichte der zu bestimmende Begriff in der übereinstimmenden Meinung der Forschung zu verbinden ist. Mit Hilfe dieser Frage kann nun ein erster Bestand des für die Begriffsbestimmung

---

[181] Scholz, H.: „Christentum und Wissenschaft ...", a. a. O., S. 200. Im Original hervorgehoben.

relevanten historischen Materials aus der Fülle philosophiegeschichtlichen Materials ausgegrenzt werden.
3. Nach dieser Materialabgrenzung ist es nun notwendig, das Werk dieser Denker aufzusuchen und mit den Mitteln historischer und philologischer Kritik zu sichten. Daraufhin ist der gesuchte Begriff jeweils werkimmanent zu interpretieren. Am Ende dieses Arbeitsvorganges steht eine genaue Charakterisierung von der Form: ‚Die Bedeutung des Begriffs x im Denken des Philosophen Y'.
4. Nach diesem Arbeitsgang ist es möglich, diese historisch bedeutsamen Verwendungen des gesuchten Begriffs systematisch miteinander zu vergleichen, um Übereinstimmungen und Verschiedenheiten der Begriffsverwendung herauszuarbeiten.
5. Nun kann in einem wohlbestimmten Sinne gesagt werden, was in signifikanter Weise innerhalb der Sprachgemeinschaft der abendländischen philosophischen Tradition mit dem gesuchten Begriff bezeichnet wird.

Neben dieser Klärung eines Begriffes bietet diese Methode jedoch auch noch die Möglichkeit, Kriterien zu formulieren, die erfüllt sein müssen, damit von einem berechtigten Gebrauch des bestimmten Begriffs gesprochen werden kann.

So liefert diese Methode für den Metaphysikbegriff zwei unterschiedliche Kriteriengruppen, die als Grundkriterien und als Zusatzkriterien bezeichnet werden können und die die Möglichkeit für einen kontrollierten Gebrauch verschiedener Verwendungen des Begriffs eröffnen[182].

1.3. EIN BEISPIEL FÜR SCHOLZ' METHODE DER BEGRIFFSBESTIMMUNG

Wie oben betont wurde, wendet Scholz die beschriebene Methode nicht nur für die Bestimmung des Metaphysikbegriffes an, sondern er setzt sie ebenso für die Klärung anderer philosophischer Begriffe mit Erfolg ein.

Ein besonders klares Beispiel dieser Anwendung der oben rekonstruierten Methode stellt dabei ein Vortrag dar, den Scholz zur Erhellung des Begriffs „Mathesis Universalis" 1935 gehalten hat[183]. Da hier in

---

[182] Die Kriterien des Metaphysikbegriffes werden unten, S. 123 f erörtert.
[183] Scholz, H.: „Die drei Gestalten der Mathesis universalis", im Nachlaß abgelegt unter Sig. 1JB 282.

einem relativ kurzen Text die für Scholz' methodisches Vorgehen charakteristischen Schritte durchgeführt werden, eignet sich dieser Text vorzüglich, um exemplarisch zu belegen, wie Scholz seine historisch-systematische Methode der Begriffsbestimmung handhabt, und wie er historische und systematische Reflexion aufeinander bezieht.

Scholz setzt in diesem Vortrag an bei der umgangssprachlichen Interpretation von ‚Mathesis universalis' als „Verallgemeinerung der Mathematik"[184]. Diese erste Annäherung gibt zwar einen ersten Eindruck von dem Bedeutungsbereich des Begriffes, muß jedoch bei einer präziseren Fassung des Begriffs verlassen werden. So stellt Scholz fest: „Ganz anders ist es, wenn wir sagen sollen, was der genaue Sinn dieses Ausdrucks ist. Hier reicht kein Sprachgefühl mehr aus. Hier müssen Kenntnisse eingesetzt werden, die nur durch umfangreiche historische Forschungen erlangt werden können."[185]

Scholz beschreibt nun diese Forschungsergebnisse und kommt zu dem Resultat, daß es in der abendländischen Philosophiegeschichte drei Gestalten gibt, in denen der Begriff in einem signifikanten Sinne durchdacht ist. Von einem signifikanten Gebrauch des Begriffs will Scholz dabei genau dann reden, wenn der Begriff „... so verwendet wird, dass die Bedeutung dieses Ausdrucks als eine Funktion der Bedeutungen seiner beiden Konstituenten angesehen werden kann."[186] Für das vorliegende Beispiel sind dabei die „... beiden Konstituenten ... die Ausdrücke ‚Mathesis', bzw. ‚Mathematik' und ‚universalis', bzw. ‚verallgemeinert'."[187]

Nach dieser begründeten Eingrenzung des historischen Materials wendet sich Scholz nun den einzelnen Gestalten der ‚Mathesis universalis' zu, wobei er eine Gestalt, die auf Eudoxos, eine Gestalt, die auf Descartes und eine Gestalt, die auf Leibniz zurückgeht, unterscheidet. Scholz schließt nun eine werkimmanente Darstellung des jeweiligen Begriffs von ‚Mathesis universalis' an, um die Besonderheiten der drei Gestalten herauszuarbeiten.

Nachdem dieser Arbeitsgang abgeschlossen ist, kann Scholz sich nun einem systematischen Vergleich der drei unterschiedlichen Formen der

---

[184] Scholz, H.: „Die drei Gestalten der Mathesis universalis", a. a. O., S. 1.
[185] ebda.
[186] Scholz, H.: „Die drei Gestalten der Mathesis universalis", a. a. O., S. 2.
[187] ebda.

‚Mathesis universalis' zuwenden, wobei sich für Scholz als Ergebnis herausstellt:

> „Es läßt sich endlich zeigen, dass die drei Gestalten der Mathesis universalis, für die wir jetzt drei historisch prägnante Bezeichnungen haben, nicht beziehungslos neben einander stehen und auch nicht nur zeitlich auf einander gefolgt sind, sondern aufgefasst werden können als drei Gestalten von der Art, dass jede folgende die Existenz der vorangehenden zur Voraussetzung hat."[188]

Scholz ist nun in der Lage, einerseits den Begriff ‚Mathesis universalis' präzise zu bestimmen und andererseits unterschiedliche Ausprägungen einer signifikanten Begriffsverwendung voneinander abzuheben. Im Falle dieses Beispiels kann sogar darüber hinaus noch gezeigt werden, daß die drei herausgearbeiteten Verwendungsweisen nicht nur zeitlich aufeinanderfolgen, sondern auch logisch aufeinander aufbauen.

Erst jetzt besteht die Möglichkeit, den Begriff auf die gegenwärtige philosophische Situation zu beziehen und für die Einordnung gegenwärtiger philosophischer Bemühungen methodisch kontrolliert einzusetzen. Scholz kann nun die historisch und systematisch begründete These formulieren, daß die Logistik als die gegenwärtige Gestalt der ‚Mathesis universalis' aufgefaßt werden kann.

Der Gedankengang wird abgeschlossen mit der Frage, welche Konsequenzen sich aus der gegenwärtigen Gestalt der ‚Mathesis universalis' für die Mathematik einerseits und die Philosophie andererseits ergeben. So besteht für die Mathematik erstmals die Möglichkeit, deren Grundlagen mit einem hinreichenden Grad von Exaktheit zu untersuchen, während für die Philosophie sich erstmals die Möglichkeit bietet, sich im Sinne des Aristoteles als Grundlagenforschung zu konstituieren, die über „... eine Logik und eine Wissenschaftslehre, die vor den entsprechenden Systemen aller früheren Jahrhunderte durch den Grad ihrer Exaktheit und die Schärfe ihrer Fragestellung eindeutig ausgezeichnet ist"[189].

1.4. ZUSAMMENFASSUNG

Sowohl die oben rekonstruierte Methode der Begriffsbestimmung wie auch das gegebene Beispiel für deren Anwendung spiegelt einen Sachverhalt wider, der auch für die Rekonstruktion des Metaphysikbegriffs durch Scholz gilt: Die Kategorie der Geschichte erlangt eine

---

[188] Scholz, H.: „Die drei Gestalten der Mathesis universalis", a. a. O., S. 6 f.
[189] Scholz, H.: „Die drei Gestalten der Mathesis universalis", a. a. O., S. 9'.

herausragende Bedeutung bei der Bestimmung des gesuchten Begriffes, denn die historische Reflexion steht in ständiger Wechselwirkung mit der systematischen Reflexion, so daß die Philosophiegeschichte gleichsam zu dem entscheidenden Verifikationskriterium einer begründeten Begriffsverwendung wird. In welchem Maße die hohe Einschätzung der Geschichte für das Scholzsche Denken charakteristisch ist, tritt deutlich bei der Präzisierung des Metaphysikbegriffs hervor. In der ständigen Rücksicht auf den historisch erhebbaren Gebrauch des Begriffs und in der systematischen Durchdringung dieses Gebrauchs wird hier das eigene Konzept von Metaphysik entwickelt.

Freilich wird auch hier wie schon im oben dargestellten Beispieltext, dessen Gedankengang bis in systematische Probleme der Gegenwart fortgeführt wird, deutlich, was ebenso auch für die „Geschichte der Logik" galt: Scholz' Rückgriff auf die Geschichte ist nie ‚bloß historisch' zu verstehen, vielmehr geschieht dieser immer in systematischer Absicht[190].

Wie in der „Geschichte der Logik" erst der Rückgriff auf die Tradition die angemessene systematische Interpretation der Logistik ermöglichte, so stellt hier, bei der Bestimmung des Metaphysikbegriffs, erst die Geschichte das Verifikationskriterium für die zureichende Vergewisserung bereit, daß sich Scholz bei der Erarbeitung seines Metaphysikkonzeptes keiner Äquivokation schuldig macht.

---

[190] Einer historistischen Position stand Scholz ablehnend gegenüber, vgl. z. B. seine Feststellung: „Das unbefangene, reine Auge des disziplinierten Historikers ist ein edles Ding und so hoch zu halten wie irgendeine köstliche Perle vom Rang der Unbestechlichkeit. Und wie befreiend ist dieses Auge für jeden, den nicht nur genau das interessiert, was sein Gehirn von Anfang an mit sich geführt hat! ... Aber der Historismus verdirbt den Charakter ... Er ist die organisierte Flucht vor uns selbst." („Fragmente eines Platonikers", Köln 1941, S. 81.)

2. DIE HISTORISCH-SYSTEMATISCHE ERARBEITUNG DES METAPHYSIKBEGRIFFS DURCH SCHOLZ

2.1. VORÜBERLEGUNGEN ZUM WORT ‚METAPHYSIK' UND ZUR GESCHICHTE DER METAPHYSIK

Gemäß der oben rekonstruierten Methode der Begriffsbestimmung soll im folgenden nachgezeichnet werden, wie Scholz die Bedingungen für einen kontrollierten Gebrauch des Metaphysikbegriffs erarbeitet.

Als erste Annäherung an das Problem und als eine erste allgemeine Bestimmung des Metaphysikbegriffs geht Scholz von den *Wort*bestandteilen von ‚Metaphysik' aus. Scholz stellt fest:

> „Seit Aristoteles ist es eine philosophische Frage erster Ordnung, was unter der Metaphysik zu verstehen ist. Man kann diese Frage dadurch verschärfen, daß man für das Wort *Metaphysik* eine Erklärung verlangt, die signifikant ist in dem Sinne, daß durch diese Erklärung zugleich die Wahl des Namens *Metaphysik* gerechtfertigt wird."[191]

Natürlich rechnet Scholz mit der Möglichkeit einer ursprünglich rein bibliothekarischen Bedeutung des Wortes ‚Metaphysik'. Gleichwohl hält er es für sinnvoll, dann von einem *signifikanten* Begriffsgebrauch zu sprechen, wenn die Konstitutionsbegriffe, also ‚meta' und ‚Physik', inhaltlich und nicht nur bibliothekarisch interpretiert werden.

Diesem ‚signifikanten' Gebrauch des Metaphysikbegriffs fügt Scholz noch eine weitere Präzisierung bei, wenn er fordert, daß die Menge der metaphysischen Sätze an der Menge der physikalischen Sätze zu spiegeln sei. Diesen Gedanken der Spiegelung verfolgt Scholz nun weiter in zwei Richtungen: Eine Spiegelung ist zu fordern einerseits unter einem inhaltlichen Aspekt und andererseits unter einem formalen Aspekt. „Der Horizont eines signifikanten metaphysischen Satzes ...", schreibt Scholz deshalb, „... muß auf eine eindeutige Art über den Horizont eines physikalischen Satzes hinausgehen."[192] Neben diese inhaltliche Forderung tritt die formale Forderung: „Ein metaphysischer Satz darf hinter

---

[191] Scholz, H.: „Leibniz", hier zitiert nach M. U., S. 136.
[192] M. a. s. W., S. 139.

einem physikalischen an Genauigkeit und Standfestigkeit nicht zurückstehen."[193]

Scholz ist für diesen ersten Schritt der Annäherung an den Metaphysikbegriff völlig davon überzeugt, daß er ohne jede spezielle Vorannahme „ganz unbefangen"[194] vorgeht und daß er mit dieser ersten Bestimmung des Metaphysikbegriffs keine besonders belasteten philosophischen Prämissen in seinen Gedankengang einträgt, sondern lediglich einen sprachlichen Minimalkonsens formuliert, so daß er betonen kann: „... es wird schwer oder unmöglich sein, für das Wort ‚Metaphysik' eine signifikantere Interpretation zu finden."[195]

Den nächsten Schritt seiner Begriffsbestimmung vollzieht Scholz in einer Fülle von Arbeiten zum Metaphysikbegriff in der Philosophiegeschichte, die in systematischer Form unter anderem in seiner ausgearbeiteten Vorlesung aus dem Wintersemester 1931/32 über die „Hauptgestalten der abendländischen Metaphysik"[196] vorliegen. Hier entfaltet Scholz „Begriff und Geschichte der Metaphysik mit besonderer Beziehung auf Kant und das Christentum"[197].

Bereits in dieser relativ frühen Vorlesung wird deutlich, welche Philosophen für Scholz entscheidend werden, um einen signifikanten Gebrauch des Metaphysikbegriffs zu bestimmen. Dies sind einerseits Aristoteles, dessen „Metaphysik" einer genauen Analyse unterzogen wird, und andererseits Leibniz als der herausragende Metaphysiker des Rationalismus. Kant schließlich ist schon in dieser Vorlesung als der *maßgebliche Kritiker* einer klassischen Metaphysik eingeführt, wobei dessen eigener Ansatz zu einer Neukonstituierung der Metaphysik von nachgeordneter Bedeutung ist.

Diese maßgebliche Stellung von Aristoteles und Leibniz in dieser frühen Arbeit zum Metaphysikbegriff wird auch in „Metaphysik als strenge Wissenschaft" noch einmal unterstrichen. Sollte die Interpretation der Metaphysik dieser beiden herausragenden Vertreter der abendländischen Philosophie mit Scholz' Konzept einer Metaphysik in Übereinstimmung gebracht werden können, so steht für Scholz fest, „... daß niemand mehr sagen kann, daß unsere Metaphysik traditionslos ist."[198]

---

[193] ebda.
[194] M. a. s. W., S. 138.
[195] M. a. s. W., S. 139.
[196] Hauptgestalten (vgl. Anm. 64).
[197] So der Untertitel für den ersten Teil der Vorlesung. Im Original hervorgehoben.
[198] M. a. s. W., S. 148.

2.2. DIE INTERPRETATION VON ARISTOTELES' „METAPHYSIK" BEI SCHOLZ

2.2.1. Prädikatenlogik und Ontologie

Die erste greifbare Einzelarbeit, in der sich Scholz als Logistiker mit der Aristotelischen „Metaphysik" auseinandersetzt, ist ein Vortrag aus dem Jahre 1932. Schon hier versucht Scholz zu zeigen, daß die Intention der Aristotelischen „Metaphysik" erst mit den von der Logistik bereitgestellten Mitteln angemessen erfaßt und interpretiert werden kann[199].

Scholz überschreibt seinen Vortrag mit dem aufschlußreichen Titel: „Die moderne Prädikatenlogik als die erste exakte Darstellung der Aristotelischen Ontologie."[200]

Scholz setzt in seiner Analyse mit dem Problem ein, daß in der traditionellen Logik zumindest an einer fundamentalen Stelle eine enge Verknüpfung zwischen Logik und Metaphysik besteht, nämlich genau dann, wenn von den sogenannten ‚Denkprinzipien' gehandelt wird. Gemeint sind mit diesem Begriff die vier wesentlichen Grund-Sätze der traditionellen Logik:
1. Der Satz vom ausgeschlossenen Widerspruch,
2. der Satz vom ausgeschlossenen Dritten,
3. der Identitätssatz,
4. der Satz vom zureichenden Grund.

Diese Prinzipien können jedoch gemäß der traditionellen Logik nur deshalb als Denkprinzipien gelten, weil sie zuerst den Charakter von Seinsprinzipien besitzen. An dieser Stelle wäre so die Metaphysik der Ermöglichungsgrund der Logik, insofern Metaphysik als Ontologie aufgefaßt wird. Dieser allgemein eingeführte Gedanke einer Begründung der Logik durch die Ontologie wird von Scholz in der folgenden

---

[199] Auch hier findet sich wieder die für Scholz charakteristische Methode, seine Forschung in die Spannung einer Wechselwirkung zwischen historischer Analyse und systematischer Interpretation zu stellen.

[200] Scholz, H.: „Die moderne Prädikatenlogik als die erste exakte Darstellung der Aristotelischen Ontologie", der Vortrag ist im Scholz-Nachlaß unter der Signatur 1 JB 123 abgelegt und mit der handschriftlichen Notiz versehen: „Vorgetragen in der philosophischen Gesellschaft in Warschau Dienstag 18.10.1932". Im folgenden zitiert als ‚Prädikatenlogik'. Möglicherweise ist die Titelwahl auch von einer polemischen Intention bestimmt, denn in der „Geschichte der Logik" weist Scholz äußerst kritisch auf einen Vortrag von H. Rickert mit dem Titel: „Die Logik des Prädikats und die Ontologie" hin. Vgl.: „Geschichte der Logik", S. 66 Anm. 26.

Analyse zu dem Begriff einer Aristotelischen Ontologie präzisiert. Bei dieser Ontologie handelt es sich für Scholz um einen Teil der Aristotelischen „Metaphysik", wie Scholz auch sagen kann: um die „Deuterometaphysik"[201].

Scholz stellt nun die Frage, wie der Begriff Seinsprinzipien genau zu verstehen ist, vermißt jedoch in der traditionellen Logik eine befriedigende Antwort. Unter Verwendung der Logistik will er deshalb versuchen, diesen Begriff zu präzisieren.

Daß Scholz mit diesem Versuch der Aristoteles-Interpretation unter Verwendung eines logistischen Instrumentariums Neuland betritt, ist ihm deutlich bewußt, so daß er feststellen kann:

> „Es ist begreiflich, dass diese Logik für die ganz anders organisierten Metaphysiker im klassischen Sinne des Wortes praktisch bis heute nicht existiert. Und es ist ebenso begreiflich, dass ihr von diesen Metaphysikern die Fähigkeit zu irgendeinem Dienst an der Metaphysik in jedem Sinne abgesprochen wird. Es scheint mir daher der Mühe wert zu sein, an einem Gegenbeispiel zu zeigen, was die neue exakte Logik für die Metaphysik zu leisten vermag, wenn sie an der richtigen Stelle in Kraft gesetzt wird."[202]

Auch in dieser Formulierung von 1932 wird deutlich, daß Scholz sich schon jetzt sehr wohl vorstellen kann, daß die Logistik zu einer reformulierten Metaphysik in Beziehung treten und diese auf eine sichere Grundlage stellen kann. So kann diese Arbeit als ein erster Schritt in der Ausführung des in der „Geschichte der Logik" abgesteckten Programms gedeutet werden, einerseits die Logistik als die Fortführung der abendländischen Philosophie zu interpretieren und andererseits mit ihrer Hilfe eine neue Metaphysik zu konstituieren.

Scholz schränkt nun genauer ein, wie er einen Begriff von Ontologie für seine Überlegungen erarbeiten will: Er konzentriert sich ausschließlich auf den Begriff einer „Aristotelischen Ontologie"[203], den er auf Grund der Analyse der Bücher Γ, K und der grundlegenden Gedanken des Buches Λ, Kap 1 und 2 formuliert.

Den Einsatz wählt Scholz bei Aristoteles' vorläufiger Klärung des σοφία-Begriffs, der für Aristoteles vorgegeben ist. Die σοφία wird hier

---

[201] Zum Begriff ‚Deuterometaphysik' vgl. unten, S. 87.
[202] Prädikatenlogik, S. 3.
[203] ebda.

bestimmt als eine Wissenschaft, „... die sich auf irgendwelche αἴτιαι καὶ ἀρχαί bezieht."[204]

Wie aber sind diese beiden Begriffe zu bestimmen? Zuerst kann festgestellt werden, daß für Aristoteles diese beiden Begriffe offensichtlich in einer Äquivalenzrelation zueinander stehen[205], wenn das aber so ist, so ist die Bestimmung eines der beiden Begriffe hinreichend. ἀρχή aber bestimmt Aristoteles im Sinne einer notwendigen Bedingung[206], so daß es angemessen ist, αἰτία als „Voraussetzung"[207] zu bestimmen.

Scholz kann so zusammenfassen: „Wir dürfen ... das Ergebnis des *ersten* Aristotelischen Aufklärungsschrittes in der Feststellung erblicken, dass die σοφία, die ‚Weltweisheit', sich jedenfalls auf gewisse Voraussetzungen oder auch Bedingungen bezieht."[208] Hier sind jedoch nicht irgendwelche Bedingungen anvisiert, sondern die letzterreichbaren Grundvoraussetzungen und Grundbedingungen. Diese Begriffe, die ja nur als Relationsbegriffe aufgefaßt werden können, erfordern jedoch noch eine Auskunft, *wofür* sie die Voraussetzungen und Bedingungen sind. Diese Auskunft findet Scholz in „Metaphysik" Γ 1, woraus zu entnehmen ist, „... dass die πρῶται αἰτίαι die αἰτίαι τοῦ ὄντος ᾗ ὄν sein müssen."[209]

Scholz besteht deshalb darauf festzustellen, daß es für Aristoteles unzutreffend ist oder doch wenigstens einen ungenauen Sprachgebrauch darstellt, wenn man die Ontologie als die Wissenschaft vom Seienden als solchen bestimmt, korrekt müßte seiner Meinung nach eine Ontologie im Sinne des Aristoteles als „... die Wissenschaft von den Voraussetzungen oder Bedingungen des Seienden als solchen ..."[210] bestimmt werden.

Der nächste Klärungsschritt besteht nun in der Beantwortung der Frage, was unter dem ‚Seienden als solchen' zu verstehen sei. Scholz lehnt die Überzeugung kategorisch ab, daß sich dieser Begriff womöglich einer „... Verdeutlichung grundsätzlich entzieht ..."[211], vielmehr

---

[204] Prädikatenlogik, S. 7.
[205] Als Beleg führt Scholz Met. Γ2, p 1003 b 22 ff an.
[206] Als Beleg führt Scholz Met. K1, p 1059 b 39 f an.
[207] Prädikatenlogik, S. 10.
[208] Prädikatenlogik, S. 11.
[209] Prädikatenlogik, S. 13 (Met. Γ1, p. 1003 a 26 ff).
[210] ebda.
[211] Prädikatenlogik, S. 13 d.

ist er überzeugt zeigen zu können, daß dieser Begriff geklärt werden kann, ja, daß Aristoteles sogar „... eine genaue Kennzeichnung des Verfahrens ..." liefert, „... durch welches die Gegenstände der Ontologie gewonnen werden."[212] Dieses Verfahren ist als ein Abstraktionsprozeß zu beschreiben, der über mehrere Stufen verläuft, wobei von den Sinnendingen ausgehend in einem ersten Abstraktionsschritt die Gegenstände der Mathematik, der Geometrie und der Arithmetik gewonnen werden. In einem weiteren Schritt werden dann die Gegenstände einer καθόλου μαθηματική, wie Scholz interpretierend sagen kann, einer „Mathesis universalis"[213], gewonnen. Da diese Wissenschaft die Aufgabe hat, als πρώτη φιλοσοφία die Axiome der Mathematik zu beweisen, stellt Scholz eine überraschende Parallele zum aktuellen Logizismus fest. Aristoteles habe, so folgert Scholz aus seinen Beobachtungen, das Programm des Logizismus, „... das Russellsche Programm im striktesten Sinne antezipiert ..."[214], insofern er die logische Fundierung der Axiome der Mathematik ins Auge faßt.

Schließlich folgt nun der letzte mögliche Abstraktionsschritt, in dem die Gegenstände der Ontologie gewonnen werden. Scholz schreibt:

> „Die Sinnendinge, von denen wir ausgegangen sind, sind in jedem Fall Individuen: Individuen mit einer unübersehbaren Anzahl von Prädikaten. Und nun fragen wir noch einmal: Was kann denn von diesen Individuen noch übrig bleiben, wenn wir sie aller Prädikate berauben, die ihnen sinnvoll entzogen werden können? Nach meiner Überzeugung ist uns die Antwort vorgezeichnet. Sie lautet: es muss ihnen auch dann die Eigenschaft, ein Individuum zu sein, erhalten bleiben. Nur diese, aber diese bestimmt; denn sonst behalten wir überhaupt nichts zurück."[215]

Durch alle Stufen der Abstraktion wird so der Individuenbegriff (die οὐσίαι) festgehalten.

Wie ist nun aber ein Individuum in diesem Zusammenhang zu kennzeichnen? Scholz antwortet in diesem Text: Ein Individuum ist dadurch gekennzeichnet, „... dass es ein Ding ist, das in einem Ausdruck in der Form ‚S ist P' nur an der S-Stelle auftreten kann."[216] Diese Fassung des Individuenbegriffs, die Scholz hier vorlegt, ist jedoch durchaus

---

[212] ebda.
[213] Prädikatenlogik, S. 15.
[214] Prädikatenlogik, zu S. 15 b.
[215] Prädikatenlogik, S. 16. Vom Doppelpunkt bis zum Schluß des Zitates im Original hervorgehoben.
[216] Prädikatenlogik, S. 20.

problematisch. So ist ja jede Tautologie dadurch gekennzeichnet, daß alle Belegungen, die an der ‚S'-Stelle auftreten, auch an der ‚P'-Stelle auftreten können. Wenn aber Individuen *nur* an der ‚S'-Stelle auftreten können, so würde folgen, daß keine Individuen existieren[217].

Hier liegt ein Defizit in der Bestimmung des Individuenbegriffs vor, das Scholz später zu einer identitätstheoretischen Fassung des Individuenbegriffs führt. Die hier gegebene Fassung des Individuenbegriffs wird verlassen und durch eine auf dem Identitätsbegriff aufbauende Fassung ersetzt. So stellt Scholz an anderer Stelle für eine Aristotelische Ontologie fest, sie müsse eine „... Lehre von den Eigenschaften sein, die *jedem* Gegenstand zukommen."[218] Nun gilt aber für Scholz: „Es gibt wenigstens eine solche Eigenschaft, nämlich die Eigenschaft, mit sich selbst identisch zu sein. ... Daß es mehr als eine solche Eigenschaft gibt, ist bis heute nicht gezeigt worden."[219]

Dieser Lösungsweg in der Bestimmung des Individuenbegriffs wird in der hier analysierten Arbeit von Scholz jedoch noch nicht deutlich. Scholz gibt sich hier mit der Feststellung zufrieden, daß das ὄν ᾗ ὄν mit Aristoteles als das Individuum als solches zu bestimmen wäre, wobei Scholz nicht versäumt, darauf hinzuweisen, daß dies genau dem „Leibnizische[n] ens possibile"[220] entspricht.

Nachdem diese Begriffsbestimmung erreicht ist und somit die genaue Formulierung des *Gegenstandes* einer Aristotelischen Ontologie gegeben ist, ist nun nach der Aufgabe dieser Wissenschaft zu fragen. Diese Aufgabe besteht für Scholz „... in der Ermittlung der ἀρχαὶ τοῦ ὄντος ᾗ ὄν..."[221] als notwendige Bedingung. Scholz kann deshalb die Konsequenz ziehen:

„Wir erhalten so für die Aristotelische Ontologie der Bücher K und Γ der Metaphysik folgende endgültige Interpretation. Diese Ontologie soll die Wissenschaft sein von den Prädikaten, die eine notwendige Bedingung sind für die Eigenschaft, ein Individuum zu sein. Oder die Wissenschaft von den Prädikaten, die von der

---

[217] Bei der Behauptung ‚S ist P' würde für die Tautologie gelten, daß ‚P' durch ‚S' salva veritate ersetzt werden kann, dann aber würde ‚S' faktisch an der ‚P'-Stelle auftreten, mithin nach der Definition von Scholz *kein* Individuum sein.
[218] Scholz, H.: „Einführung in die Kantische Philosophie", hier zitiert nach M. U., S. 172. Die Begriffe ‚Gegenstand' und ‚Individuum' gebraucht Scholz äquivalent.
[219] ebda.
[220] Prädikatenlogik, S. 21.
[221] Prädikatenlogik, S. 23.

Eigenschaft, ein Individuum zu sein, impliziert werden. Sie soll Bedingungen ermitteln, die notwendig sind, damit für ein beliebig vorgegebenes x behauptet werden kann: dieses x ist ein Individuum."[222]

Nach dieser abschließenden Definition der Aristotelischen Ontologie kann Scholz nun zeigen, wie diese Ontologie prädikatenlogisch präzisiert werden kann. Die notwendige Bedingung soll dargestellt werden in der Form $\forall x\, P_1 x \rightarrow P_2 x$. Wenn die Eigenschaft, ein Individuum zu sein, angedeutet wird durch Ind x, so gilt für deren ἀρχή, die ja als ‚notwendige Bedingung' gefaßt worden war:

$$\forall x\, \text{Ind}\, x \rightarrow Px$$
$$\forall x\, \neg\, Px \rightarrow \neg\, \text{Ind}\, x$$

Die allgemeine Form eines Satzes der Aristotelischen Ontologie ist mithin

$$\forall x\, \text{Ind}\, x \rightarrow Px$$

Für diese Form kann nun auch beispielsweise der Satz vom ausgeschlossenen Widerspruch als ein Satz der Aristotelischen Ontologie formal rekonstruiert werden: Sei φ ein beliebiges Prädikat und bedeute ‚Pr φ': ‚φ ist ein Prädikat', so erhielte der Satz vom ausgeschlossenen Widerspruch die Form:

$$\forall x\, \text{Ind}\, x \rightarrow (\forall \varphi\, \text{Pr}\, \varphi \rightarrow \neg\, (\varphi x \wedge \neg\, \varphi x))$$

Scholz diskutiert nun ein letztes Interpretationsproblem: Aristoteles kann „... von der mannigfaltigen Bedeutung des Seienden ..."[223] sprechen, wie läßt sich jedoch diese Redeweise verbinden mit der Bestimmung des ὂν ᾗ ὄν als des Individuums als solchen? Diese Frage ist jedoch nicht nur eine Frage an die Korrektheit der Scholzschen Aristoteles-Interpretation, sondern hiermit ist die grundsätzliche Frage nach der Möglichkeit einer Ontologie im Sinne des Aristoteles gestellt. Denn wenn tatsächlich von einer oszillierenden Bedeutung des Begriffs des Seienden geredet werden muß, wie es Aristoteles hier anzudeuten scheint, dann kann eine Ontologie jedenfalls nicht als „... eine Folge von Sätzen über die Elemente eines wohl bestimmten Gegenstandsbereich ..."[224], mithin als Wissenschaft aufgebaut werden, da dann die

---

[222] Prädikatenlogik, S. 25.
[223] Prädikatenlogik, S. 29.
[224] ebda.

ὄντα, nämlich die Elemente des Gegenstandsbereichs, nicht mit den οὐσίαι identisch sein könnten.

Um dieses Problem zu entschärfen, setzt Scholz für Aristoteles voraus, daß dieser faktisch von der Auffassung ausginge: „... die ὄντα sind zwar theoretisch nicht mit den Individuen, den οὐσίαι identisch; sie dürfen aber praktisch mit ihnen identifiziert werden."[225] Unter dieser Voraussetzung muß nun auch für die Ontologie einschränkend festgestellt werden: „Folglich ist auch die Ontologie zwar nicht theoretisch, wohl aber praktisch die Wissenschaft von den Grundvoraussetzungen dieser Individuen, und zwar natürlich der Individuen als solcher."[226]

Die so charakterisierte Ontologie ist für Aristoteles Programm geblieben, das nach Meinung von Scholz erst von der Logistik eingelöst werden konnte. Daß dies tatsächlich der Fall ist, will Scholz dadurch zeigen, daß er ein Umformungsverfahren angibt, welches sicherstellt, „... dass jeder ontologische Satz im Aristotelischen Sinne zugleich ein Satz der Logik ist."[227]

Dieses Verfahren läuft in den folgenden Schritten ab:

1. p, q, r ist zu substituieren durch φx, ψx, χx, womit einstellige Prädikate angedeutet sein sollen.
2. ,f' = $_{df}$,Es besteht eine Relation'
3. $\forall_x \forall_\varphi \forall_\chi \forall_\psi$ f $\varphi x \chi x \psi x$
4. $\forall_x \forall \varphi_1 \ldots \forall \varphi_n$ f $\varphi_1 x \ldots \varphi_n x$
5. $\forall_x$ Ind x $\rightarrow (\forall \varphi_1 \ldots \forall \varphi_n$ Pr $\varphi_1 \ldots \varphi_n \rightarrow$ f $\varphi_1 x \ldots \varphi_n x)$

Dies kann folgendermaßen wiedergegeben werden: Für alle x gilt: ,x ist ein Individuum' impliziert: Für $\varphi_1 \ldots \varphi_n$ gilt: ,$\varphi_1 \ldots \varphi_n$ sind Prädikate' impliziert: Zwischen $\varphi_1 x \ldots \varphi_n x$ besteht die Relation f.

Daraus folgt 6.

$\forall_x (\exists \varphi_1 \ldots \exists \varphi_n$ Pr $\varphi_1 \ldots \varphi_n \wedge \neg$ (f $\varphi_1 x \ldots \varphi_n x)) \rightarrow \neg$ Ind x

Dies kann folgendermaßen wiedergegeben werden:

Für alle x gilt: ,Es existiert ein $\varphi_1 \ldots \varphi_n$, so daß $\varphi_1 \ldots \varphi_n$ Prädikate sind und zwischen $\varphi_1 x \ldots \varphi_n x$ die Beziehung f nicht besteht' impliziert ,x ist kein Individuum'.

---

[225] Prädikatenlogik, S. 32.
[226] Prädikatenlogik, S. 32 f.
[227] Prädikatenlogik, S. 35.

2.2.2. *Protometaphysik und Deuterometaphysik*

Diese Interpretation eines Teiles der „Metaphysik" rundet Scholz ab, indem er sie in seiner Metaphysikvorlesung[228], die wohl parallel zu dem oben dargestellten Vortrag ausgearbeitet wurde, in eine Interpretation der gesamten „Metaphysik" einfügt.

Scholz gliedert dabei die „Metaphysik" des Aristoteles in eine ‚Protometaphysik' und eine ‚Deuterometaphysik'[229], wobei beide Teile in ihrer Fragerichtung übereinstimmen. In beiden Teilen wird nach „Grundvoraussetzungen und Grundursachen"[230] gefragt. Allerdings sind die Bereiche, auf die die Frage nach Grundvoraussetzungen bezogen wird, voneinander verschieden.

Die ‚Deuterometaphysik' hat eine Ontologie in dem Sinne zum Inhalt — oder intendiert sie doch zumindest —, wie sie im oben behandelten Text interpretiert wird. Allerdings muß Scholz konzedieren, daß die Aristotelische Ontologie „in ihrer klassischen Gestalt"[231] sich auf „... das Axiom des ausgeschlossenen Widerspruchs als Satz der Ontologie ..." und „... das Axiom des ausgeschlossenen Dritten als Satz der Ontologie ..."[232] reduziert, wohingegen erst „... die logistische Prädikatenlogik ... die erste pünktliche Realisierung des in unserem Sinne interpretierten Begriffs der Aristotelischen Ontologie [ist]."[233]

Scholz interpretiert diesen Teil der „Metaphysik" also als ein Programm, das erst von Leibniz wieder aufgegriffen und vorangetrieben wurde und das die Logistik schließlich realisiert hat. Für Aristoteles selbst und die ihm folgenden Aristoteliker dagegen muß Scholz hervorheben, daß sie „... die Ontologie nicht in diesem, sondern in einem ganz anderen Sinne zu entwickeln versucht [haben]: durch eine Analysis der Bedeutungsmannigfaltigkeit des Ausdrucks οὐσία ..."[234] Während für Scholz das Thema der Deuterometaphysik „... die Frage nach den Bedingungen, denen ein Ding genügen muß, um ein Aristotelisches

---

[228] ‚Hauptgestalten' wurde im Wintersemester 1931/32 vorgetragen (vgl. Anm. 64).
[229] Diese Einteilung ist zu unterscheiden von der Aristotelischen Einteilung einer πρώτη und δεύτερα φιλοσοφία.
[230] Hauptgestalten, S. 11.
[231] Hauptgestalten, S. 35.
[232] ebda. Im Original hervorgehoben.
[233] Hauptgestalten, S. 36 f. Im Original hervorgehoben.
[234] Hauptgestalten, S. 37.

Individuum zu sein ..."[235], ist, stellt die ‚Protometaphysik', die nach Scholz in ihrem Kernbestand im Buch Λ 6—12 vorliegt, die Frage nach der „... Voraussetzung für die Existenz und Erhaltung der *Weltordnung.*"[236] Diese Frage kann unter Voraussetzung des Weltbildes des Aristoteles in die Frage umgeformt werden: Was sind die „... notwendigen Bedingungen für die Existenz der mit der gleichförmigen Kreisbewegung des Fixsternhimmels identischen Weltordnung im engeren Sinne ..."[237]? Die für Aristoteles letzterreichbare Antwort auf diese Frage der ‚Protometaphysik' gibt dieser mit seiner ‚Theologie', seiner Lehre vom unbewegten Beweger[238].

In der Bestimmung der beiden Teile der „Metaphysik", die Scholz hier bietet, wird bereits eine Konsequenz deutlich, die Scholz vor allem in der Auseinandersetzung mit der Kantischen Metaphysikkritik aufnehmen wird: Sowohl die ‚Protometaphysik' — als die Frage nach den Bedingungen der Weltordnung — wie auch die ‚Deuterometaphysik' — als die Frage nach den Individuenbedingungen — beinhalten jeweils wenigstens ein Existenzurteil: Während die ‚Protometaphysik' den Satz ‚Es gibt eine Weltordnung' voraussetzen muß, baut die ‚Deuterometaphysik' auf dem Satz ‚Es gibt ein Individuum' auf.

Mit dieser Interpretation sind für Scholz die Grundthemen einer Aristoteles aufnehmenden Metaphysik formuliert:

1. Metaphysik fragt nach Grundvoraussetzungen und Grundursachen. Sie ist deshalb als *Grundlagenforschung* zu charakterisieren. Indem Metaphysik nach den Grundvoraussetzungen der Weltordnung fragt, versucht sie diejenigen Sachverhalte zu bestimmen, die jede Wirklichkeitswissenschaft immer schon voraussetzt.
2. Metaphysik fragt darüber hinaus nach denjenigen Bedingungen, denen ein ‚Aristotelisches Individuum' genügen muß, und in diesem Sinne ist sie *Ontologie*. Diese Ontologie kann genau bestimmt werden, denn für sie gilt: „Ein Satz ist dann und nur dann ein Satz der

---

[235] Hauptgestalten, S. 13.
[236] Hauptgestalten, S. 12.
[237] Hauptgestalten, S. 19.
[238] Zur Einschätzung dieser ‚Theologie' aus der Perspektive des Christentums äußert sich Scholz ausführlich in „Eros und Caritas. Die platonische Liebe und die Liebe im Sinne des Christentums", Halle 1929. Dort entfaltet Scholz auch zum ersten Mal die auch in der hier verwendeten Vorlesung vertretene Interpretation der ‚Protometaphysik' in den Grundzügen.

Aristotelischen Deuterometaphysik (= Ontologie), wenn er ein Satz von der Form ist: ‚Ein x ist *nur* dann ein Individuum, wenn x die Eigenschaft E hat'."[239]

3. Darüber hinaus ist mit dieser Interpretation der Aristotelischen Ontologie der Grundstein zu einer *identitäts*theoretischen Metaphysik gelegt.

Während sich Scholz im Zusammenhang dieser Aristoteles-Interpretation noch mit der Feststellung begnügt, bei dem ὂν ᾗ ὄν handele es sich um das Individuum als solches, muß nun weitergefragt werden, wie diese Eigenschaft, ein Individuum zu sein, zu bestimmen ist, es muß also gezeigt werden, welche Eigenschaft konstitutiv ist, um von einem Individuum sprechen zu können. Als diese grundlegende Eigenschaft wird Scholz später die Eigenschaft, mit sich selbst identisch zu sein, interpretieren.

2.3. DIE BEDEUTUNG VON LEIBNIZ FÜR DAS SCHOLZSCHE METAPHYSIKKONZEPT

Neben Aristoteles wird Leibniz zu dem Hauptgewährsmann für den Scholzschen Metaphysikbegriff. Schon in der „Geschichte der Logik" nimmt Leibniz für Scholz eine Schlüsselposition in der Philosophiegeschichte ein, aber auch für das eigene Philosophieren von Scholz wird der Einfluß Leibnizens von überragender Bedeutung.

In einer der grundlegenden Darstellungen seines Verständnisses von Philosophie, in dem Aufsatz „Was ist Philosophie?"[240], kann Scholz von seiner Philosophie schreiben: „In die Entwicklung des Philosophiebegriffs, den wir umkreist haben, ist immer wieder der Name Leibnizens so eingegangen, daß es erlaubt sein wird, in diesem wohlbestimmten Sinne von einem *Leibnizischen* Philosophiebegriff zu sprechen."[241] Ebenso kann Scholz seine „Metaphysik als strenge Wissenschaft" als ein „Probestück einer Metaphysik im Leibnizischen Sinne"[242] bezeichnen.

Es ist jedoch nicht eine unbestimmte Sympathie für das Universalgenie Leibniz, die Scholz zu dieser Einschätzung führt, vielmehr wird Leibniz in einem ‚wohlbestimmten' Sinn entscheidend für Scholz. Wenn

---

[239] Hauptgestalten, S. 34 f.
[240] Scholz, H.: „Was ist Philosophie? ...", in: M. U., S. 341–387.
[241] Scholz, H.: „Was ist Philosophie? ...", hier zitiert nach M. U., S. 382.
[242] M. a. s. W., S. 143. Im Original hervorgehoben.

man die Philosophie von Scholz überprüft, so sind es vor allem fünf Gedankenkreise in der Philosophie von Leibniz, die für Scholz bedeutsam werden.

2.3.1. Die Entdeckung von Formalsprachen

Für Scholz ist Leibniz der erste Denker überhaupt, der die Bedeutung von formalen Sprachen erkennt. Leibniz durchschaut, daß die präzise aufgebaute Sprache der Mathematik der Grund für die genaue Überprüfbarkeit und damit Unanfechtbarkeit derjenigen Ergebnisse ist, die einer Überprüfung standgehalten haben.

Das Programm, welches Leibniz aus dieser Einsicht heraus entwickelt, ist die Konstruktion einer Formalsprache zur Lösung der Probleme der Metaphysik. Leibniz erwartet, so kann Scholz schon 1934 formulieren, „... von der logistischen Logik ganz besonders eine Konsolidierung der Metaphysik. Sie soll die erste Metaphysik liefern, die als eine strenge Wissenschaft angesehen werden kann."[243]

Diese Deutung des mathematischen Formalismus als Sprache führt Leibniz dann auch als erstes zur Entdeckung des modernen Kalkülbegriffs, ein Begriff, der in seiner Allgemeinheit die Anwendungsgrenzen der Mathematik überschreitet. Leibniz stößt zu einem Kalkülbegriff vor, den Scholz als „... ein Gefüge von Umformungsregeln ..." bezeichnen kann, „... die es gestatten, gedankliche Operationen an irgendwelchen mathematischen Objekten zu ersetzen durch mechanische Umformungen gewisser für diesen Zweck präparierter Zeichenreihen."[244]

Für Scholz ist mit dieser Charakterisierung der Kalküle, die die Mathematik verwendet, die Verallgemeinerung bereits mitgesetzt: „Man ist befreit von dem Vorurteil, daß Kalküle auf eine sinnvolle Art nur für mathematische Objekte entwickelt werden können, weil angeblich nur mit mathematischen Objekten auf eine sinnvolle Art gerechnet werden kann."[245] Hier hat Leibniz mit seiner Fassung des Begriffs

---

[243] Scholz, H.: „Hauptgestalten der Logik", Vorlesung SS 1934. Die Vorlesung ist mit folgendem Zusatz versehen: „Vorlesung von Heinrich Scholz o. Prof. der Philosophie an der Universität Münster Sommer 1934. Als Manuskript gedruckt. Herausgeber: Die Mathematische Arbeitsgemeinschaft an der Universität Münster Schrift: Heti Gaertner".
[244] Scholz, H.: „Leibniz", hier zitiert nach M. U., S. 142.
[245] ebda.

des Rechnens als eines Operierens mit Zeichenreihen für Scholz den entscheidenden Durchbruch erzielt, wenn er betont:

> „Es kommt darauf an, was man unter einem Rechenprozeß und unter einem Kalkül versteht. Wenn man beides so interpretiert wie Leibniz, so kommt dieses Vorurteil (sc. nur mit mathematischen Objekten ‚rechnen' zu können) von selbst zum Verschwinden. Dann ist es nur noch eine Frage des Glücks oder des Genies, ob es gelingt, Kalküle zu erzeugen, die ein Rechnen mit ganz beliebigen Dingen, insbesondere ein Rechnen mit Gedanken ermöglichen."[246]

Hier liegt die erste für Scholz bedeutsame Einsicht von Leibniz: Er arbeitet sich zu einem allgemeinen Kalkülbegriff vor und kann so die Möglichkeit ins Auge fassen, eine Formalsprache der ‚Gedankenrechnung' zu konzipieren. Da von der Qualität einer solchen formalen Sprache die Solidität der Ergebnisse abhängen wird, wird für Scholz die Konzeption einer solchen Sprache eine notwendige Bedingung für den Aufbau einer standfesten Metaphysik.

2.3.2. Das Denkmodell der möglichen Welten

Die zweite philosophische Leistung von Leibniz, die für Scholz schlechterdings grundlegend wird, ist die Einführung des Begriffs der möglichen Welten. Grundlegend wird diese Denkfigur für Scholz in erster Linie deswegen, weil sie ihm die Möglichkeit gibt, sowohl den Begriff der Logik wie auch den Begriff der Metaphysik zu bestimmen.

Scholz schreibt: „Für [Leibniz] ... ist eine Logik eine *Lehre von den Eigenschaften jeder möglichen Welt*."[247] Von dieser Basis aus sind für Scholz die Sätze der Aussagenlogik angemessen zu interpretieren, so daß z. B. für ‚p ∧ q → p' gesagt werden kann: „... in jeder möglichen Welt muss jedes Individuum, das überhaupt denken kann, anerkennen, dass ⊢ p ∧ q → p."[248] Scholz will hier — freilich durch eine etwas mißverständliche Formulierung — zum Ausdruck bringen, daß die Sätze der Logik nicht als Gesetze des Denkens, sondern als Gesetze von Dingen in jeder möglichen Welt aufzufassen sind. Dieser Deutung, die für Scholz ebenfalls erstmals von Leibniz geboten wird, schließt sich Scholz *gegen* den Interpretationsweg, die Sätze der Logik als ‚Denkgesetze' aufzufassen, an. Allerdings spricht Scholz in der Vorlesung über die

---
[246] ebda.
[247] Hauptgestalten der Logik, S. 63.
[248] ebda.

"Hauptgestalten der Logik" auch deutlich ein Problem an, welches mit dieser Art der Charakterisierung logischer Sätze gegeben ist, wenn er bemerkt, „... dass wir ein generelles Kriterium dafür, wann eine Aussage eine Eigenschaft jeder möglichen Welt ausspricht, auch nicht in erster Näherung besitzen."[249]

Trotz dieses schwerwiegenden Einwandes hält Scholz dieses Denkmodell einer ontologischen Deutung der Logik, das mit dem Begriff der möglichen Welten arbeitet, jedoch letztlich für das leistungsfähigere. Denn während eine präzise Bestimmung des Begriffs ‚Gesetze des Denkens' nicht gegeben werden kann, ist es sinnvoll, die Logik als diejenige Wissenschaft aufzufassen, die die Grundgesetze der Dinge beschreibt, da die Logik von der Prädikatenlogik der ersten Stufe an Aussagen über Individuen[250] und deren Eigenschaft macht. Scholz stellt deshalb in einer späteren Schrift fest:

> „Die Gesetze der Logik sind nicht die Gesetze unseres Denkens, sondern die Grundgesetze der Dinge. Grundgesetze in dem Sinne, daß sie für *alle* Dinge gelten, welchem Bereich sie auch angehören. In einer angemessenen Ausdrucksart ist der Satz des ausgeschlossenen Widerspruchs für Eigenschaften so zu formulieren: ‚Es gibt kein Ding, dem eine Eigenschaft zugleich zukommt und nicht zukommt.' Unser Denken ist ein psychologischer Vorgang. Die Gesetze unseres Denkens sind Gesetze der empirischen Psychologie."[251]

Neben dieser Charakterisierung der Sätze der Logik mit Hilfe des Begriffs der möglichen Welten ergeben sich aus diesem Begriff für Scholz jedoch auch zwei Fundamentalaufgaben für die Philosophie: „Erstens eine möglichst pünktliche, möglichst vollständige Erhellung dessen, was unsere Welt mit der Gesamtheit der möglichen Welten verbindet."[252] Mit dieser Aufgabe ist für Scholz genau das Arbeitsgebiet der Metaphysik als einer „... Erleuchtung der Gesamtheit der möglichen Welten."[253], insofern die wirkliche Welt eine aus der Gesamtheit der möglichen Welten darstellt, bestimmt. Die zweite philosophische Grundfrage ist für Scholz in der „... Erhellung dessen ..." gegeben, „... was

---

[249] ebda.
[250] Zur Fassung des Individuenbegriffs vgl. M. a. s. W., S. 74.
[251] Scholz, H.: „Der Anselmische Gottesbeweis", hier zitiert nach M. U., S. 69 Anm. 13.
[252] Scholz, H.: „Leibniz", hier zitiert nach M. U., S. 131.
[253] Scholz, H.: „Leibniz", hier zitiert nach M. U., S. 136.

unsere Welt in der Gesamtheit der möglichen Welten auszeichnet."[254] Hier ist das Idealziel der theoretischen Physik anvisiert, die Gesamtheit der Naturvorgänge auf ein „Leibnizsches Extremalprinzip"[255] zurückzuführen. Dies wäre in der Sprache von Leibniz der Nachweis, daß die wirkliche Welt in der Gesamtheit der möglichen Welten dadurch ausgezeichnet ist, daß sie die beste der möglichen Welten ist. Der Begriff ‚beste der möglichen Welten' ist also nicht als ein moralischer Begriff zu interpretieren[256], sondern als ein Begriff der theoretischen Physik. Scholz betont deshalb:

> „Einen Leibniz wird niemand verstehen, der sich nicht auf den Standort erheben kann, auf dem nicht der Moralist, sondern der Mathematiker die Bedingungen formuliert, denen eine Welt genügen muß, um die beste der möglichen Welten zu sein."[257]

Für Scholz hat der Begriff der möglichen Welten also eine dreifache Funktion: Mit seiner Hilfe werden

1. die Sätze der Logik charakterisiert,
2. das Arbeitsgebiet der Metaphysik bestimmt,
3. das Arbeitsgebiet der theoretischen Physik bestimmt.

---

[254] Scholz, H.: „Leibniz", hier zitiert nach M. U., S. 131.
[255] Scholz, H.: „David Hilbert, Der Altmeister der mathematischen Grundlagenforschung", in: M. U., S. 279—290, S. 281. Im Original hervorgehoben. Dieses Extremalprinzip beschreibt Scholz folgendermaßen:
„Man denke sich den wirklichen Ablauf eines physikalischen Vorganges unter vorgegebenen Bedingungen konfrontiert mit der Gesamtheit der Abläufe, die unter diesen Bedingungen in einem mathematisch genau bestimmten Sinn *möglich* sind. Und nun fordere man, daß die wirklichen Abläufe vor den möglichen dadurch ausgezeichnet sind, daß eine mathematisch präzisierbare physikalische Größe für die wirklichen Abläufe jedesmal ein Minimum oder auch ein Maximum wird, kürzer gesprochen: ein Extremum. Jetzt können wir sagen: Eine Welt ist im Leibnizischen Sinne nur dann die beste der möglichen Welten, wenn sie in der Gesamtheit der möglichen Welten so ausgezeichnet ist, daß sie dieser Bedingung genügt. (Scholz, H.: „David Hilbert...", hier zitiert nach M. U., S. 280 f.)
[256] Hier betont Scholz: „Einen Leibniz wird niemand verstehen, der sich nicht auf den Standort erheben kann, auf dem nicht der Moralist, sondern der Mathematiker die Bedingungen formuliert, denen eine Welt genügen muß, um die beste der möglichen Welten zu sein." (Scholz, H.: „David Hilbert...", hier zitiert nach M. U., S. 280.)
[257] Eine ausführliche Interpretation des Begriffs ‚beste der möglichen Welten' liefert Scholz in ‚Hauptgestalten', S. 50—55 und S. 315—324.

Diese Leibniz-Interpretation weist jedoch bereits auf ein Grundproblem des Scholzschen Metaphysikkonzeptes hin: In der Aufgabenzuweisung, in der der theoretischen Physik die Aufgabe gestellt wird zu erweisen, daß die wirkliche Welt die ‚beste' der möglichen Welten sei, bleibt für die Metaphysik die Aufgabe aufzuweisen, was die wirkliche Welt mit den möglichen Welten gemein hat. Die Metaphysik konzentriert sich auf die Gesamtheit der möglichen Welten und ist nur insoweit an der wirklichen Welt interessiert, als diese Strukturen aufweist, die in jeder möglichen Welt gültig sind. Genauso ist von Scholz im Anschluß an Leibniz jedoch die Aufgabe der Logik bestimmt worden, auch sie macht Aussagen über die Eigenschaften jeder möglichen Welt. Damit aber scheinen Logik und Metaphysik jedoch ununterscheidbar zu werden[258].

Diese Bestimmung des Begriffs der möglichen Welten macht deutlich, daß für Scholz der Begriff eine spezifisch andere Funktion hat, als dies in der modernen Verwendung dieses Begriffes beispielsweise durch Kripke der Fall ist. Hier wird der Begriff ausschließlich verwendet, um eine Semantik der Modaloperatoren innerhalb einer Modallogik aufzubauen, eine Deutung, die bei Scholz gänzlich ausfällt. Probleme der Modallogik werden von Scholz vielmehr im Anschluß an Aristoteles und vor allem an Lukasiewicz als die Frage nach dem Wahrsein von Zukunftsaussagen diskutiert, so daß sich für ihn die folgende Zuordnung ergibt:

Die Zukunftsaussage ‚Z ist wahr' bedeutet:
Das Faktum, das Z aussagt, ist notwendig.

Die Zukunftsaussage ‚Z ist falsch' bedeutet:
Das Faktum, das Z aussagt, ist unmöglich.

Die Zukunftsaussage ‚Z ist unbestimmt' bedeutet:
Das Faktum, das Z aussagt, ist möglich.

Bezüglich der Einschätzung der Modallogik äußert sich Scholz allerdings äußerst zurückhaltend, so kann er noch in dem 1956 erschienen Aufsatz „In memoriam J. Lukasiewicz" skeptisch feststellen: „Es scheint mir, daß die modale Logik durch die intensiven Bemühungen um ihre

---

[258] Zu dem Problem der Verhältnisbestimmung von Logik und Metaphysik bei Scholz vgl. unten, S. 207 ff.

Formalisierung so problematisch geworden ist, daß man ihr bis auf weiteres nichts anvertrauen sollte, was ohne sie geleistet werden kann."[259]

2.3.3. Theologie und Logik

Die dritte für Scholz wichtige Leistung von Leibniz ist dessen Zuordnung von Theologie und Logik. Den Beleg zu dieser Zuordnung, „dieser schönen theologischen Deutung der Logik"[260], wie Scholz formulieren kann, nennt er erstmals 1934, ein Beleg, der sich in vielen der zeitlich folgenden Aufsätze findet, womit die besondere Bedeutung, die Scholz diesen Ausführungen von Leibniz zumißt, unterstrichen wird. Auch in „Metaphysik als strenge Wissenschaft" fehlt dieser zentrale Beleg nicht. Scholz zitiert hier:

> Die Erde kann „... unserer wahren Vollkommenheit nicht dienen, es sei denn, daß sie uns Gelegenheit gebe, *ewige und allgemeine Wahrheiten* zu finden, *so in allen Weltkugeln*, ja ... *bei Gott selbst gelten müssen, von dem sie auch beständig herfließen*".[261]

Diese Leibnizsche Interpretation der Logik ermöglicht es Scholz, von dem „theologische[n] Element im Beruf des logistischen Logikers" zu sprechen[262], denn sowohl der Logiker wie der Theologe schauen nach der Meinung von Scholz über die wirkliche Welt hinweg, „... der christliche Theologe schaut zur Gottheit empor, der logistische Logiker hingegen ... auf die Gesamtheit der möglichen Welten."[263] Außerdem ermöglicht die Leibnizsche Deutung der Logik nun eine Verknüpfung dieser beiden Aktivitäten, denn für Leibniz gilt, daß die Wahrheiten, die in der Gesamtheit möglicher Welten gelten, eben diejenigen Wahrheiten sind, „... für welche sinnvoll behauptet werden darf, daß sie mit den Wahrheiten zusammenfallen, die auch der göttliche Wille nicht umstoßen kann."[264] Auch die Beschäftigung mit der Logik wird dann für Scholz ein „Emporschauen zur Gottheit" insofern, als das Finden

---

[259] Scholz, H.: „In memoriam Jan Lukasiewicz", in: Archiv für mathematische Logik und Grundlagenforschung 1956/3, S. 3—18, S. 14. Zur Modallogik vgl. auch unten, S. 172 f.
[260] Hauptgestalten der Logik, S. 64.
[261] Leibniz, Philosophische Schriften, herausgegeben von C. J. Gerhardt, Bd. VII 1890, S. 114 f. Hier zitiert nach M. a. s. W., S. 145.
[262] Scholz, H.: „Das theologische Element im Beruf des logistischen Logikers", in: M. U., S. 324—340.
[263] Scholz, H.: „Das theologische Element ...", hier zitiert nach M. U., S. 336.
[264] ebda.

logischer Wahrheiten nach diesem Logikverständnis zu einer Form der Gotteserkenntnis wird. Scholz muß hier allerdings anmahnen und bedauert dies auch, daß „... die Geschichte der theologischen Deutung der logischen Sätze von Augustinus bis zu Leibniz und Bolzano ... noch nicht geschrieben [ist]."[265]

Zu dieser Leibnizschen Interpretation der Logik *bekennt* sich Scholz ausdrücklich, wobei er freilich betont: „... wir behaupten ... im geringsten nicht, daß dieser Standort der einzig mögliche ist."[266] Dieses Bekenntnis zur theologischen Deutung der Logik findet sich auch in späteren Schriften von Scholz immer wieder, so daß davon ausgegangen werden kann, daß diese Deutung von Scholz auch an den Stellen, wo sie nicht explizit entfaltet wird, stets vorausgesetzt ist[267].

2.3.4. Das Bekenntnis zur Illuminationslehre

Die theologische Deutung der Logik führt zu einem weiteren Sachverhalt, in dem der Leibnizsche Einfluß auf Scholz deutlich wird. Ähnlich wie Leibniz schließt Scholz seine Deutung der Logik mit einem Bekenntnis zur Lehre von der Illumination ab. Wie schon bei der theologischen Deutung der Logik versäumt Scholz jedoch auch hier nicht zu betonen, daß es sich hier um den „Ausdruck eines persönlichen Glaubens"[268] handelt. Gleichwohl antwortet diese Lehre für Scholz in sinnvoller und ernstzunehmender Weise auf die grundlegende Frage, woher wir denn eigentlich wissen, „... daß die ... Axiome der Logik wahr sind."[269]

Obwohl Scholz den Standort „des logistischen Weltkindes", das durch die These charakterisiert werden kann: „... Die logischen Sätze sind überhaupt nicht Wahrheiten, die wir ... durch irgendeine ‚Erleuchtung'

---

[265] Scholz, H.: „Das theologische Element ...", hier zitiert nach M. U., S. 338. Scholz fährt fort: „Nach meiner Kenntnis liegen zu dieser Geschichte noch nicht einmal die ersten brauchbaren Vorarbeiten vor." (S. 338 f) Auch dies ein Impuls von Scholz für die Theologie, der bis heute leider ohne Wirkung geblieben ist.

[266] Scholz, H.: „Das theologische Element ...", hier zitiert nach M. U., S. 339. Zum Begriff des Bekenntnisses vgl. unten, S. 134 ff.

[267] Diese theologische Deutung der Logik wird von Scholz explizit in M. a. s. W., „Leibniz", „Der Gottesgedanke in der Mathematik" besonders nachdrücklich vertreten.

[268] M. a. s. W., S. 171.

[269] Scholz, H.: „Der Gottesgedanke in der Mathematik", hier zitiert nach M. U., S. 310.

entdecken, sondern sie sind nur Bausteine zur Charakteristik der Sprache, in der wir uns verständigen wollen ..."[270], durchaus akzeptiert, gibt er doch zu bedenken, daß das Bekenntnis zur Illuminationslehre „... in jedem Falle um ein Vielfaches ehrlicher ist, als die Redeweise eines gewissen Konventionalismus, der alles in willkürliche Festsetzungen auflöst, und um ein Vielfaches ehrlicher, als wenn wir so tun, als ob hier überhaupt keine Frage existierte, die einen denkenden Menschen festhalten kann."[271]

Denn wenn es so ist, daß „... jeder, auch der schlichteste Satz unserer Identitätstheorie ... eine Aussage über die Gesamtheit der möglichen Welten [ist] ..."[272], über den man sich gleichwohl problemlos verständigen kann, so stellt sich natürlich die Frage „Wie ist diese wunderbare Verständigung über die analytischen Sätze möglich?"[273] Auf diese Frage antwortet Scholz mit Leibniz und dem „Augustinischen Menschen"[274]:

> „Es wird uns erlaubt sein müssen zu sagen, daß wir dieses merkwürdige Wissen um die analytischen Sätze einer Erleuchtung schuldig geworden sind, die ein *phaenomenon sui generis* ist. Sie ist es in einem so eigentümlichen, einmaligen Sinne, daß man niemanden hindern sollte, sie für sich zu interpretieren als den Effekt eines göttlichen Funkens, der seine Existenz und Abkunft durch das Werk der Erhellung der Gesamtheit der möglichen Welten fort und immerfort beglaubigt."[275]

2.3.5. Die ‚Rehabilitierung‘ der Aristotelischen Metaphysik

Nicht nur von historischer, sondern auch von großer systematischer Bedeutung wird schließlich für Scholz die Parteinahme Leibnizens für eine Metaphysik im Sinne des Aristoteles gegenüber Descartes.

Descartes kennt nach Scholz für seine Metaphysik nur eine Aufgabe, nämlich „... die Fundamentierung einer gänzlich neuen ... unaristotelischen ... Physik."[276] Hiermit stellt sich Descartes programmatisch gegen

---

[270] Scholz, H.: „Das theologische Element ...", hier zitiert nach M. U., S. 339 Anm. 7.
[271] M. a. s. W., S. 172.
[272] M. a. s. W., S. 170.
[273] M. a. s. W., S. 171.
[274] Scholz, H.: „Der Gottesgedanke in der Mathematik", hier zitiert nach M. U., S. 310.
[275] M. a. s. W., S. 171.
[276] Hauptgestalten, S. 43.

Aristoteles, den er sogar einen „Charlatan"[277] nennen kann. Es geht Descartes um die grundsätzliche Ablösung der Aristotelischen Metaphysik, da sie nach seinen, Descartes, eigenen Arbeiten, als gänzlich überholt zu betrachten ist.

Dieser Auffassung widerspricht Leibniz, indem er die bleibende systematische Relevanz der Aristotelischen Metaphysik nachweist, ein Nachweis, der nach der Meinung von Scholz so überzeugend gelungen ist, daß er von einer vollständigen „Rehabilitierung"[278] der Aristotelischen Metaphysik durch Leibniz sprechen kann.

Wie Scholz gezeigt hat, ist es die grundlegende Aufgabe der Protometaphysik, „... Gründe für die Existenz der Weltordnung ..."[279] zu formulieren oder zu versuchen, diese aufzuspüren. Diese Fragestellung ist jedoch in keiner Weise überholt durch einen Wechsel des physikalischen Paradigmas, denn, so führt Scholz aus,

> „... versteht man unter der *Weltordnung* nicht mehr mit Aristoteles ... die Bewegung des Fixsternhimmels, sondern stattdessen den durch die Sätze der *Newton*schen Mechanik gekennzeichneten Zustand der Dinge, so kann auch jetzt nach einem Grunde für die Existenz dieser Weltordnung gefragt werden. Es kann mit anderen Worten gefragt werden, warum in der Welt, der wir angehören, unter den unendlich vielen zur Konkurrenz zugelassenen, also ‚möglichen' Mechaniken gerade diese, also die *Newton*sche, realisiert ist."[280]

Auch hier zeigt sich für Scholz wieder die Leistungsfähigkeit des Denkmodells der möglichen Welten, wenn es von Leibniz in diesem Zusammenhang herangezogen wird, um die *formale* Sinnhaftigkeit und fortdauernde Berechtigung der Aristotelischen Grundfrage zu erweisen.

Für Scholz ist über diese Rehabilitierung der Grundfrage der Protometaphysik hinaus jedoch auch noch als bedeutsam zu vermerken, daß auch Leibniz in der Verfolgung dieser Grundfrage zu einer Theologie geführt wird. Denn wie Aristoteles' Frage nach dem letzterreichbaren Grund für die Existenz einer Weltordnung zu der These vom unbewegten Beweger, also zu einer theologischen Antwort führt, so gilt für Leibniz: „... der letzterreichbare Grund für die Existenz der Leibnizischen Weltordnung, also für die Auszeichnung der Newtonschen Mechanik, ist der in der Ableitbarkeit dieser Mechanik aus einem Extremalprinzip sich manifestierende Wille zur Realisierung der *besten* der möglichen

---
[277] ebda.
[278] Hauptgestalten, S. 58. Im Original hervorgehoben.
[279] Hauptgestalten, S. 59.
[280] Hauptgestalten, S. 59.

Welten, mithin der Wille eines Wesens von höchster Weisheit und Güte, also der Wille *Gottes*."[281]

Aber auch die Deuterometaphysik, also die Aristotelische Ontologie, wird durch Leibnizens Interpretation nicht nur rehabilitiert, sondern auch entscheidend weiter geführt, indem das „... Programm einer planmäßig aufgebauten Ontologie entrollt ..."[282] wird.

Die Ontologie wird hier zu der Wissenschaft weiterentwickelt, die diejenigen Sachverhalte bestimmt, die in jeder möglichen Welt existieren. „Wir erhalten so eine Folge von Sätzen ..." schreibt Scholz, „... von denen jeder einen Sachverhalt formuliert, der in jeder möglichen Welt existiert, mithin eine scientia universalis in Gestalt einer Lehre von den in *jeder* möglichen Welt realisierten Sachverhalten."[283] Auch hier wird deutlich, wieviel das Scholzsche Metaphysikkonzept Leibniz verdankt, denn wenn die Aristotelische Ontologie in dieser für Scholz auf Leibniz zurückgehenden Weise interpretiert wird, und dies ist der Weg, den Scholz in seinen grundlegenden Schriften geht, dann ist in ihr tatsächlich diejenige Fundamentalwissenschaft, die die Tradition ‚metaphysica generalis' nannte, wiedergewonnen.

So kann Scholz zusammenfassend feststellen: „In dieser großartigen ... Rehabilitierung wird die Aristotelische Deuterometaphysik zur Grundlage der *ganzen* Metaphysik, denn sie wird hier zum natürlichen Unterbau für die Fragestellung der Aristotelischen Protometaphysik."[284]

2.4. DIE BESONDERE STELLUNG KANTS INNERHALB DES METAPHYSIKKONZEPTES VON SCHOLZ

2.4.1. *Schwierigkeiten einer Rekonstruktion der Scholzschen Auseinandersetzung mit Kant*

Während Scholz' Verhältnis zu Aristoteles und auch zu Leibniz relativ eindeutig bestimmt werden kann, ist Scholz' Verhältnis zu Kant erheblich schwieriger zu bestimmen. So kann für Aristoteles und Leibniz durchgängig gezeigt werden, daß Scholz bemüht ist, deren Positionen

---

[281] Hauptgestalten, S. 60.
[282] Hauptgestalten, S. 61. Im Original von ‚Programm' bis ‚Ontologie' hervorgehoben.
[283] Hauptgestalten, S. 61.
[284] Hauptgestalten, S. 62.

zu rekonstruieren und zu reinterpretieren und diese weitgehend positiv für sein Metaphysikkonzept zu verarbeiten, während das Verhältnis zu Kant als durchaus ambivalent gekennzeichnet werden muß, das bezüglich unterschiedlicher Thesen der Kantischen Philosophie von entschiedener Ablehnung bis zu leidenschaftlicher Verteidigung Kantischer Positionen reicht.

Diese Schwierigkeiten ergeben sich einerseits fraglos aus sachlichen Gründen, andererseits jedoch auch aus Gründen, die in der philosophischen Entwicklung von Scholz liegen.

Scholz hat sich in mehreren Arbeiten[285] auf eine stark von Kant beeinflußte Position begeben, wobei diese affirmative Position allerdings immer mit einer durchaus eigenwilligen Kantinterpretation verbunden war. Die interpretatorische Schwierigkeit für die vorliegende Arbeit ergibt sich nun aus der Tatsache, daß Scholz im Laufe seiner Entwicklung immer deutlicher von bestimmten Kantischen Positionen abrückt, gleichwohl jedoch versucht, zumindest Teile seiner früheren Kantinterpretation aufrechtzuerhalten. Es kann so für keinen Zeitpunkt der Entwicklung von Scholz gesagt werden, daß dieser ‚Kantianer' war, ebenso gilt jedoch auch, daß Scholz niemals als reiner Gegner der Kantischen Philosophie aufgetreten ist. Auch hier nimmt Scholz die für ihn charakteristische Position zwischen den Fronten ein, selbst nur der Wahrheit und der wissenschaftlichen Redlichkeit verpflichtet, immer bemüht, dem einen der Kontrahenten im philosophischen Streit die Wahrheitsmomente der jeweils anderen Seite klarzumachen. Eine Position, die ja genauso auch für seine Stellung zwischen Mathematik und Philosophie, zwischen Philosophie und Logik und zwischen Theologie und Philosophie zutrifft.

Zu diesem Bemühen gehört für Scholz dann auch als ein Gebot wissenschaftlicher Redlichkeit, daß er versucht, die Kantische Position gerade auch an den Stellen so stark wie möglich zu machen, an denen er sie kritisiert, und sie auch hier vor unberechtigter Kritik zu schützen[286].

---

[285] Hier sind vor allem zu nennen:
Scholz, H.: „Die Bedeutung der Hegelschen Philosophie für das philosophische Denken der Gegenwart", Berlin 1921 und ‚Analysis'.

[286] Charakteristisch für diesen Umgang mit Kant ist die folgende Anmerkung, die Scholz anläßlich der Diskussion des von Kant behaupteten synthetischen Charakters der Mathematik macht, er schreibt dort: „Der alte *Kant* ist trotz allem, also mit allen Fehlern, die sich nicht wegretouchieren lassen, doch noch etwas genialer

Scholz' Erarbeitung des Metaphysikbegriffs

Aus dieser Sachlage folgt, daß es künstlich wäre, für Scholz eine einheitliche Kantinterpretation zu kompilieren, denn es gibt keine abschließende und umfassende Kantarbeit, wenn man von der relativ frühen Kantvorlesung aus dem Jahre 1932 absieht, dementsprechend gibt es auch keine einheitliche Kantinterpretation von Scholz selbst[287]. Es ist deshalb zu rechtfertigen, daß sich die vorliegende Arbeit darauf beschränkt zu analysieren, wie Scholz Kant an denjenigen Stellen interpretiert, die für sein Metaphysikkonzept von unmittelbarer Bedeutung sind[288]. Neben diesen in der wissenschaftlichen Entwicklung wurzelnden Schwierigkeiten einer Bestimmung der Scholzschen Kantrezeption stehen jedoch auch sachliche Schwierigkeiten.

Diese sachlichen Schwierigkeiten ergeben sich aus dem Problem, daß Scholz seinen Metaphysikbegriff *gegenüber* Kant zu bestimmen sucht. Diese Bestimmung kann jedoch nur erfolgen unter einer kritischen Diskussion der grundlegenden Kantischen Definition metaphysischer Sätze als synthetischer Urteile a priori, die nicht zur Mathematik gehören. Diese kritische Diskussion impliziert jedoch die Problematisierung der gleichsam ‚kanonischen' apriorisch/aposteriorisch und synthetisch/ analytisch Distinktionen. Auf Grund dieser fundamentalen Infragestellung wird es äußerst schwierig zu bestimmen, ob es zutrifft, daß Scholz sich auf eine ‚vorkantische' Position festlegt, oder ob es vielmehr zutrifft, daß Scholz seine Metaphysik als ‚nachkantisch' in dem Sinne einstuft, daß sie den Forderungen Kantischer Metaphysikkritik Rechnung trägt, oder ob Scholz eine Metaphysik vorlegt, die von der Kantischen Kritik

---

gewesen als sein scharfsinnigster Kritiker bis heute." Gemeint ist hier der von Scholz hochgeschätzte Logiker L. Couturat. Das Zitat ist dem Vortrag „Analytische und Synthetische Urteile", Anmerkung zu S. 19, entnommen. Der Vortrag ist im Scholz-Nachlaß unter der Sig. 1JB 284 abgelegt und mit der handschriftlichen Notiz versehen: „Warschau 22.10.1932 Aula der Universität".

[287] Es kann jedoch vermutet werden, daß Scholz eine umfassende Arbeit über Kant geplant hat. So bemerkt J. v. Kempski in seinem Aufsatz: „Bemerkungen zu Heinrich Scholz' Grundlegung der Metaphysik", in: Archiv für Philosophie 1948/ 2, S. 112−124 auf S. 113: „Sie haben bereits in ihrem Metaphysik-Buch die Stellung Ihrer Metaphysik zur Kantischen Kritik diskutiert, ... und wir dürfen auf eine umfassendere Behandlung der Kantischen Vernunftkritik hoffen."

[288] Insbesondere werden deshalb folgende für Scholz unter anderen zentrale Auseinandersetzungen mit Kant nicht behandelt: Kants These vom synthetischen Charakter mathematischer Sätze, das Problem der Ableitung der Mathematik aus der Logik.

weder destruiert noch gestützt werden kann, weil sie von dieser überhaupt nicht erfaßt wird.

Die interpretatorische Crux besteht nun in der Tatsache, daß diese drei Alternativen offensichtlich im Sinne Scholzens keine vollständige Disjunktion darstellen, sondern daß vielmehr alle drei Positionen von Scholz — wenn auch unterschiedlich intensiv und zu verschiedenen Zeiten unterschiedlich stark ausgeprägt — vertreten werden.

Gleichwohl wird auch gerade an diesem Interpretationsproblem indirekt die überragende Bedeutung der Kantischen Philosophie als einem kritischen Gegenüber für die Bestimmung der Scholzschen Position deutlich.

Für Scholz' Auseinandersetzung mit Kant lassen sich in dem hier interessierenden Problemzusammenhang drei Interpretationsschichten voneinander abheben. Auf der ersten Ebene konzentriert sich Scholz auf Kant als Metaphysiker, auf einer zweite Ebene setzt sich Scholz mit der Kantischen Bestimmung metaphysischer Sätze auseinander, während er auf einer dritten Ebene nach Kants Stellung zu einer ‚Leibnizischen Metaphysik' fragt.

2.4.2. Kant als Kritiker der Wolffschen Metaphysik

Für Scholz steht unbestreitbar fest, daß Kant selbst als „Metaphysiker" verstanden werden muß[289].

Nur unter dieser Voraussetzung läßt sich für Scholz das Gesamtwerk Kants interpretieren. Dieses Gesamtwerk hat für Scholz zwei große, gleichgewichtige Tendenzen, wobei die erste Tendenz darauf gerichtet ist, die ‚traditionelle Metaphysik' zu destruieren, die zweite Tendenz dagegen den Aufbau einer neuen Metaphysik verfolgt.

Scholz' Interpretation setzt nun bei der Frage an, wie eigentlich der Begriff der traditionellen Metaphysik für Kant zu präzisieren ist. Hier

---

[289] So z. B. Scholz schon in: „Die Bedeutung der Hegelschen Philosophie ...", a. a. O., S. 24:
„Daß Kant auch in der Periode des Kritizismus im Grunde seines Herzens Metaphysiker gewesen ist, ist unleugbar und nicht nur in seiner Metaphysik des kategorischen Imperativs, sondern auch in den charakteristischen Bekenntnissen, der in das fruchtbare Bathos der Erfahrung hinabgeführten ‚Prolegomena' mit Händen zu greifen. Kant war also unstreitig auch auf der Höhe seines Denkens ein erklärter Metaphysiker."

nimmt die Metaphysik von Wolff die Schlüsselrolle ein, denn, so betont Scholz, „... für Kant hat Wolff eine kaum zu überschätzende Bedeutung gehabt. ‚Die' Metaphysik ist für Kant fast stets die Wolffsche Metaphysik."[290]

Diese überaus weitgehende Abhängigkeit Kants von Wolff zeigt sich für Scholz bis in die Gliederung der „Kritik der reinen Vernunft", die auf weite Strecken durch Wolff bestimmt ist, so daß Scholz sagen kann: „Auf Kant hat dieses System (sc. der Neuordnung der Metaphysik durch Wolff) einen solchen Eindruck gemacht, daß er es mit der Metaphysik überhaupt identifiziert und in der Wolffschen Neuordnung seiner Kritik der reinen Vernunft zugrunde gelegt hat."[291]

Scholz weist nach, daß die Gliederung der ‚transzendentalen Dialektik' bestimmt ist „... durch die Gliederung der Wolffschen Metaphysik in eine Kosmologie, eine Psychologie und eine Theologie."[292] Da Scholz weiter davon ausgeht, daß darüber hinaus die ‚transzendentale Analytik' das Kantische Gegenstück zur Wolffschen Ontologie darstellt, kann er feststellen: „Wir können also die transzendentale Logik, und damit das Hauptstück der K. d. r. V., in einer ersten Näherung als eine Kritik der Wolffschen Metaphysik bezeichnen."[293]

Neben dieser formalen Abhängigkeit Kants von Wolff, die Kants Fixierung auf Wolff nur plausibel machen kann, stützt jedoch auch noch ein zweites, inhaltliches Argument die von Scholz betonte Abhängigkeit. Wenn man nämlich fragt, worin Kants inhaltliche Kritik der Metaphysik in erster Linie besteht, muß geantwortet werden: „Die Kantische Kritik der Metaphysik besteht im wesentlichen in einer Kritik der Sätze von der Unsterblichkeit der Seele und vom Dasein Gottes."[294] Die Kritik des Beweises von der Unsterblichkeit der Seele ist dabei die Kritik eines sich an Descartes anschließenden Fehlschlusses, „... in der Verwechslung der erweislichen Einheit des Bewußtseins, die *in* allem Denken enthalten ist, mit der gänzlich unerweislichen Einfachheit einer eben so unerweislichen bewußtseinstragenden Substanz, *in* der alles Denken enthalten

---

[290] Hauptgestalten, S. 65.
[291] Scholz, H.: „Leibniz", hier zitiert nach M. U., S. 131.
[292] Scholz, H.: „Einführung in die Kantische Philosophie", hier zitiert nach M. U., S. 159.
[293] Kant, S. 28 (vgl. Anm. 63). Im Original hervorgehoben.
[294] Hauptgestalten, S. 80 f.

ist ..."²⁹⁵, während die Kritik des Beweises vom Dasein Gottes auf die Frage zugespitzt werden kann: „... hat es überhaupt einen Sinn, die Existenz als Eigenschaft zu behandeln?"²⁹⁶

Mit dieser Konzentration auf die beiden Basisthemen der Unsterblichkeit der Seele und der Existenz Gottes ist für Scholz erwiesen, daß sich Kant auch inhaltlich deutlich an die Wolffsche Metaphysik anschließt, indem er sich von ihr die Hauptthemen vorgeben läßt. Und genau diese Themen werden das Zentrum in Kants Neubau der Metaphysik darstellen, denn „... die Kritik der (Wolffschen) Metaphysik ist für Kant *nicht* Selbstzweck, sondern a) eine Probe auf die Richtigkeit seiner Lehre von der sich selbst begrenzenden Leistungsfähigkeit der reinen Vernunft ... b) eine notwendige Vorarbeit für den Aufbau einer eigenen neuen Lehre von Gott und Unsterblichkeit, also für den Aufbau einer neuen Metaphysik."²⁹⁷

Hier nun kommt auch deutlich zum Ausdruck, inwiefern Scholz Kant als Metaphysiker bezeichnen kann. Für Scholz ist der Zielpunkt der Kantischen Philosophie eine neue „... Lehre von Gott und Unsterblichkeit ..."²⁹⁸. Kant ist damit in einer dreifachen Hinsicht als Metaphysiker zu charakterisieren, und zwar, indem er „1. Die Lehre von den metaphysischen Voraussetzungen der Erfahrung, 2. Die Kritik der spekulativen Lehren von der Unsterblichkeit der Seele und vom Dasein Gottes, 3. Die philosophische Neubegründung dieser Lehren ..."²⁹⁹ zu seinem Thema macht.

Gegenüber Wolff verschiebt sich bei dieser Neubegründung zwar die Aufgabe, nicht jedoch verändern sich die Themen der Metaphysik. „Aufgabe der Metaphysik ...", betont Scholz, „... [ist] nicht mehr eine philosophische Begründung der Sätze vom Dasein Gottes und der Unsterblichkeit der Seele ..., sondern nur noch eine *philosophischen Begründung des Glaubens an Gott und die Unsterblichkeit.*"³⁰⁰ Gleichzeitig stellt er aber auch fest, daß diese Begründung jedoch nicht mehr spekulativ erarbeitet wird, diese wird vielmehr in der Diskussion der „... *praktischen* (das sittliche Handeln normierenden) Vernunft ..."³⁰¹ gelie-

---

[295] Hauptgestalten, S. 84 f. Vgl. „Kritik der reinen Vernunft", zweite Ausgabe, S. 812 der Originalpaginierung, Studienausgabe Reclam, Stuttgart 1966, S. 796.
[296] Hauptgestalten, S. 88. Im Original hervorgehoben.
[297] Hauptgestalten, S. 96.
[298] ebda.
[299] Kant, S. 33 f.
[300] Hauptgestalten, S. 97.
[301] Kant, S. 33.

fert. Zusammenfassend kann Scholz Kants Metaphysikbegriff folgendermaßen definieren: „Metaphysik im Kantischen Sinne ist *die* philosophische Begründung des Glaubens an Gott und Unsterblichkeit, d. i. *das* System von Bedingungen, die hinreichend (und auch notwendig?) sind, damit ein Mensch von philosophischer Prägung berechtigt ist, an Gott und Unsterblichkeit zu glauben."[302]

Wenn diese Definition die Intentionen Kants angemessen zum Ausdruck bringt, so muß allerdings von einer völligen Neubestimmung und Neubegründung der Metaphysik gesprochen werden, denn dann gilt: „... für Kant ist die Metaphysik im Prinzip etwas wesentlich anderes als für die abendländischen Metaphysiker von *Aristoteles bis Leibniz*, und auch etwas wesentlich anderes als für Chr. *Wolff*."[303]

Bedeutsam für Scholz' Argumentation ist in dieser Einschätzung Kants vor allem die Unterscheidung der Epoche ‚Aristoteles bei Leibniz' einerseits und ‚Wolff' andererseits. Diese Charakterisierung der Geschichte der Metaphysik ist für Scholz entscheidend, denn sie liefert einen zureichenden Grund für Scholz trotz der Kantischen Kritik zu einer Metaphysik im Aristotelisch-Leibnizischen Sinne zurückzukehren.

Scholz betont, daß Wolff die Metaphysik sowohl in den Themen, als auch in den Aufgaben gegenüber der Tradition entscheidend uminterpretiert hat, so daß er einen Wendepunkt in der Begriffsgeschichte markiert. Wolff ist es, der vernünftige Gedanken (Scholz interpretiert ‚deduzierte Sätze') „... von Gott, der Welt und der Seele des Menschen, auch allen Dingen überhaupt ..."[304] zum Thema der Metaphysik erklärt. Diese Metaphysik aber ist „... von der Metaphysik im Aristotelischen Sinne definitorisch wesentlich verschieden ..., insofern sie *nicht*, wie diese, und die ganze abendländische Metaphysik bis zu Wolff, explizit als *Grundlagenforschung* definiert ist, sondern als eine näher zu charakterisierende *Gegenstandsforschung*."[305]

Indem Kant, wie oben gezeigt wurde, zwar die spekulative Metaphysik Chr. Wolffs destruiert, gleichwohl aber dessen Basisthemen beibehält, kehrt er *nicht* zu dem vor Wolff geltenden Metaphysikbegriff zurück, sondern liefert tatsächlich eine neue Metaphysik. Denn diese neue Metaphysik steht sowohl gegen Wolff wie auch gegen den traditionellen

---

[302] Hauptgestalten, S. 98 f.
[304] Kant, S. 20.
[303] Kant, S. 30.
[305] Kant, S. 21.

Begriff der Metaphysik. Kant hat so nach der Meinung von Scholz nicht *die* Metaphysik schlechthin destruiert, sondern einen dritten Typus von Metaphysik geschaffen.

Der Ertrag dieser Schicht der Scholzschen Kantinterpretation liegt also zusammengefaßt in folgenden Punkten:

1. Kants Metaphysikkritik ist eine Kritik der Wolffschen Metaphysik und nicht, wie Kant meinte, eine Kritik der Metaphysik überhaupt. Daraus folgt für Scholz bezüglich des ‚destruktiven' Teiles der Kantischen Philosophie, daß eine Metaphysik mit der Kritik Kants dann und nur dann erledigt ist, wenn sie eine Metaphysik vom Wolffschen Typus ist.[306]
2. Da sich die Wolffsche Metaphysik grundlegend von der von Aristoteles und Leibniz vertretenen Metaphysik unterscheidet, die Kantische Kritik sich jedoch auf Wolff bezieht, folgt, daß eine Metaphysik vom Aristotelisch-Leibnizischen Typus nicht durch Kant widerlegt ist[307].
3. Will man, wie es Kant durchführt, die Themen der Wolffschen Metaphysik beibehalten, so muß man sich für eine Neufassung von Aufgaben und Definition der Metaphysik entscheiden.

Diese philosophische Möglichkeit nimmt Scholz in der Entfaltung seines umfassenden Metaphysikkonzeptes unter dem Stichwort einer ‚meditierenden Metaphysik' ausdrücklich auf[308].

2.4.3. Die Kantische Charakterisierung metaphysischer Sätze

Die zweite Schicht der Kantinterpretation von Scholz ist die Diskussion der Kantischen Bestimmung metaphysischer Sätze. Scholz befragt diese in gleichsam kanonischer Geltung stehende Charakterisierung der metaphysischen Sätze als nicht-mathematischer synthetischer Urteile a priori in zwei Richtungen. Einerseits fragt er, inwieweit diese Definition

---

[306] Vgl. Scholz, H.: „Was ist Philosophie? ...", hier zitiert nach M. U., S. 381 f.
[307] Vgl. Scholz, H.: „Leibniz", hier zitiert nach M. U., S. 130 f.:
„Nichts hat die denkwürdigen Leibnizischen Ideen zu einer Mathematisierung der Metaphysik so diskreditiert wie die Wolffsche Pseudo-Mathematik. Die ganze Kantische Kritik des Leibnizischen Mathematisierungsprogramms ist effektiv nur eine Kritik der Wolffschen Pseudo-Mathematik und darum grundeigentlich gegenstandslos."
[308] Zum Begriff der meditierenden Metaphysik vgl. unten, S. 129 ff.

von der metaphysischen Tradition gedeckt ist, andererseits fragt er nach der inhaltlichen Präzisierung des Begriffs selbst.

Für die metaphysische Tradition muß Scholz feststellen, daß Kants Charakteristik nicht nur der Formulierung nach, sondern auch der Intention nach mit der Tradition nicht in Übereinstimmung gebracht werden kann, es ist für Scholz vielmehr geradezu „auffallend", wie er betonen kann, „... daß Kant, ohne ein Wort über diese revolutionierende Neuerung zu verlieren, für die ihm vorschwebende Metaphysik nur *synthetische Urteile a priori* zuläßt."[309] Dagegen betont Scholz: „Weder Aristoteles noch das Mittelalter noch Wolff kennt eine solche Einschränkung der Metaphysik."[310] Im Gegenteil kann Wolff durchaus sogar auch aposteriorische Sätze in seiner Metaphysik zulassen, denn von Wolff „... wird *nicht* verlangt, daß die Axiome (sc. der Metaphysik) Vernunftsätze sind, sie können auch aus der *Erfahrung* entlehnt sein."[311]

Scholz erinnert in diesem Zusammenhang an einen Untertitel innerhalb Wolffs System der Metaphysik, in dem ausdrücklich von aposteriorischen Sätzen ausgegangen wird: Die „*Theologia naturalis*, methodo scientifica pertractata. Pars I, qua existentia et attributa Dei *a posteriori* demonstrantur..."[312].

Mit dieser Neufassung der Charakteristik metaphysischer Sätze führt Kant jedoch nicht nur eine „revolutionierende Neuerung" ein, er benutzt diese Definition auch als Voraussetzung in seiner Auseinandersetzung mit Wolff, obwohl für Scholz feststeht, daß „... diese Voraussetzung ... auf die vorkantische Transcendentalphilosophie nicht zu[trifft]."[313] Scholz macht damit, wenn er es auch nicht explizit ausspricht, Kant faktisch den Vorwurf, daß dessen Metaphysikkritik zumindest teilweise auf einer ‚metabasis' beruht, er betont, daß die Folgen dieses „Apriorismus der Kantischen Metaphysik"[314] äußerst weitreichend sind. So wird der vorkantischen Metaphysik ein Anspruch unterstellt, den sie selbst nie formuliert hat, denn „... die Einbeziehung der Kritik der spekulativen Psychologie und Theologie in die Kantische Metaphysik hat zur Voraussetzung, daß die in diesen beiden Disziplinen auftretenden

---

[309] Hauptgestalten, S. 65 f.
[310] Hauptgestalten, S. 66.
[311] Kant, S. 21.
[312] Kant, S. 23.
[313] Scholz, H.: „Einführung in die Kantische Philosophie", hier zitiert nach M. U., S. 174.
[314] Kant, S. 30. Im Original hervorgehoben.

Hauptsätze synthetische Urteile a priori (und zwar *falsche* synthetische Urteile a priori) sein sollen."[315] Scholz muß demgegenüber feststellen: „Dieser Anspruch trifft weder auf *Aristoteles* zu, noch auf seine Nachfolger bis zu Chr. *Wolff* einschließlich."[316]

Mit dieser grundsätzlichen Elimination empirischer Sätze aus der Metaphysik wird jedoch nicht nur die Wolffsche ‚Psychologia empirica', sondern auch der für die Aristotelisch-Leibnizische Metaphysik fundamentale Ausgangssatz „es gibt eine Weltordnung"[317], der nicht nur nicht apriorisch, sondern als ein Existenzsatz auch synthetisch ist, also im Kantischen Sinne ein typisches Erfahrungsurteil darstellt, aus der Metaphysik verbannt.

Auch für die Charakterisierung metaphysischer Sätze steht es also so, daß von einer „Revolutionierung des klassischen Begriffs der Metaphysik"[318] durch Kant gesprochen werden muß. Damit hat aber für Scholz die Kantische Charakterisierung metaphysischer Sätze nicht nur ihre Selbstverständlichkeit eingebüßt, sondern sie ist vielmehr angesichts der Tradition auf ihre Begründung hin zu befragen, wobei die Beweislast auf seiten der Kantischen Philosophie liegt.

2.4.3.1. Der Kantische Aprioritätsbegriff

Diese Begründung Kants überprüft Scholz, indem er die Kantische Distinktion apriorisch/aposteriorisch und synthetisch/analytisch einer Analyse unterzieht. Die These, von der Scholz bei dieser Analyse ausgeht, ist die Basisbehauptung Kants, die Scholz folgendermaßen rekonstruiert: „Es gibt Urteile, die sowohl *apriorisch* sind (wie die analytischen) als auch *synthetisch* (wie die empirischen), also Urteile, für deren Bewahrheitung Beobachtungen *nicht notwendig* sind und das Rüstzeug der Logik *nicht hinreichend* ist ..."[319].

Um den Begriff der Apriorität bei Kant nun über die allgemeine Bestimmung als ‚Erfahrungsunabhängigkeit' hinaus zu präzisieren, fragt Scholz nach den Kriterien, die Kant für die Apriorität anbietet. Hier gelten für Kant zwei Kriterien, die mit Scholz erstens als das Notwendigkeitskriterium und zweitens als das Allgemeinheitskriterium bestimmt

---

[315] Kant, S. 33.
[316] ebda.
[317] Kant, S. 31.
[318] Kant, S. 71.
[319] Kant, S. 89.

werden können. So kann Kant festlegen: „Findet sich also ... ein Satz, der zugleich mit seiner *Notwendigkeit* gedacht wird, so ist er ein Urteil a priori ..."[320], womit das Notwendigkeitskriterium formuliert ist, während das zweite Kriterium in dem Satz „Wird ... ein Urteil in *strenger Allgemeinheit* gedacht, d. i. so, daß gar keine Ausnahme als möglich verstattet wird, so ist es *nicht von der Erfahrung abgeleitet*, sondern schlechterdings a priori gültig ..."[321] aufgestellt ist.

Diese Kriterien müssen nach den Äußerungen von Kant als hinreichende Bedingungen aufgefaßt werden, die zudem in einer Äquivalenzrelation stehen, so daß gilt: „Ein Urteil ist also dann und nur dann notwendig, wenn es streng allgemein ist, und umgekehrt."[322] Wie steht es aber nun um die Basisbegriffe der beiden Kriterien? Scholz weist darauf hin, daß Kant den Begriff der Allgemeinheit nur insofern präzisiert, als er ihn in den ‚Prolegomena' als Allgemeingültigkeit faßt und diese dann als „Gültigkeit für jedermann"[323] definiert. Diese Präzisierung führt aber ersichtlich nicht weiter, denn in einer Aristotelischen Logik, die ja auch Kant voraussetzt, sind Sätze entweder gültig oder ungültig. Scholz fragt deshalb: „Was ist ‚Gültigkeit für jedermann'?" und stellt fest: „So lange dieser Ausdruck nicht definiert ist, ist es nicht möglich, ihn als Aprioritätskriterium zu verwenden."[324]

Nach diesem negativen Ergebnis bezüglich des ersten Kriteriums der Apriorität wäre es unter Voraussetzung der obengenannten Äquivalenzrelation nun immerhin noch möglich, sich allein auf das Notwendigkeitskriterium zu stützen, doch auch hier läßt sich keine Präzisierung an Kant gewinnen, die nicht fundamentalen Anliegen Kants widersprechen würde.

So wäre es zwar sinnvoll, Notwendigkeit folgendermaßen zu definieren: „Sei p eine Aussage, so soll p dann und nur dann *absolut notwendig* heissen, wenn gezeigt werden kann, dass die kontradiktorische Verneinung p̄ von p einer Aussage der Logik widerspricht."[325] Diese Definition ist jedoch für Kant unannehmbar, denn sie hätte fatale Konsequenzen für Kants These, daß es *synthetische* Urteile a priori, also Urteile, deren kontradiktorische Verneinung *keiner* Aussage der Logik widerspricht,

---

[320] Kant, I.: „Kritik der reinen Vernunft", a. a. O., Einleitung S. 3 (der Originalpaginierung).
[321] ebda.
[322] Kant, S. 51.
[323] ebda.
[324] Kant, S. 51.
[325] Kant, S. 55.

gibt. Denn aus dem oben formulierten Notwendigkeitsbegriff würde ja folgen, daß es keine synthetischen Urteile a priori geben kann, daß vielmehr jedes apriorische Urteil analytisch wäre. Diese Konsequenz aber ließe sich unter keinen Umständen mit der Philosophie Kants in Einklang bringen. Kant muß also eine andere Definition von Notwendigkeit vorausgesetzt haben, jedoch Scholz bemerkt: „Andere Formen der Notwendigkeit sind weder von Kant noch, so weit ich sehe, von irgendeiner dritten Seite bis heute definiert worden."[326]

Scholz muß so die Konsequenz ziehen: „Die Kantische ‚*Notwendigkeit*' ... ist etwas so unbestimmtes, daß es angemessen sein wird, sie überhaupt nicht zur Konkurrenz zuzulassen."[327]

Es steht also nach genauer Analyse des Apriorititätsbegriffes so, daß beide Kriterien, die Kant für die Apriorität einer Aussage anzugeben in der Lage ist, entweder unklar sind oder aber in einem eklatanten Widerspruch zu Grundthesen der Kantischen Philosophie stehen.

Wenn man nun versucht, direkt von der Definition des Begriffs auszugehen unter Absehung von den beiden Kriterien Kants, muß gefragt werden, „... was heißt ... ‚unabhängig von der Erfahrung' ... = nicht von der Erfahrung abgeleitet?"[328] Auch hier kommt Scholz zu einem negativen Ergebnis, denn er muß konstatieren: „Kant ist uns auf diese entscheidende Frage die Antwort schuldig geblieben."[329] Scholz kann lediglich feststellen: „Er selbst macht es so, dass er in jedem konkreten Falle mit seinen Apriorititäts*kriterien* operiert. Diese Kriterien sind aber weder aus seinem Apriorititäts*begriff* streng abgeleitet, noch lassen sie irgendeinen eindeutigen Rückschluss auf seinen Apriorititätsbegriff zu."[330]

Scholz bleibt jedoch nicht bei der Destruktion dieses Kantischen Begriffes stehen, sondern versucht, eine Präzisierung, die — wie Scholz betont — weitgehend mit den Kantischen Grundforderungen in Einklang gebracht werden kann.

Diese Präzisierung macht die Methode der Prüfung zum ‚principium divisionis' und sieht in den Grundzügen folgendermaßen aus:

---

[326] Kant, S. 56.
[327] Scholz, H.: „Einführung in die Kantische Philosophie", hier zitiert nach M. U., S. 198.
[328] Kant, S. 57.
[329] ebda.
[330] ebda.

1. Es gibt apriorische Urteile erster Ordnung. Diese sind definiert als Sätze, für deren Prüfung die Beobachtung von Sinnesdaten überhaupt nicht erforderlich ist. Beispiele für diese Urteilsklasse wären die Sätze der Logik und der Mathematik.
2. Es gibt apriorische Urteile zweiter Ordnung. Diese sind definiert als Sätze, für deren *Falsifizierung* die Beobachtung von Sinnesdaten erforderlich ist. Beispiele für diese Urteilsklasse wären die von Kant so bezeichneten metaphysischen Voraussetzungen der Erfahrung[331].
3. Es gibt aposteriorische Urteile erster Ordnung. Diese sind definiert als Sätze, für deren Prüfung die Beobachtung von Sinnesdaten notwendig und hinreichend ist.
4. Es gibt aposteriorische Urteile zweiter Ordnung. Diese sind definiert als Sätze, für deren Prüfung Beobachtung notwendig, nicht jedoch hinreichend ist. Beispiele für diese Urteilsklassse wären die Sätze der theoretischen Physik.

2.4.3.2. Die analytisch/synthetisch Distinktion bei Kant

Wie im Begriffspaar apriorisch/aposteriorisch gerade der problematischere Begriff der Distinktion in eine Definition der metaphysischen Sätze eingeht, so ist es auch in der zweiten Distinktion der Urteile, welche Kant vornimmt. Auch bei der Distinktion synthetisch/analytisch ist es der Begriff des synthetischen Urteils, der bei näherer Analyse Probleme aufwirft[332]. Den Begriff des synthetischen Urteils kann Scholz überhaupt nur indirekt bestimmen, indem er den Begriff des analytischen

---

[331] Mit seiner Unterscheidung des Prüfungsbegriffes in einen Verifikationsbegriff und einen Falsifikationsbegriff und der Ausnutzung der Asymmetrie dieser beiden Begriffe hat Scholz hier meiner Meinung nach bereits die Grundidee des Falsifikationsprinzips vorweggenommen (1932).

[332] Auch H. Delius kommt in seinem Artikel: „Analytisch — synthetisch", im Historischen Wörterbuch der Philosophie (Bd. 1, Darmstadt 1971, Sp. 251—260) zu einem ähnlichen Ergebnis wie Scholz, wenn er zum Abschluß seiner Ausführungen feststellen muß, daß die analytisch/synthetisch Distinktion in ihrer von Kant geprägten Gestalt sich einer Präzisierung entzieht. Delius konstatiert deshalb: „Eine... Klärung wird vermutlich nur durch eine radikale Revision und Erweiterung der alten Terminologie und Einteilung zu erreichen sein." (Sp. 259).

Zu den besonderen Problemen der Verwendung der analytisch/synthetisch Distinktion, in die sich die Theologie, namentlich in der Rechtfertigungslehre, verwickelt hatte, ist von Härle alles, was zu einer Klärung notwendig ist, gesagt worden. Vgl. Härle, W.: „Analytische und synthetische Urteile in der Rechtferti-

Urteils bestimmt und die zusätzliche Voraussetzung macht, daß es sich bei der analytisch/synthetisch Distinktion um eine vollständige Disjunktion aller Urteile handelt, so daß gefolgert werden kann: „Ein Urteil soll dann und nur dann *synthetisch* heissen, wenn es nicht analytisch ist."[333]

Außerdem stehen für Kant vier Typen von Sätzen fest, die grundsätzlich immer synthetisch sind: Sätze der Mathematik, Grundvoraussetzungen der klassischen Physik, empirische Sätze und Existenzsätze[334].

Das präzisierte Kantische Kriterium der analytischen Urteile ist demgegenüber folgendermaßen mit Scholz zu formulieren: „Ein Urteil ist (dann und?) nur dann *analytisch*..., wenn das Prinzip des ausgeschl[ossenen] Widerspruchs eine *hinreichende* Bedingung für seine Deduzierbarkeit ist."[335] Mit Hilfe dieses Kriteriums kann nun auch eine Definition eines analytischen Urteils vorgelegt werden, die Scholz folgendermaßen formuliert: „Ein kontrollierbares Urteil p soll dann u[nd] nur dann *analytisch* heißen, wenn p entweder a) eine Aussage oder eine Regel der Logik ist, oder b) eine Aussage, deren Wahr- oder Falschsein unter ausschliesslicher korrekter Benutzung der Aussagen der Logik u[nd] ihrer Regeln entschieden werden kann. Sonst *synthetisch*."[336]

Scholz Kritik der analytisch/synthetisch Distinktion richtet sich nun vor allem auf zwei Aspekte der Begriffsbestimmung.

Das *eine* Problem ist mit der Frage gegeben, wie zu entscheiden ist, „... ob der Inhalt eines Prädikatbegriffs P in dem Inhalt eines Subjektbegriffs S enthalten ist oder nicht..."[337] Während Scholz diese Frage in seiner Kantvorlesung von 1932 nur gleichsam als eine Problemanzeige formuliert, entscheidet er später[338], daß diese Schwierigkeit in der Fassung eines analytischen Urteils nur zu umgehen ist, „... wenn der Definitionsbereich für die vier Kantischen Prädikate (sc. apriorisch/

---

gungslehre", in: Neue Zeitschrift für Systematische Theologie und Religionsphilosophie 1974/16, S. 17—34.
[333] Kant, S. 72.
[334] Vgl. Scholz, H.: „Einführung in die Kantische Philosophie", hier zitiert nach M. U., S. 193.
[335] Kant, S. 73.
[336] Kant, S. 76.
[337] Kant, S. 75. Im Original hervorgehoben.
[338] „Einführung in die Kantische Philosophie" wurde im Wintersemester 1943/44 vorgetragen.

aposteriorisch und synthetisch/analytisch) *beschränkt* wird auf die Menge der Aussagen, die einer Wissenschaft angehören ..."[339]. Diese Einschränkung wird von Scholz sogar noch weiter verschärft, indem als Definitionsbereich allein die Sätze aus Wissenschaften erster Ordnung, worunter Scholz mathematisierte Logik, Mathematik und theoretische Physik versteht, zugelassen werden[340]. Diese Eingrenzung analytischer und synthetischer Urteile auf formalisierte Wissenschaftssprachen berührt nun jedoch die Substanz der Kantischen Distinktion, denn für sie wurde ja ursprünglich vorausgesetzt, daß es sich um eine vollständige Disjunktion aller Urteile überhaupt handelt.

Scholz ist jedoch der Meinung, daß allein die Alternative besteht, entweder die analytisch/synthetisch Distinktion als nicht präzisierbar fallenzulassen, oder aber deren Definitionsbereich rigide einzuschränken. Er geht jedoch sogar noch einen Schritt weiter, wenn er ausführt: „Wenn die analytischen Aussagen mit Hilfe der Logik definiert werden, so ist es nicht angemessen, die Sätze der Logik mit Kant ... selbst zu den analytischen Aussagen zu rechnen. Es wird vielmehr wesentlich angemessener sein, die Sätze der Logik aus der beabsichtigten Aufgliederung ganz auszuschalten."[341]

Diese Entscheidung scheint mir nun aber das endgültige Todesurteil für die analytisch/synthetisch Distinktion im Sinne Kants zu sein, denn wenn als Definitionsbereich der analytischen Sätze nurmehr ‚Wissenschaften erster Ordnung' zugelassen werden, nach Kants Voraussetzung jedoch sowohl die Sätze der Mathematik als auch die Sätze der theoretischen Physik als *synthetische* Urteile zu gelten haben, schließlich die Sätze der Logik so erklärt sind, „... daß diese Erklärung auf den Gegensatz

---

[339] Scholz, H.: „Einführung in die Kantische Philosophie", hier zitiert nach M. U., S. 194.
[340] Diese Möglichkeit der Lösung des Problems wird bereits in der Kantvorlesung von 1932 erwogen, indem Scholz auf J. F. Fries verweist:
„Die von *Kant* noch sehr leicht genommene *Entscheidung der Frage, ob der Inhalt eines Prädikatbegriffs P in dem Inhalt eines Subjektbegriffs S enthalten ist oder nicht*, ist im allgemeinen überhaupt nur erzwingbar für ein Begriffssystem, in welchem scharf zwischen ursprünglichen und konstituierten Begriffen unterschieden u[nd] jeder Begriff entweder ursprünglich oder konstituiert ist. So schon der scharfsinnige Joh. Friedr. *Fries* (1773—1843)..." (Kant, S. 75).
[341] Scholz, H.: „Einführung in die Kantische Philosophie", hier zitiert nach M. U., S. 199.

‚analytisch, synthetisch' überhaupt nicht Bezug nimmt ..."[342], stellt sich die Frage, ob die Menge der analytischen Urteile nicht leer ist, wenn man sowohl Kants Voraussetzungen wie Scholz' Bestimmungen des Definitionsbereiches akzeptiert. Dann aber müßte geschlossen werden, daß alle Urteile synthetisch sind, wodurch der Begriff des synthetischen Urteils sich als redundant erweisen würde.

Das *zweite* Problem, welches Scholz diskutiert, ist verknüpft mit der ‚via-negationis'-Bestimmung der synthetischen Urteile. Durch diese Bestimmung wächst die Beweislast für den Nachweis der Synthetizität eines Urteils erheblich, denn für jede einzelne Aussage müßte der Nachweis geführt werden, „... dass das Rüstzeug der Logik insbesondere für die Bewahrheitung einer vorgegebenen Aussage p *nicht* ausreicht ..."[343]. Die Beweislast geht jedoch noch weiter, „... denn es ist in jedem solchen Falle zu zeigen, dass es auf *keine* Weise möglich ist, das Wahrsein von p unter ausschließlicher korrekter Benutzung dieses Rüstzeugs zu entscheiden."[344]

Als Fazit der Problematisierung der Bestimmung des Apriroritätsbegriffes und des Synthetizitätsbegriffes bei Kant läßt sich zusammenfassend feststellen: Auch wenn Scholz sich bemüht, die unklare Kantische Begriffsbestimmung zu präzisieren und damit die Kantische Position so stark wie möglich zu machen, so ist doch nicht zu übersehen, daß die Bestimmung der metaphysischen Sätze als synthetischer Urteile a priori mit erheblichen Problemen belastet ist. Einerseits ist diese Bestimmung, insoweit man sie intuitiv zu verstehen sucht, nicht durch die vorkantische Metaphysik-Tradition abgedeckt, sondern widerspricht ihr in entscheidenden Punkten und ist so alles andere als ‚selbstverständlich'. Bemüht man sich andererseits um eine Präzisierung dieser Begriffe, die über ein ‚intuitives' Verstehen hinausgeht, so stellen sich derart schwerwiegende Probleme ein, daß es ausgeschlossen sein sollte, die Kantische Bestimmung metaphysischer Sätze als schlechthin gültig festzuhalten.

2.4.4. Kants Ablehnung einer Metaphysik als Grundlagenforschung

Die dritte Schicht der Scholzschen Kantinterpretation ist eng mit den Überlegungen und Ergebnissen der beiden oben diskutierten Probleme

---

[342] ebda.
[343] Kant, S. 77.
[344] ebda.

verknüpft. Es geht dabei um Kants Ablehnung der Bestimmung einer Metaphysik als ‚Grundlagenforschung' oder genauer als ‚Mathesis universalis'.

Es wurde gezeigt, daß Kant nach seiner Kritik der Wolffschen Metaphysik nicht zu dem traditionellen Begriff der Metaphysik zurückkehrt, sondern einen neuen Typus von Metaphysik etabliert. Kants Entscheidung gegen die Rückkehr zu einer traditionellen Metaphysik ist dabei wiederum durch zwei Hauptthesen bestimmt: Einerseits die These von dem kategorialen Unterschied von apriorischen und empirischen, d. h. aposteriorischen Urteilen, andererseits die These vom synthetischen Charakter der Mathematik.

Die Ablehnung durch Kant bezieht sich dabei sowohl auf die Aufgabenbestimmung einer Metaphysik, also den inhaltlichen Bereich, wie auch auf den methodischen, also formalen Bereich. Kant lehnt sowohl eine Metaphysik als Grundlagenforschung wie auch die These von der möglichen Mathematisierbarkeit der Metaphysik entschieden ab.

Wie schon an der Charakterisierung von Aristoteles und Leibniz deutlich wurde, gilt für Scholz:

„Für die abendländischen Metaphysiker von *Aristoteles* bis *Leibniz* ist die Metaphysik als *Grundlagenforschung* charakterisiert. Kant hat diese Charakteristik scharf kritisiert und als unzulänglich zurückgewiesen. Für Kant gibt es nur Ein pünkliches Kriterium für die Zugehörigkeit einer Aussage zur Metaphysik. *Eine Aussage ist im Kantischen Sinne dann und nur dann eine Aussage der Metaphysik, wenn sie ein nicht zur Mathematik gehöriges synthetisches Urteil a priori ist.* Die Abgrenzung der Metaphysik gegen die Mathematik und der damit aufs engste zusammenhängende Kampf gegen die von *Descartes* und vor allem von *Leibniz* unter dem Titel der *Mathesis universalis* erstrebte Mathematisierung der Metaphysik wird hierdurch für *Kant* zu einer lebenswichtigen Angelegenheit."[345]

Auch hier ist die zentrale Begründung für die Ablehnung eines als Grundlagenforschung gefaßten Metaphysikbegriffes durch Kant mit dessen Differenzierung der unterschiedlichen Urteilsklassen gegeben.

Kant bestreitet nach der Meinung von Scholz *deshalb* die Definition der Metaphysik als Grundlagenforschung, weil bei dieser Definition implizit eine Differenzierung der Urteile in die Klasse der allgemeinen Urteile und der empirischen Urteile vorausgesetzt ist. Bei dieser Differenzierung handelt es sich jedoch nach der Meinung von Kant nicht

---

[345] Kant, S. 30.

um eine wirkliche Disjunktion in zwei kategorial unterschiedliche Urteilsklassen. Vielmehr gilt nach der Überzeugung Kants, daß mit einer Unterscheidung von allgemeinen und empirischen Urteilen die gleiche Art der Erkenntnis beschrieben ist. Eine Einteilung der Urteile in allgemeine und empirische bringt nach der Meinung von Kant mithin lediglich eine Rangfolge gleichartiger Erkenntnis, die in beiden Fällen eine empirische ist, zum Ausdruck. Lediglich durch den Grad der Allgemeinheit wären diese beiden Urteilsklassen unterschieden[346].

Für Kant dagegen ist die fundamentalere Disjunktion die Einteilung in apriorische, also *nicht*-empirische, und in empirische Erkenntnis, so daß er die inhaltliche Charakterisierung der Metaphysik als „... *Wissenschaft von den ersten Prinzipien der menschlichen Erkenntnis* ..."[347] ablehnen muß, da er von einer Metaphysik ja ausdrücklich die Apriorizität fordert.

Da diese Ablehnung durch Kant nun aber verknüpft ist mit der Bestimmung des Apriorizitätsbegriffes, wirkt sich auch die von Scholz vorgelegte Begriffskritik direkt auf die Kantische Entscheidung aus, wobei noch erschwerend hinzukommt, daß sich gerade das Kriterium der ‚strengen Allgemeinheit', wie Scholz es versucht zu präzisieren, als das *einzige* Apriorizitätskriterium erwiesen hat, das bis zu einem gewissen Grade verdeutlicht werden kann.

Aber nicht nur die an Aristoteles orientierte Charakterisierung der Metaphysik als Grundlagenforschung weist Kant zurück, ebenso entschieden bestreitet er auch die Leibnizsche Reinterpretation dieses Begriffes als ‚Mathesis universalis', also das Ideal einer möglichen Mathematisierung der Metaphysik.

Auch zur Überprüfung dieser Position von Kant muß zuerst rekonstruiert werden, was Kant unter der Mathematisierbarkeit der Metaphysik als des Zentrums der Philosophie versteht.

Scholz setzt deshalb für Kant voraus, daß „... Philosophie die Wissenschaft sein soll, von welcher in jedem Falle verlangt und erwartet wird, dass sie das Dasein Gottes und die Unsterblichkeit der Seele beweist."[348] Weiter gilt die bekannte Präzisierung synthetischer Urteile a priori.

---

[346] Scholz verweist hier auf „Kritik der reinen Vernunft", zweite Ausgabe, S. 870 ff (der Originalpaginierung).
[347] Kant, S. 32.
[348] Scholz, H.: „Die Philosophie im Zeitalter der Mathesis universalis: Descartes, Pascal, Leibniz". Die Vorlesung ist mit folgendem Zusatz versehen: Vorlesung von Prof. D. Dr. Heinrich Scholz

Wenn nun die Mathematisierungsbegriffe von Kant und Leibniz verglichen werden, stellt Scholz fest, daß diese beiden Begriffe sich erheblich voneinander unterscheiden, denn „... für Kant ist das Wesentliche an der Mathematik nicht die axiomatisch-deduktive Struktur ihrer Disziplinen, sondern der apriorisch-synthetische Charakter ihrer Sätze. Er versteht daher unter der Mathematisierung einer nicht-mathematischen Wissenschaft eine Darstellung dieser Wissenschaft in Gestalt einer Folge von synthetischen Urteilen a priori ..."[349], während für Leibniz eine Mathematisierung in erster Linie in einer Darstellung der betreffenden Wissenschaft in einem axiomatisch-deduktiven Aufbau bestehen würde.

Nun gilt aber für Kant, daß *allein* die Mathematik „... die elementaren Gegenstände, die in den Axiomen ... auftreten ..."[350], auf eine ihr eigentümliche Art, nämlich auf Grund einer mathematischen Intuition erfassen kann, mit den Worten Kants formuliert: „Sie werden in dem Element der reinen Anschauung konstruiert ..."[351]. Wenn es nun so ist, daß nur für die Axiome der Arithmetik und der Geometrie diese Evidenz durch Intuition in Anspruch genommen werden kann, dann wäre eine Mathematisierung der Metaphysik im Sinne Kants allerdings absurd, wie natürlich auch Scholz konzediert, denn „... eine Philosophie, die das Dasein Gottes und die Unsterblichkeit der Seele nach dem Muster der Mathematik beweisen soll, müsste also imstande sein, ihre Gegenstände ebenso zu erschauen wie die Mathematik."[352] Deshalb stellt Scholz ausdrücklich fest: „Dies wird natürlich von keinem urteilsfähigen Menschen behauptet .... Eine solche Philosophie existiert also nur als das Resultat eines Mangels an Selbstkritik."[353]

Nec certe plures in mundo Metaphysicis studiis quam Geometricis apti reperiuntur. Descartes (AT VII 4)
Winter 1933/34 Herausgeber: Die mathematische Fachschaft an der Universität Münster
Schrift: Heti Gaertner". Der Text wird im folgenden zitiert als ‚Philosophie im Zeitalter der Mathesis universalis'.
Philosophie im Zeitalter der Mathesis universalis, S. 20.
[349] Philosophie im Zeitalter der Mathesis universalis, S. 22.
[350] ebda.
[351] Philosophie im Zeitalter der Mathesis universalis, S. 23.
[352] ebda.
[353] Philosophie im Zeitalter der Mathesis universalis, S. 23 f.

Trotzdem muß nach Meinung von Scholz betont werden, daß auch diese Konsequenz Kants durch erhebliche Schwierigkeiten belastet ist. Denn wenn Kant tatsächlich mit *dieser* Argumentation den Grund der Möglichkeit für die Mathematisierung einer Wissenschaft formuliert hat, so müßte er auch dazu bereit sein, diese Argumentation beispielsweise auf die Physik anzuwenden, denn auch diese gewinnt ihre Gegenstände nicht durch mathematische Intuition, ist aber gleichwohl eine mathematisierte Wissenschaft. Deshalb betont Scholz:

„Mit genau denselben Argumenten, mit denen Kant die grundsätzliche Nicht-Mathematisierbarkeit der Metaphysik beweisen zu können glaubt, könnte die grundsätzliche Nicht-Mathematisierbarkeit der Physik bewiesen werden. Durch die Existenz dieser Physik werden die Überlegungen, aus denen Kant die grundsätzliche Unmöglichkeit einer axiomatisch-deduktiv aufgebauten Metaphysik glaubt folgern zu können, glatt widerlegt."[354]

Die Schwierigkeit, in die die These Kants führt, liegt für Scholz so bereits in der Auffassung Kants von der Mathematisierbarkeit der Metaphysik begründet. Diese Auffassung eweist sich jedoch nicht nur als Kant-immanent widersprüchlich, wie Scholz zeigt, sondern sie erweist sich darüber hinaus als ein Mißverständnis des Leibnizschen Mathematisierungsprogramms der Metaphysik.

Scholz kann deshalb für Kants Kritik an dem Ideal der Metaphysik als einer ‚Mathesis universalis' abschließend konstatieren: „Wir werden also sagen dürfen, dass Kant das Mathematisierungsideal der Klassiker der Mathesis universalis garnicht getroffen hat, sondern stattdessen vielmehr ein Phänomen, das zwar bei diesen Klassikern durchgängig angetroffen wird ..., das aber durchaus nicht als eine unvermeidliche Folge jenes grossen Ideals angesprochen zu werden braucht."[355]

---

[354] Kant, S. 158.
[355] Philosophie im Zeitalter der Mathesis universalis, S. 25.

3. DER ERTRAG DER SYSTEMATISCH-HISTORISCHEN UNTERSUCHUNGEN VON SCHOLZ

3.1. DIE KONSTANZ DES METAPHYSIKVERSTÄNDNISSES VON ARISTOTELES BIS LEIBNIZ

Nach der Darstellung der systematisch-historisch orientierten Untersuchungen an der Geschichte des Metaphysikbegriffes wird deutlich, daß Scholz eine erstaunlich weitgehende Konstanz des Metaphysikbegriffes zeigen kann. Scholz kann deutlich machen, daß sowohl die Aufgabenbestimmungen wie die Themen wie auch die Definitionen des Metaphysikbegriffes von Aristoteles bis Leibniz nicht wesentlich voneinander abweichen.

Diejenigen inhaltlichen Vorgaben, die für die gesamte Tradition prägend werden sollten, werden bereits von Aristoteles formuliert.

Er ist es, der inhaltlich denjenigen Begriff der Wissenschaft umreißt, die später ‚Metaphysik‘ heißen wird, indem er fordert, daß sie eine ‚Grundlagenforschung‘ zu sein hat.

Aristoteles formuliert auch die zentrale Aufgabe, mit der sich diese Wissenschaft zu befassen habe, nämlich erstens die Frage nach dem Grund der Möglichkeit einer Weltordnung zu stellen und zweitens eine Ontologie aufzubauen, die die grundlegenden Individuenbestimmungen formuliert. Damit gibt er schließlich auch die Themen dieser Wissenschaft vor.

Noch Leibniz steht in der Kontinuität dieser Tradition. Er bricht diese — anders als Descartes — nicht ab, sondern reinterpretiert, ‚rehabilitiert‘ — wie Scholz sagen kann —, diese Tradition. An zwei entscheidenden Stellen entwickelt er diese Tradition jedoch weiter:

1. Mit seiner Charakterisierung der Sätze der Metaphysik als Aussagen über Sachverhalte, die in jeder möglichen Welt gelten, kann er nach der Meinung von Scholz erstmals eine systematische Antwort auf die Frage geben, wie die Aristotelische ‚Protometaphysik‘ und die

‚Deuterometaphysik' zusammengehören: Wenn die ‚Deuterometaphysik' als Ontologie die Aufgabe hat, nach denjenigen Bestimmungen zu fragen, die einem Individuum in jeder möglichen Welt zukommen, so formuliert sie damit genau jene Bestimmungen, die in jeder ‚Protometaphysik' immer schon vorausgesetzt sind, und wird so *die* Fundamentalwissenschaft schlechthin.

2. Leibniz sieht die Notwendigkeit einer besonderen formalen Sprache für die Konstituierung einer solchen Ontologie und versucht, diese zu schaffen. Der geniale Verwirklicher dieses Gedankens ist für Scholz Gottlob Frege.

Dieser breite Konsens innerhalb der Metaphysiktradition wird erst von Wolff durch eine Uminterpretation verlassen, wobei sich Kant nun seinerseits auf eben diese Wolffsche Metaphysik in seiner Kritik richtet.

Kant wird dabei für den Metaphysikbegriff der grundlegende Neuerer. Er formuliert sowohl Thema wie Aufgaben wie Definition des Metaphysikbegriffes neu und verneint prinzipiell die Möglichkeit einer formalen Sprache der Metaphysik, einer ‚Mathematisierung der Philosophie'.

3.2. DIE BESTIMMUNG DES METAPHYSIKBEGRIFFES DURCH SCHOLZ GEGENÜBER DER KANTISCHEN KRITIK

Die eingehende Auseinandersetzung sowohl mit der Kritik wie auch mit dem Begriff der Metaphysik, wie er von Kant geprägt wurde, macht den Stellenwert Kants für die Scholzsche Metaphysikkonzeption deutlich.

Bei aller kritischen Auseinandersetzung mit Kant bleibt dieser doch für Scholz die entscheidende Instanz, an der Scholz den eigenen Begriff von Metaphysik zu bewähren sucht. Die Kantische Metaphysik wird so zum Prüfstein für Scholz, es muß deshalb nun gefragt werden, in welchen Bereichen Scholz die Kritik Kants anerkennt und in welchen Bereichen er sie zurückweist.

3.2.1. Zur Möglichkeit der Mathematisierung der Metaphysik

Am deutlichsten und entschiedensten lehnt Scholz Kants These von der Unmöglichkeit einer Mathematisierung der Metaphysik ab. Diese Ablehnung durch Kant ist für Scholz in der unrichtigen Vorannahme begründet, daß die Mathematisierung einer Wissenschaft in der Umwandlung ihrer Urteile in Urteile von synthetisch-apriorischem Charakter bestehe. Diese Vorannahme erweist sich jedoch als ein Mißverständnis des Leibnizschen Mathematisierungsprogrammes, das darauf abzielt, einen axiomatisch-deduktiven Aufbau der betreffenden Wissenschaft durchzuführen. Die Existenz einer Physik als mathematisierter Wissenschaft erweist dabei für Scholz die Richtigkeit der Leibnizschen Position und falsifiziert gleichzeitig die Kantische[356]

3.2.2. Definition, Aufgaben und Themen der Metaphysik

Für eine Metaphysik im engeren Sinne[357] besteht Scholz gegen die Argumente Kants auf der Definition der Metaphysik als ‚Grundlagenforschung'.

Kant meinte, metaphysische Sätze ausschließlich formal als synthetische Urteile a priori, die nicht mathematisch sind, bestimmen zu können. Gegen diesen Versuch zeigt Scholz jedoch in der Analyse und der Kritik dieser Definition, daß diese formale Bestimmung metaphysischer Sätze nicht aufrechterhalten werden kann[358]. Scholz weist mithin für die *Definition* der Metaphysik die Kantische Auffassung und die Kantische Kritik mit Gründen zurück.

Allerdings muß darauf hingewiesen werden, daß diese Zurückweisung nicht von der Eindeutigkeit der Zurückweisung der ersten These ist, denn Scholz kann zumindest den Apriorizitätsbegriff für die Charakterisierung metaphysischer Sätze verwenden. Bei dieser Verwendung wird allerdings nicht klar, ob Scholz — gemäß der von ihm selbst vorgeschlagenen Differenzierung und Präzisierung — an apriorische Urteile erster Ordnung oder an apriorische Urteile zweiter Ordnung denkt.

Wenn nämlich ‚apriorisch' definiert ist als *erfahrungs*transzendent in dem Sinne, daß ein apriorisches Urteil durch Erfahrung weder widerlegt noch bewahrheitet werden kann, weiterhin jedoch davon ausgegangen wird, daß Metaphysik Aussagen über diejenigen Sachverhalte formuliert, die in jeder möglichen Welt gelten, so müßte eine Falsifizierung durch die Erfahrung zumindest denkbar sein, denn was in der wirklichen Welt ungültig ist, kann natürlich nicht in jeder möglichen Welt gültig sein. In diesem Sinne wären metaphysische Sätze apriorische Urteile zweiter Ordnung. Andernfalls müßte in bezug auf den Metaphysikbegriff festgelegt werden, daß keine mögliche Erfahrung je in der Lage sein kann,

---

[356] Vgl. oben S. 114 ff.
[357] Zu der Unterscheidung einer Metaphysik im engeren Sinne (im Text ‚signifikante Metaphysik' genannt) und einer Metaphysik im weiteren Sinne (im Text ‚meditierende Metaphysik' genannt), siehe unten, S. 129 ff.
[358] Vgl. oben, S. 114.

eine metaphysische Aussage zu falsifizieren. Nur unter Voraussetzung dieser Festlegung wären metaphysische Sätze wie die Sätze der Logik und der Mathematik apriorische Urteile erster Ordnung.

Für Scholz' Metaphysikbegriff wäre zu folgern, daß er sowohl apriorische Urteile erster Ordnung wie auch apriorische Urteile zweiter Ordnung zuläßt:

Während im Bereich der ‚Deuterometaphysik‘ (Ontologie) allein apriorische Urteile erster Ordnung anzutreffen wären[359], würden im Bereich der ‚Protometaphysik‘ apriorische Urteile zweiter Ordnung, darüber hinaus jedoch auch aposteriorische Urteile vorkommen.

Gegen Kant bestimmt Scholz auch die *Aufgabe* der Metaphysik im Sinne des Aristoteles und der Tradition als die Suche nach letzterreichbaren Grundursachen für die Existenz der Weltordnung und die Formulierung der grundlegenden Individuenbestimmungen.

Auch hier wird deutlich, daß Scholz die Kantische Forderung nach der strengen Apriorizität metaphysischer Sätze ablehnt, denn in dieser Aufgabenbestimmung werden sogar zumindest zwei Erfahrungsurteile synthetischer Art vorausgesetzt: Einerseits die Prämisse der Ontologie: ‚Es gibt ein Individuum‘, andererseits die Prämisse der ‚Protometaphysik‘: ‚Es gibt eine Weltordnung‘.

Aus diesen Entscheidungen für die Definition und die Aufgabenbestimmung folgt nun schließlich für Scholz, gegen Kant zu den Aristotelischen Themen einer Metaphysik, nämlich den Themen der ‚Weltordnung‘ und der ‚Ontologie‘, zurückzukehren.

Für den Begriff der Metaphysik im engeren Sinne kann demnach zusammenfassend festgestellt werden: Scholz weist Kants Neufassung des Metaphysikbegriffes als nicht hinreichend begründet zurück und nimmt den Aristotelisch-Leibnizschen Metaphysikbegriff wieder auf.

3.2.3. Die Aufnahme zentraler Anliegen Kants durch Scholz

Anders stellt sich die Sachlage jedoch für eine Metaphysik im weiteren Sinne dar. Hier ist Scholz weitaus eher bereit, die Kantischen Überlegungen aufzunehmen. Für diesen Bereich einer „meditierenden Metaphysik", wie Scholz ohne abwertenden Nebensinn sagen kann[360], sind die

---

[359] Freilich nur bis auf den fundamentalen Satz: ‚Es gibt ein Individuum‘.
[360] Vgl. unten, S. 129 ff.

von Wolff und Kant in den Mittelpunkt gerückten Themen vom Dasein Gottes und der Unsterblichkeit der Seele vielmehr von allergrößter Bedeutung. In diesem Bereich der Metaphysik hat auch die Kantische Aufgabenformulierung einer philosophischen Begründung des Glaubens an das Dasein Gottes und die Unsterblichkeit der Seele seinen Ort.

3.3. KRITERIEN DES METAPHYSIKBEGRIFFES

Nachdem Themen, Aufgaben und Definition der Metaphysik, wie sie Scholz im Rückgriff auf und in Auseinandersetzung mit der Tradition entwickelt hat, deutliche Konturen angenommen haben, kann nun versucht werden, im Sinne von Scholz Kriterien für metaphysische Sätze zu formulieren.

Es lassen sich dabei drei Kriteriengruppen unterscheiden, die als die Kriterien der Erfahrungstranszendenz, die Kriterien der Fundamentalität und die Kriterien der sprachlichen Präzision charakterisiert werden können.

3.3.1. *Kriterien der Erfahrungstranszendenz*

3.3.1.1. Grundkriterium

Wenn Sätze Sachverhalte formulieren, die über den Erfahrungshorizont der wirklichen Welt hinausgehen, also nicht nur in der wirklichen Welt gelten, sondern in jeder möglichen Welt, so heißen diese Sätze metaphysische Sätze.

Für einen metaphysischen Satz reicht nicht schon die Erfahrungstranszendenz in dem Sinne aus, daß dieser Satz in der wirklichen Welt und darüber hinausgehend in einer endlichen Anzahl möglicher Welten gültig ist, vielmehr wird die Gültigkeit in *jeder* möglichen Welt gefordert.

3.3.1.2. Zusatzkriterium

Wenn Sätze apriorisch oder erfahrungsunabhängig sind und zwar in dem Sinne, daß es sich hier um Sätze handelt, „... über deren Wahrheit man sich restlos verständigen kann und deren Wahrheit sich gleichwohl auf keine Art durch eine Berufung auf die so genannte Erfahrung sinnvoll begründen läßt ..."[361], so heißen diese Sätze metaphysische Sätze.

---

[361] M. a. s. W., S. 169.

3.3.2. Kriterien der Fundamentalität

3.3.2.1. Grundkriterium

Wenn Sätze sich kohärent zu einem Komplex von Sätzen zusammenfassen lassen und dieser Komplex von Sätzen so beschaffen ist, daß er nicht nur die Sätze, sondern auch die Axiome jeder Einzelwissenschaft fundiert, so heißen diese Sätze metaphysische Sätze.

Die Sätze der Metaphysik sind demgemäß in dem Sinne fundamental, daß ihre Gültigkeit bereits bei der Formulierung der Axiome der Einzelwissenschaften, ja, noch darüber hinausgehend, für jede sinnvolle Kommunikation vorausgesetzt werden muß.

3.3.2.2. Zusatzkriterium

Wenn Sätze entweder letzterreichbare Gründe und Ursachen für die Existenz einer Weltordnung oder die Bestimmung des Individuenbegriffes liefern oder wenn sie sich auf solche Sätze reduzieren lassen, so heißen diese Sätze metaphysische Sätze.

3.3.3. Kriterien der sprachlichen Präzision

3.3.3.1. Grundkriterium

Nur wenn ein vorgegebener Satz wenigstens dem Genauigkeitsgrad der Physik der jeweiligen Zeit entspricht, so ist er ein metaphysischer Satz

3.3.3.2. Zusatzkriterium

Nur wenn ein vorgegebener Komplex von Sätzen in einer ausgearbeiteten formalen Sprache von axiomatisch-deduktiver Struktur vorliegt oder doch wenigstens grundsätzlich in eine solche transformierbar ist, so ist er ein Komplex von metaphysischen Sätzen.

3.3.4. Die Anwendung der Kriterien

Nach diesem Kriterienmodell lassen sich nun kontrollierbare Differenzierungen in der Verwendung des Metaphysikbegriffes vornehmen.

Soll von einer Verwendung des Metaphysikbegriffes in einem signifikanten Sinne geredet werden, so ist zu verlangen, daß alle formulierten Grundkriterien erfüllt sind.

Ist dagegen zumindest eines der Grundkriterien nicht erfüllt, so soll von einer Verwendung des Metaphysikbegriffes in einem weiteren Sinne gesprochen werden. Ist keines der Kriterien, oder aber nur das Kriterium der sprachlichen Präzision erfüllt, so handelt es sich um Sätze, die von metaphysischen Sätzen verschieden sind.

Diese Festsetzung weist darauf hin, daß die dritte der formulierten Kriteriengruppen in gewisser Weise eine Sonderstellung einnimmt, da sie in jedem Fall nur Kriterien im Sinne einer notwendigen, nicht jedoch hinreichenden Bedingung für den Metaphysikbegriff liefert. Diese Sonderstellung wird bereits deutlich in der Fassung des Kriteriums als eines nur ausschließenden Kriteriums: Aus dem nicht-formalen Charakter eines Satzes folgt zwar, daß er kein metaphysischer Satz im signifikanten Sinne sein kann, nicht jedoch folgt aus dem formalen Charakter eines Satzes, daß es sich um einen metaphysischen Satz handeln muß.

Darüber hinaus kann nun noch zwischen verschiedenen Formen einer Metaphysik im signifikanten Sinne differenziert werden.

Werden nämlich die Kriterien 3.3.1.1. (Grundkriterium der Erfahrungstranszendenz), 3.3.2.1. und 3.3.2.2. (Grundkriterium und Zusatzkriterium der Fundamentalität), 3.3.3.1. (Grundkriterium der sprachlichen Präzision) erfüllt, so handelt es sich um einen signifikanten Gebrauch des Metaphysikbegriffes im Aristotelischen Sinn.

Sind dagegen sämtliche aufgeführten Kriterien erfüllt, so handelt es sich um einen signifikanten Gebrauch des Metaphysikbegriffs im Leibnizschen Sinne. Versucht man nun die Kantische Metaphysik an diesem Kriterienmodell zu prüfen, so ist festzustellen, daß diese nur das Kriterium 3.3.1.1. (Grundkriterium der Erfahrungstranszendenz) erfüllt, während alle anderen Kriterien nicht erfüllt werden.

Die Kantische Metaphysik kann also unter Voraussetzung der Begriffspräzisierung von Scholz lediglich als eine Metaphysik im weiteren Sinne angesehen werden.

4. DIE ZWEI FORMEN DER METAPHYSIK IM DENKEN VON HEINRICH SCHOLZ

4.1. SCHOLZ' DIFFERENZIERUNG DES METAPHYSIKBEGRIFFS

Mit dem oben vorgelegten Kriterienmodell, das aus den Arbeiten von Scholz rekonstruiert wurde und das eine abgestufte Verwendung des Metaphysikbegriffes zuläßt, kann nun auch entschieden werden, inwieweit der Scholzsche Entwurf in einem signifikanten Sinne als eine Metaphysik bezeichnet werden kann.

Hier kann jedoch nicht sofort eine bündige Antwort geliefert werden, vielmehr verhält es sich so, daß Scholz in seinem Konzept von Philosophie sowohl eine Metaphysik im signifikanten Sinne wie auch eine Metaphysik im weiteren Sinne zuläßt.

Einerseits kann Scholz den Begriff der Metaphysik geradezu exklusiv als Bezeichnung der neuen exakten Grundlagenforschung in Anspruch nehmen, denn gerade diese neue Grundlagenforschung nimmt nach der Meinung von Scholz diejenigen Probleme auf, die auch die Probleme der Metaphysik von Aristoteles bis Leibniz waren. Scholz kann in diesem Zusammenhang betonen, daß die neue „... Grundlagenforschung in einem signifikanten Sinne auch *Metaphysik* heißen könnte."[362] Auch für die Theorie der Identität und Verschiedenheit, die in „Metaphysik als strenge Wissenschaft" entfaltet wird, kann Scholz beanspruchen: „... die Sätze, die dieser Theorie angehören, [können] in einem wohlbestimmten signifikanten Sinne als metaphysische Wahrheiten interpretiert werden ..."[363].

Andererseits verwendet Scholz den Ausdruck ‚Metaphysik' jedoch auch durchaus in einem scheinbar ungenaueren, eher dem gewöhnlichen Wortgebrauch entsprechenden Sinn, wenn er die intersubjektive Unüberprüfbarkeit bestimmter Sätze zum Ausdruck bringen will. So kann

---

[362] Scholz, H.: „Was ist Philosophie? ...", hier zitiert nach M. U., S. 362.
[363] M. a. s. W., S. 11.

Scholz im Rahmen der Frage, wie die Wendung „es gibt" für das Prinzip der kleinsten Zahl[364] zu interpretieren ist, fragen: „Was bedeutet ‚es gibt' in diesem Falle? Ein Platoniker oder Leibnizianer wird sagen: ‚Es gibt einen absoluten Geist, der an unserer Stelle imstande ist, diese kleinste Zahl in jedem Falle anzugeben'."[365] Zu dieser Antwort kann Scholz nun feststellen:

„Hierzu kann niemand gezwungen werden; denn dies ist auf eine unwidersprechliche Art ein Einbruch der Metaphysik in die Mathematik."[366]

Offensichtlich kann diese zweite Art der Verwendung des Metaphysikbegriffes, wie aus diesen Ausführungen von Scholz zu erschließen ist, nicht ohne weiteres mit der ersten Verwendungsweise in Übereinstimmung gebracht werden.

Es wäre möglich anzunehmen, daß es sich hier nur um eine ungenaue Verwendung des Metaphysikbegriffes handelt, oder es wäre zu erwägen, ob diese zweite Verwendung des Metaphysikbegriffes lediglich als ein Zugeständnis an das Publikum zu bewerten ist. Schließlich könnte vermutet werden, daß Scholz mit zwei konkurrierenden Begriffen von Metaphysik arbeitet, mithin seine Gesamtkonzeption von Metaphysik letztlich inkohärent sei. Gegen diese möglichen Vermutungen kann jedoch gezeigt werden, daß Scholz ganz bewußt mit einem weiteren und einem engeren Begriff von Metaphysik arbeitet.

Über den Grund und das Interesse für seine Zweiteilung des Metaphysikbegriffs spricht sich Scholz in einer Entgegnung auf einen Einwand aus, der gegenüber seiner Konzeption einer Metaphysik als strenge Wissenschaft geltend gemacht wurde. Dieser Einwand erinnert daran, „... daß eine Metaphysik im Sinn unserer Logikkalküle gar keinen Bezug nimmt auf die mit Recht so genannten letzten Dinge."[367]

Scholz nimmt diesen Einwand sehr ernst und antwortet:

„Dies ist unwidersprechlich wahr ..., wenn man sich auf die Wahrheiten beschränkt, die einer solchen Metaphysik *per definitionem* angehören .... Ich würde diese Kritik für berechtigt halten, wenn ich meinen Vorschlag so formuliert hätte,

---

[364] Das Prinzip der kleinsten Zahl lautet: „Wenn eine zahlentheoretische Eigenschaft überhaupt einer natürlichen Zahl zukommt, so gibt es eine kleinste natürliche Zahl, der sie zukommt." (M. U., S. 72)
[365] Scholz, H.: „Der Anselmische Gottesbeweis", hier zitiert nach M. U., S. 72.
[366] ebda.
[367] Scholz, H.: „Logik, Grammatik, Metaphysik", hier zitiert nach M. U., S. 430.

daß der mir vorschwebende Begriff der Metaphysik keinen anderen neben sich duldet. Dies ist mir nie in den Sinn gekommen. Im Gegenteil! Ich würde es ungemein bedauern, wenn die ganz andere Art von Metaphysik verschwände, die die letzten Dinge meditierend umkreist."[368]

Scholz hebt diesen Typus einer meditierenden Metaphysik scharf von einem Typus der signifikanten Metaphysik ab, wenn er feststellt, daß es sich hier um zwei „heterogene Gebiete"[369] handelt, deren Grenzen auf keinen Fall verwischt werden dürfen. Er unterstreicht deshalb: „Die Metaphysik, die in unseren Logikkalkülen enthalten ist, ist eine strenge Wissenschaft. ... Die Metaphysik, die die letzten Dinge umkreist, ist eine Folge von persönlichen Meditationen."[370]

Diese genaue Unterscheidung der beiden Gebiete oder Formen der Metaphysik darf jedoch im Sinne von Scholz auf keinen Fall als ein Werturteil mißverstanden werden, das den einen Typus der Metaphysik vor dem anderen bevorzugt, denn für Scholz steht fest, daß auch eine meditierende Metaphysik „... profund im erleuchtendsten Sinne des Wortes ..."[371] sein kann. Scholz selber stellt fest, daß auch er „... der meditierenden Metaphysik nicht ganz fern steh[t] ..."[372].

Scholz hat also nicht das Interesse, die Gültigkeit der Verwendung des Metaphysikbegriffes auf den Fall zu beschränken, in dem — gemäß dem vorgeschlagenen Kriterienmodell — *alle* Grundkriterien erfüllt sind, er ist durchaus bereit zuzugestehen, ja, er hat, wie gezeigt werden kann, ein explizites Interesse daran, daß es auch sinnvoll ist, von einer Metaphysik im weiteren Sinne zu reden. Der Grund für dieses Interesse ist jedoch nicht in einer unbestimmten Sympathie für persönliche Meditationen zu sehen, sondern die Differenzierung des Metaphysikbegriffes stellt für Scholz eine systematische Notwendigkeit dar, die die Kohärenz der Scholzschen Metaphysikkonzeption garantiert[373].

---

[368] ebda.
[369] ebda.
[370] Scholz, H.: „Logik, Grammatik, Metaphysik", hier zitiert nach M. U., S. 430 f.
[371] Scholz, H.: „Logik, Grammatik, Metaphysik", hier zitiert nach M. U., S. 431.
[372] Scholz, H.: „Logik, Grammatik, Metaphysik", hier zitiert nach M. U., S. 431.
[373] Auf die von Scholz vorgenommene Zweiteilung des Metaphysikbegriffes weist auch Luthe hin, analysiert das Verhältnis jedoch nicht näher, da sein Interesse in erster Linie der „Religionsphilosophie" gilt.
   Obwohl Luthe — Scholz referierend — betont: „Die beiden Gestalten der Metaphysik, der Metaphysik als strenger Wissenschaft und der meditierenden Metaphysik, dürfen nicht auseinandergerissen werden ..." (Luthe, H., a. a. O.,

Wenn tatsächlich diese meditierende Metaphysik in dem Gesamtkonzept von Metaphysik bei Scholz eine so entscheidende Rolle spielt, muß nun weitergefragt werden, wie Scholz die beiden Formen seiner Metaphysik zueinander in Beziehung setzt.

4.2. DAS VERHÄLTNIS VON SIGNIFIKANTER UND MEDITIERENDER METAPHYSIK

Im folgenden soll nun untersucht werden, wie Scholz *erstens* diese beiden Formen der Metaphysik gegeneinander abhebt und wie er sie in ihrem Verhältnis zueinander bestimmt, und wie er die beiden Formen der Metaphysik *zweitens* innerhalb seiner Philosophie integriert.

4.2.1. Die Unterscheidung der zwei Formen der Metaphysik durch Scholz

Für Scholz existiert eine fundamentale Unterscheidung, die alles Philosophieren durchzieht, er kann deshalb von zwei „Hauptgestalten des Philosophierens"[374] sprechen, die sich, durch ihre charakteristische Fragerichtung und durch ihr je besonderes Interesse begründet, gegenüberstehen.

Scholz bestimmt diese beiden Formen des Philosophierens einerseits als die *transzendentalphilosophische*, andererseits als die *realphilosophische* Gestalt des Philosophierens. Diese Begriffe prägt Scholz bewußt gegen ihre seit Kant üblich gewordene Verwendung neu. Transzendentalphilosophisches Philosophieren kann für Scholz gekennzeichnet werden als

---

S. 155), stellt er doch eher das diastatische Verhältnis dieser beiden Metaphysikbegriffe heraus, wenn er feststellt: „Diese neue Metaphysik (sc. Metaphysik als strenge Wissenschaft) muß ... den größten Teil der traditionellen Metaphysik ausklammern..." (ebda). Die meditierende Metaphysik, die Luthe mit der traditionellen Metaphysik gleichsetzt, hingegen ist, weil sie subjektgebunden ist, „... weder eine *strenge* Wissenschaft noch überhaupt eine Wissenschaft." (ebda)

Daß Luthe diese beiden Charakterisierungen als eine Abwertung der meditierenden Metaphysik interpretiert, wird in seiner kurzen Kritik „... dieser Aufteilung der Philosophie ..." (Luthe, H., a. a. O., S. 157) deutlich. Hier schreibt er: „Aber eine kurze Bewertung zu den von *Scholz* postulierten zwei Gestalten der Metaphysik — Metaphysik ‚als strenge Wissenschaft' und Metaphysik als ‚eine Folge von persönlichen Meditationen' — sei doch gestattet. *Scholz* reißt hier einen Gegensatz auf, der, von der Geschichte der Philosophie her gesehen, nicht zu halten ist." (ebda.)

[374] M. a. s. W., S. 155. Im Original hervorgehoben.

die „... Auseinandersetzung des menschlichen Geistes mit der Gesamtheit der möglichen Welten ..."[375]. Demgegenüber konzentriert sich das realphilosophische Philosophieren auf eine Auseinandersetzung mit der wirklichen Welt, so daß Scholz sagen kann: „... das Philosophieren in dieser Gestalt läßt die möglichen Welten auf sich beruhen, es konzentriert sich auf die wirkliche Welt."[376]

Auch diese ‚Neuerung' gegenüber Kant im Gebrauch des Begriffes ‚transzendental' ist für Scholz jedoch tatsächlich eine Rückkehr zu einem ‚signifikanten' Gebrauch des Begriffes, während er mit Hinblick auf den Begriffsgebrauch von Kant betonen kann: „Der Kantische Sinn des Wortes ist nicht signifikant."[377]

Diese beiden Gestalten des Philosophierens sind für Scholz nun jedoch nicht nur in bezug auf ihr Interesse unterschieden, sondern ebenso in ihrem Stil und ihrer Form. So ist die Transzendentalphilosophie als Forschung[378] zu charakterisieren, sie ist außerdem ein Unternehmen, das mathematisierbar ist. Demgegenüber ist die Realphilosophie in ihren Ergebnissen grundsätzlich mit der Perspektive des philosophierenden Subjekts verknüpft. Diese Subjektabhängigkeit kann nach der Meinung von Scholz in der Realphilosophie sogar so weit hervortreten, daß diese den Charakter von Verkündigung annimmt. Beispiele für diesen extremen Typus einer Realphilosophie sind Scholz Nietzsche, aber auch Kant. Scholz bemerkt dazu: „Die schönsten und monumentalsten Stücke der Kantischen Ethik sind ein großartiges Probestück einer solchen Verkündigung."[379]

Zusammenfassend kann so für diese beiden Gestalten des Philosophierens gesagt werden: Während das transzendentalphilosophische Philosophieren den Charakter von Wissenschaft hat, ist allen Formen realphilosophischen Philosophierens „... etwas zugeeignet von der Art einer Konfession."[380]

---

[375] M. a. s. W., S. 156. Im Original hervorgehoben.
[376] M. a. s. W., S. 157.
[377] M. a. s. W., S. 156.
[378] Vgl. M. a. s. W., S. 158, während das realphilosophische Philosophieren „... aus dem Bereich des Forschens ganz herausrücken [kann] ...".
[379] M. a. s. W., S. 158.
[380] M. a. s. W., S. 161.
Was die Wurzeln dieser Zweiteilung des Philosophierens betrifft, sei darauf verwiesen, daß auch der philosophische Lehrer von Scholz, A. Riehl, eine Diffe-

Diese fundamentale Aufteilung des Philosophierens kehrt für Scholz nun auch für den Bereich der Metaphysik wieder. Auch hier gilt die Grundunterscheidung von transzendentalphilosophischer Metaphysik und realphilosophischer Metaphysik. Scholz demonstriert diese Unterscheidung, indem er implizit an seine Interpretation der „Metaphysik" des Aristoteles anknüpft; Scholz arbeitete dort die Hauptthemen der ‚Proto'- und der ‚Deuterometaphysik' heraus und bestimmte sie als die Frage nach dem Grund der Existenz der Weltordnung und die Frage nach der Ontologie[381].

Dies sind für Scholz in erster Näherung nun auch die grundlegenden Gestalten der beiden Typen der Metaphysik. Von hier wird verständlich, daß es für Scholz nicht nur eine transzendentalphilosophische Metaphysik, d. h. eine Metaphysik, die sich mit der Gesamtheit der möglichen Welten befaßt, sondern auch — und zwar seit Beginn einer Geschichte der Metaphysik — eine realphilosophische Metaphysik, die sich auf die wirkliche Welt bezieht, gibt.

Auch hier gilt jedoch, daß diese beiden Gestalten der Metaphysik sich deutlich voneinander abheben lassen. So ist die transzendentalphilosophische Metaphysik „... vom Rang einer strengen Wissenschaft

---

renzierung vornimmt, die derjenigen von Scholz nicht unähnlich ist. Vgl. Riehl, A.: „Zur Einführung in die Philosophie der Gegenwart", Leipzig 1908³. Hier unterscheidet Riehl zwischen einer wissenschaftlichen Philosophie und einer Philosophie, die am Begriff der Kunst orientiert ist. Während Riehl feststellt: „Die Zukunft der wissenschaftlichen Philosophie ist die Erhebung der Wissenschaft zur Philosophie." (S. 263), läßt er diesem programmatisch gemeinten Satz doch die Erklärung folgen, daß die wissenschaftliche Philosophie nicht *die* Philosophie ist. Riehl schreibt: „Unsere Ausführungen haben gezeigt, daß unter Philosophie im ganzen Verlauf ihrer Geschichte niemals nur eine Wissenschaft allein verstanden worden ist; ... Auch das vollendet gedachte System des Wissens würde nirgends auf die ‚Werte' des geistigen Lebens treffen können. ... Wissenschaft und wissenschaftliche Philosophie können die Kunst nicht ersetzen, — auch nicht die philosophische Kunst der Geistesführung .." (S. 266) Auch für Riehl gibt es eine „... andere [...] Philosophie, welche nicht selbst Wissenschaft ist, obschon sie diese voraussetzt und zur Basis nimmt ..." (ebda).

Die Analyse des Philosophiebegriffs der Scholzschen „Religionsphilosophie" durch Mahlmann (vgl. Anm. 30) arbeitet besonders deutlich heraus, daß die „Religionsphilosophie" offensichtlich eine Bindegliedfunktion zwischen dem Riehlschen Philosophiebegriff und dem Metaphysikbegriff in M. a. s. W. einnimmt.

[381] Siehe oben, S. 87 ff.

..."³⁸¹ᵃ, sie gilt Scholz „... als Inbegriff der exakten Bemühungen um die allgemeingültigen Aussagen, also um den Bereich der möglichen Welten ..."³⁸², auch sie hat mithin den Charakter von intersubjektiv überprüfbarer Forschung. Sie stellt nach der Meinung von Scholz die Realisation des Programmes einer Aristotelischen Ontologie dar.

Dieser Gestalt der Metaphysik stehen für Scholz jedoch vor allem zwei große Traditionen einer realphilosophischen Metaphysik gegenüber. Er bezeichnet sie als die Metaphysik der Natur und die Metaphysik des Geistes.

Der Arbeitsbereich einer realphilosophischen Metaphysik der Natur ist dabei abgesteckt durch die Themen und Fragen der Aristotelischen ‚Protometaphysik': Es geht hier um die Erforschung der Grundlagen der wirklichen Welt, um die Suche nach einem Grundgesetz der Weltordnung. Scholz betont, daß auch Kant diese Frage letztlich stellt, wenn er die Möglichkeitsfrage an die theoretische Physik formuliert — wenn auch unter Voraussetzung der „ptolemäischen"³⁸³ Wende in der Philosophie.

Auch wenn Kant selbst dieses Problem als ein Problem der „*transcendentalen* Logik"³⁸⁴ bezeichnet, so steht es für Scholz doch außer Frage, daß es weitaus zutreffender wäre, hier von einer nicht-aristotelischen realphilosophischen *Metaphysik* zu sprechen³⁸⁵.

Die zweite bedeutsame realphilosophische Metaphysiktradition kennzeichnet Scholz als eine Metaphysik des Geistes. Die Kernfrage dieser Metaphysik lautet: „... woher wissen wir überhaupt, daß eine Aussage gültig ist in jeder möglichen Welt?"³⁸⁶ oder, anders formu-

---

[381a] M. a. s. W., S. 11. Im Original hervorgehoben.
[382] M. a. s. W., S. 173.
[383] Scholz weist darauf hin, daß die sogenannte ‚kopernikanische' Standpunktverschiebung in der Philosophie zutreffender als eine ‚ptolemäische' Standpunktverschiebung beschrieben wäre. Vgl. Kant, S. 48.
[384] M. a. s. W., S. 167.
[385] ebda schreibt Scholz: Es „... wird gesagt werden dürfen, daß es zu bedauern ist, daß *Kant* seine Möglichkeitsfrage als die Kernfrage der von ihm so genannten *transcendentalen* Logik bezeichnet hat und nicht als eine metaphysische Frage. Er würde dann der Metaphysik im Aristotelischen Sinne eine neue Metaphysik *im nicht-Aristotelischen Sinne* gegenübergestellt haben. Und das unglückliche Wort ‚transcendental' würde ganz ausgefallen sein."
[386] M. a. s. W., S. 169. Im Original gesperrt.

Die zwei Formen der Metaphysik im Denken von Heinrich Scholz   133

liert, wie ist die „... Verständigung über die analytischen Sätze möglich?"[387]

Scholz betont, daß diese Frage nicht mehr mit Wissen zu beantworten sei, denn sie kann entweder überhaupt nicht beantwortet werden, oder nur in der Form eines „persönlichen Glaubens"[388], zu dem man sich zu *bekennen* hat.

Will man nun die Unterschiede der realphilosophischen und der transzendentalphilosophischen Metaphysik zusammenfassen, so ergibt sich ein ähnliches Bild, wie es sich bereits bezüglich des Philosophierens im allgemeinen zeigte: Die transzendentalphilosophische Metaphysik kann mit Scholz mit der Metaphysik im signifikanten Sinne des Wortes identifiziert werden, sie ist von formaler, axiomatisch-deduktiver Struktur und genügt den Anforderungen, die an eine strenge Wissenschaft zu stellen sind.

Die realphilosophische Metaphysik dagegen ist immer mit der Person des Philosophen verknüpft, sie ist in letzter Konsequenz ‚Konfession', was in der Scholzschen Darstellung einer Philosophie des Geistes besonders klar zum Ausdruck kommt. Die realphilosophische Metaphysik wäre deshalb mit dem weiteren Gebrauch des Metaphysikbegriffes, wie er in dem Kriterienmodell intendiert ist, zu identifizieren. Sie ist die Form der Metaphysik, die Scholz auch als meditierende Metaphysik bezeichnen kann[389].

---

[387] M. a. s. W., S. 171. ‚Analytisch' heißen für Scholz die allgemeingültigen Aussagen, vgl. M. a. s. W., S. 170.
[388] M. a. s. W., S. 171.
[389] Ich halte es nicht für korrekt, von einem *dreifachen* Philosophiebegriff bei Scholz zu sprechen, wie dies Luthe im Anschluß an Wernick tut:
Luthe schreibt: „*Scholz* kennt also am Ende seiner wissenschaftlichen Entwicklung mehrere Philosophiebegriffe: (1) die Philosophie als *exakte Grundlagenforschung* ... (2) die *Realphilosophie*, die sich den Problemfeldern zuwendet, die das Leben bringt, ... (3) die *Philosophie der Verkündigung*, des Bekenntnisses ..." (Luthe, H., a. a. O., S. 156 f).
Ich meine dagegen, M. a. s. W. so interpretieren zu müssen, daß Scholz von *zwei* Gestalten des Philosophierens (nicht von zwei Philosophiebegriffen) ausgeht.
Die *erste* Gestalt hat zum *Inhalt* die Erforschung der Gesamtheit der möglichen Welten und die *Form* einer strengen Wissenschaft.
Die *zweite* Gestalt hat zum *Inhalt* die wirkliche Welt und die *Form* einer subjektgebundenen Position, die im Extremfall zur Verkündigung werden kann (vgl. vor allem M. a. s. W., S. 158 f).
Die ‚Philosophie der Verkündigung' ist mithin eine Form der zweiten Gestalt des Philosophierens. Auf diese Interpretation der *zwei* Gestalten des Philosophie-

4.2.2. Die Integration von signifikanter und meditierender Metaphysik durch Scholz

Nachdem dargestellt wurde, wie die beiden Formen der Metaphysik von Scholz gegeneinander abgegrenzt werden, ist nun der Zusammenhang von signifikanter und meditierender Metaphysik zu bestimmen.

Wie schon angedeutet, geht Scholz nicht den Weg, die Transzendentalphilosophie als solche und auch nicht die transzendentalphilosophische Gestalt der Metaphysik exklusiv mit *der* Metaphysik zu identifizieren. Er besteht, wenn man die Begriffe des vorgeschlagenen Kriterienmodelles verwendet, nicht darauf, daß eine Aussage dann und nur dann metaphysisch heißt, wenn alle angegebenen Grundkriterien erfüllt sind.

Scholz ist vielmehr an einer abgestuften Verwendung des Metaphysikbegriffes interessiert, die auch die nicht-formalen, realphilosophischen Überlegungen in einen umfassenden Metaphysikbegriff miteinbezieht.

Diese Entscheidung von Scholz hat wesentlich zwei Gründe: Der erste ist historischer Natur. Scholz muß akzeptieren, *daß* es innerhalb der abendländischen Metaphysik von Beginn an die Frage nach den Grundlagen der Wirklichkeitswissenschaften im Sinne einer Axiomenforschung und Wissenschaftstheorie gegeben hat. Diese Form einer Metaphysik, die sich als auf die wirkliche Welt bezogene Grundlagenforschung versteht, kann Scholz gerade wegen seiner historisch-systematisch orientierten Begriffsbestimmung nicht aus dem Metaphysikbegriff ausschließen, ohne historisch unkorrekt zu werden. Im Gegenteil versucht Scholz gerade diesen Sachverhalt in mehreren Spezialarbeiten besonders zu beleuchten[390]. Außerdem ist es gerade dieser historisch erhebbare Sachverhalt, der zumindest einer der Rechtsgründe für Scholz' Einspruch gegen Kant ist, insofern dieser an die Metaphysik die Forderung strenger Apriorität stellt.

Der zweite Grund ist systematischer Natur und von fundamentaler Bedeutung für das gesamte Metaphysikkonzept von Scholz.

Es wurde gezeigt, daß die transzendentalphilosophische, d. h. die signifikante Metaphysik dadurch charakterisiert ist, daß sie Aussagen über Sachverhalte formuliert, die in jeder möglichen Welt gültig sind.

---

rens wird hier deswegen Wert gelegt, weil erst von hier die *Zuordnung* von signifikanter und meditierender Metaphysik deutlich wird.

[390] Dies geschieht z. B. detailliert in der Arbeit „Die Axiomatik der Alten", in: M. U., S. 27—44.

Diese Charakterisierung ist jedoch sowohl der Begründung wie der Präzisierung bedürftig.

Der Präzisierung bedarf sie, weil, wie Scholz bemerkt, „... wir ein generelles Kriterium dafür, wann eine Aussage eine Eigenschaft jeder möglichen Welt ausspricht, auch nicht in erster Näherung besitzen."[391] Der Begründung bedarf sie, weil allein das Faktum der möglichen Verständigung über die ‚analytischen' Sätze[392] die Frage aufwirft, was man annehmen muß, damit dieses Faktum, für welches „... die schöne Leibnizische Redeweise von der prästabilierten Harmonie ein unübertrefflicher Ausdruck ist ..."[393], begründbar wird.

Auch für die Metaphysik in der Gestalt einer strengen Wissenschaft gilt, das macht die Forderung nach Präzisierung und Begründung deutlich, daß sie nicht voraussetzungslose Wissenschaft ist. Im Gegenteil, gerade auf Grund ihrer axiomatisch-deduktiven Struktur können mit den verwendeten Axiomen diese Voraussetzungen präzise angegeben werden.

Nun ist es aber gerade für eine metaphysische Fragerichtung charakteristisch, daß sie nach *letzterreichbaren* Ursachen und Begründungen fragt, sie kann deshalb aus der ihr eigenen Dynamik heraus gar nicht umhin, schließlich auch nach Gründen für die Wahrheit der vorausgesetzten Axiome zu fragen.

Scholz ist sich jedoch bewußt, daß die signifikante Metaphysik selbst weder die geforderte Präzisierung noch die geforderte Begründung liefern kann, denn die Frage nach der Wahrheit der vorausgesetzten Axiome der ‚transzendentalphilosophischen' Metaphysik transzendiert ihrerseits den Rahmen einer Metaphysik als strenger Wissenschaft.

Für die Auflösung dieses Problems gäbe es zwar die Möglichkeit, diese über die Grenzen der signifikanten Metaphysik hinausgehenden Fragen zu ignorieren. Diese ‚Lösung' des Problems würde jedoch eine Haltung implizieren, die in Widerspruch zu der Grundhaltung metaphysischen Fragens gerät, denn es würde dann faktisch an einem willkürlich bestimmten Punkt ein Denk- und Frageverbot aufgerichtet.

---

[391] Hauptgestalten der Logik, S. 63.
[392] Dieses Faktum setzt Scholz voraus. Vgl. M. a. s. W., S. 170 f.
[393] M. a. s. W., S. 170.

Aber auch eine zweite Lösungsmöglichkeit, die darin bestünde, die Wahrheitsfrage dergestalt zu entschärfen, daß man die benutzten Axiome zu Konventionen erklärt, scheidet für Scholz aus[394].

Als einzig gangbarer Weg zur Beantwortung dieser Grundfrage bleibt Scholz deswegen der Schritt von der signifikanten zur meditierenden Metaphysik. Allein dieser Typus der Metaphysik ist für Scholz geeignet, die Grundfrage nach der Wahrheit der Axiome einer Metaphysik, die als strenge Wissenschaft aufgebaut ist, zu beantworten. Damit wird jedoch die meditierende Metaphysik diejenige Form der Metaphysik, die letztlich fundamental ist und somit unverzichtbar für Scholz' umfassende Metaphysikkonzeption.

Freilich ist diese Antwort, die eine meditierende Metaphysik zu geben vermag, mit all den Charakteristika ‚belastet', die einer realphilosophischen Metaphysik zukommen. Dieser Sachverhalt bedeutet, daß die letzte Frage, die an eine ‚Metaphysik als strenge Wissenschaft' gestellt werden muß, nicht mehr selbst in der Form strenger Wissenschaft beantwortet werden kann. Vielmehr muß der besondere Charakter dieser Antwort scharf von einer signifikanten Metaphysik abgegrenzt werden. Scholz ist sich dieser Notwendigkeit völlig bewußt, wenn er schreibt:

„Wie ist diese wunderbare Verständigung über die analytischen Sätze möglich? Wir *wissen* es nicht. Wenn wir ehrlich sind, ist dies die einzig zulässige Antwort. Folglich werden wir hier abbrechen, oder es wird uns erlaubt sein müssen, an dieser Stelle etwas zu sagen, was uns noch einmal in einem sehr schönen Sinne an Leibniz heranrückt."[395]

Scholz führt nun im Anschluß an diese Fragestellung seine Gedanken zu einer Theorie der Illumination aus.

Diese Überlegungen von Scholz zeigen, daß er keinen Zweifel darüber aufkommen lassen will, daß sich die Antworten einer meditierenden Metaphysik kategorial von den Antworten einer signifikanten Metaphysik unterscheiden, hier handelt es sich nicht mehr um *Wissen*, welches intersubjektiv überprüfbar ist und weitergegeben werden kann. Vielmehr verhält es sich so, daß jeder Versuch einer Fundierung der transzendentalphilosophischen Metaphysik, der für sich in Anspruch nimmt, Wissen zu vermitteln, von Scholz als unredlich abgelehnt würde, denn jeder Versuch mit diesem Anspruch würde nach der Meinung von

---

[394] Vgl. Scholz, H.: „Logik, Grammatik, Metaphysik", hier zitiert nach M. U., S. 435.
[395] M. a. s. W., S. 171. Erste Hervorhebung (‚wissen') von mir.

Scholz lediglich ein Pseudowissen vorspiegeln oder wäre sich über die eigenen Voraussetzungen nicht im klaren.

Aus dieser klaren Feststellung, daß in diesem Zusammenhang kein Wissen im strengen Sinne des Wortes zu erreichen ist, folgt für Scholz nun jedoch nicht, daß er sich zu dieser letzten Grundfrage der Fundierung einer Metaphysik als strenger Wissenschaft nicht mehr äußern dürfe, im Gegenteil, auch zu dieser Frage gibt Scholz, der von sich selbst sagen kann: „Man glaube nicht, daß ich zu denen gehöre, die das wissenschaftlich Erfaßbare für das Maß aller Dinge halten ..."[396], eine klare Stellungnahme ab. Allerdings ist es ihm Verpflichtung zu betonen, daß diese letzten Antworten kategorial verschieden von den Aussagen der signifikanten Metaphysik sind.

Scholz hatte das realphilosophische Philosophieren als ein Philosophieren gekennzeichnet, das immer mit einer Art von Konfession verbunden ist. Es ist nun genau der Begriff des Bekenntnisses, der es Scholz ermöglicht, einerseits die für einen Metaphysiker notwendigen letzterreichbaren Antworten zu formulieren, andererseits jedoch deutlich zu betonen, daß diese Antworten nicht im Modus der Wissenschaften gegeben werden können.

Scholz beantwortet die formulierte Frage, woher wir wissen, daß ein Satz gültig ist in jeder möglichen Welt, deshalb mit einem *Bekenntnis,* das „... Ausdruck eines persönlichen Glaubens ..."[397] ist. Konkret bekennt sich Scholz hier zu der Augustinisch-Leibnizschen Illuminationslehre als derjenigen Lehre einer meditierenden Metaphysik, die die gestellte Frage für ihn am überzeugendsten beantworten kann[398].

Die Formulierung dieses Bekenntnisses bedeutet für Scholz jedoch nicht die völlige Unbefragbarkeit des Inhaltes. So kann Scholz sehr wohl sein Bekenntnis zur Illuminationslehre mit Gründen — beispielsweise gegen den Konventionalismus — verteidigen. Auch für den Inhalt dieses von Scholz so bezeichneten persönlichen Glaubens können bestimmte logische Grundforderungen formuliert werden.

Deshalb bedeutet für Scholz die Subjektivität des Bekenntnisses nicht dessen Beliebigkeit, vielmehr besteht die Besonderheit dieses *Glaubens* darin, eine *mögliche* Lösung des Problems zu liefern.

---

[396] Scholz, H.: „Logik, Grammatik, Metaphysik", hier zitiert nach M. U., S. 431.
[397] M. a. s. W., S. 171.
[398] Besonders klar äußert sich Scholz zur Berechtigung der Illuminationslehre in „Der Gottesgedanke in der Mathematik", hier zitiert nach M. U., S. 309.

Während so die Sätze einer signifikanten Metaphysik den Charakter der Notwendigkeit besitzen, würde für die Sätze einer meditierenden Metaphysik lediglich die Nicht-Unmöglichkeit gefordert werden müssen. Auch hier, wo es um das heikle Thema der Subjektivität und des Bekenntnisses geht, ist Scholz nicht bereit, auf logische Minimalforderungen zu verzichten[399].

Der Begriff des Bekenntnisses wird so gleichsam zum Schlußstein im Gebäude der Scholzschen Metaphysik. Er ist es, der die Verknüpfung der Metaphysik als strenger Wissenschaft mit einer meditierenden Metaphysik herstellt.

Im Begriff des Bekenntnisses zu einem persönlichen Glauben wird zudem greifbar, wie *beide* Formen der Metaphysik für Scholz unverzichtbar sind, weil sie sich wechselseitig bedingen. Ist einerseits die Metaphysik als strenge Wissenschaft auf die meditierende Metaphysik bei der Frage nach der Wahrheit ihrer Axiome angewiesen, so ist andererseits die meditierende Metaphysik in dem Augenblick auf die Sätze einer signifikanten Metaphysik angewiesen, wenn sie die *Inhalte* eines persönlichen Glaubens darzustellen und dessen Nicht-Unmöglichkeit zu erweisen sucht. Der Denkweg von Scholz führt so mit der Frage nach dem Metaphysikbegriff und im metaphysischen Fragen nach letzterreichbaren Gründen in einen Klärungsprozeß, der mit Recht als eine Tieferlegung der Fundamente der Metaphysik bezeichnet werden kann. Zwar führt dieser Weg Scholz nicht zur theologischen Wissenschaft und zu einer theologischen Fakultät, wohl aber zu theologischen Sätzen zurück.

Freilich nicht zu theologischen Sätzen, die vorgeben, objektives Wissen vermitteln zu können, sondern zu theologischen Sätzen, für die lediglich beansprucht wird, daß sie wenigstens nicht unmöglich sind. Ausgezeichnet werden diese Sätze aus der Menge der möglichen Sätze jedoch erst durch das persönliche Bekenntnis.

Die Zuordnung der zwei Gestalten der Metaphysik erweist sich so als genau durchdacht und stellt so weit mehr dar, als die zufällige Aneinanderreihung zweier unterschiedlicher Metaphysikbegriffe. Scholz zieht mit diesem Konzept von Metaphysik vielmehr die

---

[399] Dies scheint mir ein deutlicher Beleg dafür, daß Scholz auch an dieser Stelle das Programm der ‚fides quaerens intellectum' nicht opfert, sondern verstärkt.

philosophischen Konsequenzen aus den grundlegenden Arbeiten von Kurt Gödel[400].

Gödel hatte gezeigt, daß die Widerspruchsfreiheit, und das bedeutet die Verwendbarkeit eines formalen Systems ‚S', nicht mit den Mitteln, die ‚S' zur Verfügung stellt, bewiesen werden kann. Für diesen Beweis ist ein reicheres formales System notwendig. Nun müßte aber wiederum für dieses reichere System die Widerspruchsfreiheit nachgewiesen werden, bevor man es einsetzen kann, um die Widerspruchsfreiheit von ‚S' zu beweisen, was deutlich macht, daß der Versuch einer Lösung dieses Problems in einer ‚regressus ad infinitum' führen würde.

Wenn diese Einsicht jedoch stimmt, so muß die philosophische Konsequenz gezogen werden, die Stegmüller später einmal mit den Worten umreißt: „Eine ‚Selbstgarantie' des menschlichen Denkens ... ist ausgeschlossen."[401] Diese Konsequenz zieht Scholz, und deshalb kann er der Arbeit von Gödel den „... Rang einer zweiten nachkantischen Vernunftkritik ..."[402] zusprechen, denn durch diese Arbeit wird ein Sachverhalt streng bewiesen, dessen philosophische Implikationen Scholz schon in seiner „Religionsphilosophie" — freilich intuitiv — erstaunlich klar benennt, wenn er schreibt: „Was wir *wissen* und folglich *beweisen* können, kann immer nur das Vorletzte sein. Alle *letzten* Urteile des menschlichen Geistes sind in dem ernsten und eigentümlichen Sinne, der das Selbstgefühl des Wissens zur *Voraussetzung* hat, *Glaubens*urteile."[403]

---

[400] Gödel, K.: „Über formal unentscheidbare Sätze der Principia Mathematica und verwandter Systeme I", in: Berka, K. und L. Kreiser: „Logik-Texte, kommentierte Auswahl zur Geschichte der modernen Logik", Darmstadt 1983³, S. 347–370.
Nicht formal abgefaßte Darstellungen der Resultate von Gödel finden sich bei Nagel, E. und J. P. Newman: „Gödel's Proof", New York 1973⁸. Rosser, B.: „An informal Exposition of proofs of Gödel's theorem and Church's theorem", in: Journal of Symbolic Logic 1939/4, S. 53–60. Stegmüller, W.: „Unvollständigkeit und Unentscheidbarkeit. Die metamathematischen Resultate von Gödel, Church, Kleene, Rosser und ihre erkenntnistheoretische Bedeutung", Wien-New York 1973³. Eine besonders interessante Einführung bietet Smullyan, R. M.: „Dame oder Tiger?", Frankfurt 1983.
[401] Stegmüller, W.: „Metaphysik, Skepsis, Wissenschaft", Berlin-Heidelberg-New York 1969², S. 307.
[402] Scholz, H.: „David Hilbert ...", hier zitiert nach M. U., S. 289.
[403] Religionsphilosophie², S. 319.

Scholz konnte einmal schreiben, die Logistik habe ihn zur Metaphysik zurückgeführt[404], die Äußerung wird in diesem Zusammenhang plausibel und kann in zweifacher Weise verifiziert werden.

Die Logistik ist es, die Scholz nicht nur ermöglicht, eine signifikante Metaphysik zu konstruieren, sie ist es auch, die auf Grund ihrer eigenen Forschungsarbeit eine meditierende Metaphysik nicht nur rechtfertigt, sondern in einem gewissen Sinn sogar erfordert. Mit der Arbeit von Gödel wird erstmals streng bewiesen, daß es keine *Selbst*garantie menschlichen Denkens geben kann, daß mithin auf eine Garantie verzichtet werden muß oder aber in einem kategorial anderen Modus, nämlich dem des persönlichen Bekenntnisses, der Glaube an eine Garantie des menschlichen Denkens durch den ‚Intellectus divinus' vertreten werden muß[405].

Das erstaunliche Ergebnis dieses Scholzschen Denkweges liegt so in der Einsicht, daß auch eine Metaphysik, die als strenge Wissenschaft konstituiert ist, die Aussagen über Sachverhalte macht, „... so in allen Weltkugeln, ja ... bei Gott selbst gelten ..."[406], die eine alle Kommunikation fundierende Funktion übernimmt, selbst an derjenigen Stelle auf eine meditierende Metaphysik gegründet ist, wo nach der Wahrheit ihrer Axiome gefragt wird.

Hieraus ergibt sich für Scholz zwingend, daß eine Metaphysik als strenge Wissenschaft nicht mit der Metaphysik schlechthin identifiziert werden kann, sondern daß ein umfassendes Gebäude der Metaphysik sowohl der signifikanten Metaphysik wie auch der meditierenden Metaphysik bedarf.

---

[404] Scholz, H.: „Die mathematische Logik und die Metaphysik", a. a. O., S. 278. „Ich habe die neue Logik bis jetzt nur verteidigt. Nun möchte ich noch sagen dürfen, wie sie mich auf eine merkwürdig zwingende Art und viel tiefer, als ich es noch vor zehn Jahren für möglich gehalten habe, in die *Metaphysik* zurückgeführt hat."
[405] Die religionsphilosophische Bedeutung, die in den Einsichten von Gödel liegt, ist m. W. bis heute kaum entdeckt, geschweige denn systematisch ausgewertet worden.
Gödel selbst bekannte sich übrigens wie Scholz zu einem revidierten Platonismus. Vgl. Meschkowski, H.: „Mathematik und Realität", Mannheim-Wien-München 1979, S. 81 f.
[406] M. a. s. W., S. 145. Im Original hervorgehoben bis auf ‚ja'.

5. DARSTELLUNG VON „METAPHYSIK ALS STRENGE WISSENSCHAFT"

5.1. SCHOLZ' ANSATZ BEIM BEGRIFF DER IDENTITÄT

Nachdem die umfassende Konzeption von Metaphysik, die Scholz verfolgt, rekonstruiert wurde, soll nun derjenige Teil der Metaphysik, für den Scholz in Anspruch nimmt, daß dieser als eine strenge Wissenschaft konstituiert werden kann, zur Darstellung kommen.

Der hier gewählte Weg der Annäherung an die Gedanken von „Metaphysik als strenge Wissenschaft" sollte dabei deutlich machen, daß mit dieser Konzeption von Metaphysik für Scholz nicht ein Absolutheitsanspruch der signifikanten Metaphysik formuliert wird, sondern daß diese selbst im Metaphysikbegriff von Scholz nur einen Teil, wenn auch einen äußerst wichtigen Teil darstellt, dem komplementär ein anderer, nichtformalisierter Teil zugeordnet ist.

Als ein „Probestück"[407] einer Metaphysik im engeren Sinne, also als *eine* transzendentalphilosophische Metaphysik, die denjenigen Kriterien genügt, die an eine formalisierte Wissenschaft gestellt werden müssen, bezeichnet Scholz seine Metaphysik als strenge Wissenschaft. Überdies erfüllt nach der Überzeugung von Scholz dieses Probestück jedoch auch alle oben formulierten Grundkriterien, so daß begründet von einer Metaphysik im signifikanten Sinne des Wortes gesprochen werden kann.

Scholz setzt mit dieser Arbeit bei der Analyse des Identitätsbegriffes an. Da dieser Ansatz sich nicht von selbst versteht, ist zuvor zu klären, wie Scholz diese Vorgehensweise begründet.

In der Arbeit selbst lassen sich zwei Begründungstendenzen ermitteln, die sich zwar nicht notwendig widersprechen müssen, gleichwohl aber in unterschiedliche Richtungen verweisen.

Einerseits erweckt Scholz den Eindruck, daß die Entscheidung für die Theorie der Identität und Verschiedenheit rein pragmatischer Natur ist. Diese Theorie wäre dann ein Probestück in dem Sinne, daß sie auch

---

[407] M. a. s. W., S. 6 und S. 15 (hier hervorgehoben).

grundsätzlich durch andere Theorien über allgemeingültige Aussagen[408] ersetzt werden könnte. Die Entscheidung für die Identitätstheorie hätte hier nur einen ‚pädagogischen' Grund, denn sie ist formal relativ einfach darzustellen, und gleichzeitig gilt das Problem der Identität als ein traditionelles metaphysisches Thema. Scholz kann deshalb die Existenz einer Identitätstheorie als einen (pädagogischen) „Glücksfall" bezeichnen, denn sie ist „... ein Probestück, an welchem mit einem möglichst geringen Aufwand von technischen Voraussetzungen möglichst viel gezeigt werden kann."[409]

Andererseits steht dieser scheinbar pragmatischen Entscheidung eine ganz andere Einschätzung der Identitätstheorie gegenüber, die deren unvergleichbare Fundamentalität betont.

Schon in der Aristoteles-Interpretation von Scholz wird deutlich, daß es der Identitätssatz ist, der als der Fundamentalsatz einer Aristotelischen Ontologie vorausgesetzt werden muß[410]. Darüber hinaus ist der Satz der Identität der zureichende Grund für Scholz' Ablehnung der Klassifizierung der Sätze der Logik als tautologischer (= analytischer) Wahrheiten im Sinne Kants. So kann Scholz bereits 1934 feststellen:

„Jede tautologische Wahrheit ist eine *Allheitsaussage*, folglich eine *Nichtexistenz-Aussage*. ... Folglich können in einer Kantisch-Fries'schen Logik keine Existenzsätze auftreten. Existenzsätze sind, in der Sprache *Kants*, stets *synthetisch* (= nichtanalytisch). Man nehme nun aber z. B. den Satz: Es gibt wenigstens eine Eigenschaft, die keinem Ding zukommt, nämlich die Eigenschaft, von sich selbst verschieden zu sein. Oder den Satz: Es gibt wenigstens eine Eigenschaft, die allen Dingen zukommt, nämlich die Eigenschaft, mit sich selbst identisch zu sein. Es ist nicht einzusehen, wo diese Sätze unterkommen sollen, wenn sie nicht Sätze einer Logik sind."[411]

Schließlich betont Scholz auch innerhalb von „Metaphysik als strenge Wissenschaft" den herausragenden Charakter einer Identitätstheorie, wenn er schreibt: „Die Beziehungen der Identität und Verschiedenheit sind die universellsten Beziehungen, die wir kennen. Es sind die einzigen Beziehungen, für die wir mit Sicherheit sagen können, daß zwischen irgendzwei Individuen, welcher Welt sie auch angehören mögen, genau eine von diesen beiden Beziehungen bestehen muß."[412] Die Relation der

---

[408] Vgl. dazu M. a. s. W., S. 141.
[409] M. a. s. W., S. 15.
[411] Hauptgestalten der Logik, S. 62.
[410] Vgl. oben, S. 76 ff.
[412] M. a. s. W., S. 109.

Identität gilt Scholz damit als die denkbar elementarste Relation, denn über keine andere Relation kann eine so weitgehende Aussage gemacht werden.

Diese Auszeichnung identitätstheoretischer Sätze gegenüber allen anderen Sätzen durch Scholz berechtigt wohl dazu, die sich pragmatisch gebende Einstufung der Identitätstheorie als einem beliebigen Probestück neben anderen möglichen zu korrigieren.

Tatsächlich ist für Scholz die Theorie der Identität der Dreh- und Angelpunkt seiner Metaphysik, da sie sich als das Fundament für seine gesamte Metaphysikkonzeption erweist. Denn sowohl unter Voraussetzung des Begriffes der Eigenschaft bei der Bestimmung des Individuenbegriffes wie unter Voraussetzung des Begriffes der Relation bei der Bestimmung der Beziehung zwischen Individuen, erweist sich die Identität als der Fundamentalbegriff.

Darüber hinaus ermöglicht erst die Theorie der Identität Scholz, von einer neuen *Ontologie* zu reden, „... nicht [von] eine[r] Ontologie im Sinn einer Theorie vom Seienden als solchen ...", diese Ontologie wird vielmehr „... eine Ontologie sein im Sinn einer Theorie, welche die Gesamtheit der Wahrheiten umfaßt, die ... formuliert werden können für Dinge, die sinnvoll als Individuen aufgefaßt werden können, und so, daß diese Wahrheiten ... von unbeschränkter Gültigkeit sind."[413]

Die Scholzsche Metaphysik ist aus all diesen Gründen dem Identitätsbegriff so weitgehend verpflichtet, daß Scholz zum Schluß seiner Arbeit seine Metaphysik mit Recht als eine „identitätstheoretische Metaphysik"[413a] bezeichnen kann.

Es darf auf Grund dieser Sachlage vermutet werden, daß Scholz zuerst aus sachlichen Gründen die Theorie der Identität gewählt hat, um sie als Probestück und als Fundament seiner Metaphysik vorzustellen. Diese Theorie ist es, die — in Worten der Tradition gesprochen — als die ‚ontologia' der ‚metaphysica generalis' fungiert, auf die sich die gesamte Metaphysik im Sinne von Scholz gründet. Erst von sekundärer Bedeutung scheinen mir dagegen die von Scholz genannten pädagogischen Vorzüge der Identitätstheorie zu sein.

---

[413] M. a. s. W., S. 13 f.
[413a] M. a. s. W., S. 155.

5.2. DER GEDANKENGANG VON „METAPHYSIK ALS STRENGE WISSENSCHAFT"

Im folgenden soll nun die identitätstheoretische Metaphysik von Scholz rekonstruiert werden. Grundlage für diese Rekonstruktion ist die Monographie „Metaphysik als strenge Wissenschaft"[414].

Bei der Darstellung wähle ich folgende Methode: Im fortlaufenden Text werde ich versuchen, den Gedankengang möglichst weitgehend in nicht-formalisierter Darstellungsweise nachzuzeichnen, während im Anmerkungsteil die formale Darstellung der Hauptschritte des Gedankengangs nach Scholz geboten wird, so daß der Leser in der Lage ist, die nicht-formalisierte Darstellung zu überprüfen[415].

5.2.1. Überblick über den Gedankengang

Der Gedankengang von „Metaphysik als strenge Wissenschaft" geht in den folgenden Schritten voran: In einer ersten Überlegung wird geklärt, wie der Begriff der Aussage verwendet werden soll. Nachdem dies geschehen ist, wird festgelegt, unter welchen Bedingungen von einer *identitätstheoretischen Aussage* gesprochen werden soll.

Daraufhin wird geklärt, wie im Zusammenhang der identitätstheoretischen Metaphysik der Begriff der Gültigkeit gebraucht werden soll. Es wird also gefragt, was unter der *Gültigkeit* einer identitätstheoretischen Aussage zu verstehen ist.

---

[414] Zum Vergleich kann darüber hinaus der Aufsatz „Logik, Grammatik, Metaphysik" herangezogen werden, in dem Scholz die Grundgedanken von M. a. s. W. wiedergibt.

[415] Ziel der Darstellung ist also nicht eine selbständige formale Nachkonstruktion des Gedankenganges.
Eine interessante Nachkonstruktion mit dem Nachweis der Äquivalenz zwischen der Nachkonstruktion und dem formalen Teil von M. a. s. W. liegt von K. Lang, a. a. O., vor. Lang kann dabei einige äußerst interessante Aussagen über den Charakter metaphysischer Sätze im Sinne von Scholz machen. So kann er unter anderem zeigen, daß jeder Satz der Identitätstheorie äquivalent mit dem Satz ‚Es gibt wenigstens ein Individuum' ist. Weiterhin kann er zeigen, daß „... die Prämissenmenge der MP-identischen Sätze (sc. der Sätze der Identitätstheorie) bezüglich des semantischen Folgerungsbegriffs ... die leere Menge [ist]." (Lang, K., a. a. O., S. 16), so daß gilt: „In jedem Kalkül, in dem der semantische Folgerungsbegriff erklärt ist, gelten auch die MP-identischen Sätze." (ebda.)

Von dem eingeführten Begriff der Gültigkeit wird nun weiter fortgeschritten zu dem Begriff der *Allgemeingültigkeit*. Auch der Gebrauch dieses Begriffes wird festgelegt.

Nachdem der Begriff der Allgemeingültigkeit erreicht ist, kann nun in einem weiteren Schritt festgelegt werden, unter welchen Bedingungen eine identitätstheoretische Aussage als eine wahre Aussage, das bedeutet in der hier verwendeten Terminologie, als ein *Satz* bezeichnet werden kann.

Nun kann sich Scholz der Aufgabe zuwenden, eine *Theorie* der Identität, ein System von identitätstheoretischen Sätzen, zu formulieren.

In einem letzten Schritt kann schließlich gezeigt werden, daß die Theorie der Identität und Verschiedenheit auch *axiomatisiert* werden kann.

5.2.2. Was ist unter einer identitätstheoretischen Aussage zu verstehen?

Bevor bestimmt werden kann, was unter einer identitätstheoretischen Aussage verstanden werden soll, ist es zunächst notwendig, eine Verständigung über den Begriff der Aussage herbeizuführen.

Scholz stellt hier die Möglichkeit einer sprachlichen und einer nichtsprachlichen Fassung des Aussagebegriffes zur Diskussion: Wenn ‚s' eine Aussage der Sprache ‚S' symbolisiert, so wäre nach dieser Unterscheidung die erste Möglichkeit, daß ‚s' von einer Zeichenreihe der Sprache ‚S' verschieden ist, während bei der zweiten, der sprachlichen Fassung des Aussagebegriffs ‚s' als identisch mit einer Zeichenreihe der Sprache ‚S' verstanden wird. Aus Gründen der Zweckmäßigkeit wählt Scholz für seinen Gedankengang die sprachliche Auffassung des Aussagebegriffs, denn nur so ist relativ leicht ein Identitätskriterium für zwei Aussagen formulierbar. Dieses Kriterium lautet: Zwei ‚S'-sprachliche Aussagen „... sollen identisch sein dann und nur dann, wenn sie in bezug auf das Zeichensystem, das die Bausteine von S enthält, typographisch gleichgestaltet sind."[416]

Überdies erlaubt die sprachliche Auffassung des Aussagebegriffes, sinnvoll die Begriffe ‚Bestandteil', ‚Länge' und ‚Erzeugung' auf Aussagen anzuwenden.

Diese Fassung des Aussagebegriffes und der Festlegung der Identität von Aussagen ist durchaus nicht selbstverständlich, so spricht Carnap

---

[416] M. a. s. W., S. 23.

beispielsweise von der Identität zweier Aussagen, wenn sie logisch voneinander abgeleitet werden können[417]. Dieses Problem soll hier jedoch nicht weiterverfolgt werden, vielmehr sollte lediglich auf die Nicht-Selbstverständlichkeit der Scholzschen Entscheidung hingewiesen werden[418].

Nach dieser Klärung der Auffassung des Aussagebegriffs wird die Unterscheidung von Aussagen erster Stufe und Aussagen höherer Stufen eingeführt, wobei sich Scholz zunächst der Charakterisierung der Aussagen der ersten Stufe zuwendet.

Aussagen erster Stufe sind durch das „Prinzip der Zweiwertigkeit"[419] gekennzeichnet, das heißt sie sind Zeichenreihen, die entweder wahr oder falsch sein können. Es ist deutlich, daß hier durch die Entscheidung für die sprachliche Fassung des Aussagebegriffes eine Schwierigkeit entsteht, insofern die Begriffe ‚wahr' und ‚falsch' nicht ohne weiteres sinnvoll auf Zeichenreihen angewendet werden können. Zeichenreihen können korrekt oder inkorrekt gebildet sein, aber Wahrheit wird gewöhnlich nur von „eigentümliche[n] Sinneinheit[en]"[420] ausgesagt.

Zur Lösung dieses Problems bedient sich Scholz einer Überlegung von Frege:

Die Zuordnung der Aussagen zu ‚wahr' und ‚falsch' wird dergestalt interpretiert, daß die Aussagen als die „... Namen (Bezeichnungen) für den Wahrheitswert des Wahren ... [bzw.] des Falschen ..."[421] aufgefaßt werden können.

Nachdem diese Präzisierung des Aussagebegriffs vorgenommen ist, kann nun eine Syntax für die korrekte Verknüpfung von Aussagen eingeführt werden. Die definierten aussagenlogischen Verknüpfungen sind dabei die Konjunktion, die Disjunktion, die Implikation, die Äquivalenz, und schließlich ist die Negation definiert[422].

---

[417] Vgl. Behmann, H.: „Drei Aporien der Identität", in: Käsbauer, M. und F. v. Kutschera (Hg.): „Logik und Logikkalkül", Festschrift für W. Britzelmayr, Freiburg/München, 1962, S. 19–48, S. 23.
[418] Die Scholzsche Fassung des Identitätsbegriffes diskutiert H. Behmann in dem in Anm. 417 genannten Aufsatz gegenüber Wittgenstein und Carnap.
[419] M. a. s. W., S. 24.
[420] ebda.
[421] M. a. s. W., S. 25.
[422] Die Definitionen der aussageerzeugenden Funktoren sind wie üblich durch Wahrheitsmatrices festgelegt:

Die für den weiteren Gedankengang von Scholz interessierenden identitätstheoretischen Aussagen gehören jedoch nicht den Aussagen der ersten Stufe, die durch die Zweiwertigkeit gekennzeichnet sind, an. Sie sind vielmehr Aussagen der zweiten Stufe. Es ist deshalb für den Gedankenfortschritt nun notwendig, die Aussagen der zweiten Stufe zu betrachten und deren Besonderheiten zu beschreiben.

Auch für die Aussagen der zweiten Stufe gelten die oben eingeführten Funktoren, darüber hinaus werden für sie noch das Identitätszeichen und die Quantifikatoren definiert[423]. Außerdem werden für die Aussagen der zweiten Stufe die Verwendung von Individuenvariablen und von Klammerzeichen festgelegt[424].

Mit Hilfe der bisher eingeführten syntaktischen Festsetzungen können nun beliebige Zeichenreihen ‚Z' erzeugt werden.

Negation	¬	
	w	f
	f	w

Konjunktion	∧	w	f
	w	w	f
	f	f	f

Disjunktion	∨	w	f
	w	w	w
	f	w	f

Implikation	→	w	f
	w	w	f
	f	w	w

Äquivalenz	↔	w	f
	w	w	f
	f	f	w

Scholz verwendet als Notation in M. a. s. W. die folgenden Zeichen:
„non" entspricht „¬"
„et" entspricht „∧"
„vel" entspricht „∨"
„seq" entspricht „→"
„aeq" entspricht „↔"

[423] ‚≡' für ‚ist identisch mit'. Hier sei darauf verwiesen, daß ‚≡' in der Objektsprache, also derjenigen Sprache, *in* der die Identitätstheorie formuliert wird, verwendet wird. Das Gleichheitszeichen ‚=' gehört dagegen zur Metasprache, das heißt zu derjenigen Sprache, in der *über* die Identitätstheorie gesprochen wird.
‚∀' für ‚für jedes ... gilt', ‚∃' für ‚es gibt wenigstens ein ..., für das gilt'. Als Zeichen für den Allquantor verwendet Scholz in M. a. s. W. „O", der Existenzquantor wird mit „E" symbolisiert.

[424] Als Individuenvariablen gelten indizierte x also (x_0, x_1, x_2 ...). Diese Individuenvariablen können ihrerseits wiedergegeben werden durch Variablen zweiter Ordnung. Die Individuenvariablen werden dann angedeutet durch ξ, $ξ_0$, $ξ_1$, $ξ_2$, ...

Der nächste Schritt auf dem Weg zur Bestimmung der identitätstheoretischen Aussagen besteht nun in der Ausgrenzung von sinnvollen identitätstheoretischen *Ausdrücken* aus der Menge der möglichen Zeichenreihen, die durch korrekte Anwendung der Syntax erzeugt werden können. Der kleinste korrekt gebildete sinnvolle identitätstheoretische Ausdruck wird dabei ein *Atomausdruck* genannt, er hat die Form: $\xi_i \equiv \xi_k$[425].

Für die Einführung der Quantifikatoren wird nun eine wichtige Unterscheidung getroffen, die einerseits für die Charakterisierung von identitätstheoretischen Aussagen, andererseits auch schließlich für die Axiomatisierung der Theorie der Identität und Verschiedenheit von besonderer Bedeutung ist.

Nach den bisher eingeführten syntaktischen Regeln gibt es drei verschiedene Möglichkeiten des Auftretens einer Individuenvariablen innerhalb eines identitätstheoretischen Ausdrucks.

Es besteht erstens die Möglichkeit, daß die Individuenvariable innerhalb eines identitätstheoretischen Ausdrucks mit einem Quantifikator verknüpft ist, dann kommt diese Variable *gebunden* vor.

Es besteht zweitens die Möglichkeit, daß die Individuenvariable unabhängig von einem Quantifikator auftritt, dann kommt sie in dem entsprechenden Ausdruck *vollfrei* vor[426].

Drittens besteht die Möglichkeit, daß das Vorkommen der Variable weder als gebunden noch als vollfrei bezeichnet werden kann, dann kommt die Variable *frei* vor[427].

---

[425] Mit Z ist auch ¬ Z ein sinnvoller identitätstheoretischer Ausdruck. Mit Z_1 und Z_2 sind auch $(Z_1 \wedge Z_2)$, $(Z_1 \vee Z_2)$, $(Z_1 \rightarrow Z_2)$, $(Z_1 \leftrightarrow Z_2)$ sinnvolle identitätstheoretische Ausdrücke.
Ein Beispiel für die Verknüpfung zweier identitätstheoretischer Atomausdrücke zu einem neuen identitätstheoretischen Ausdruck wäre:

$$(x_1 \equiv x_2 \rightarrow x_3 \equiv x_4).$$

Sinnvolle identitätstheoretische Ausdrücke deutet Scholz von nun an mit H, H_0, H_{00} an. (vgl. M. a. s. W. S. 37).
[426] In dem Beispiel $\exists x_1\ x_0 \equiv x_1$ ist die Individuenvariable x_1 durch den Existenzquantor gebunden. Die Individuenvariable x_0 kommt dagegen frei vor.
[427] Folgende Definition gilt: „‚ξ kommt in H an der k-ten Stelle frei vor' dann und nur dann, wenn ξ in H an der k-ten Stelle vorkommt, aber nicht in einem Wirkungsbereich von ξ in H." Dabei ist vorausgesetzt: „H_0 ist stets dann ein Wirkungsbereich von ξ in H, wenn es ein H_{00} gibt, so daß ... " (S. 38) gilt:

Darstellung von „Metaphysik als strenge Wissenschaft" 149

Unter Voraussetzung dieser Differenzierung kann eine Definition der identitätstheoretischen Aussage gegeben werden: „H ist ... eine *identitätstheoretische Aussage* dann und nur dann, wenn H ein sinnvoller identitätstheoretischer Ausdruck ist, und wenn in H keine Individuenvariable frei vorkommt."[428] Kommt dagegen „... wenigstens eine Individuenvariable frei vor [...], so soll H eine *identitätstheoretische Aussageform* heißen."[429] Wird die frei vorkommende Variable gebunden, so geht diese identitätstheoretische Aussageform über in eine identitätstheoretische Aussage.

Nachdem so der Begriff der identitätstheoretischen Aussagen erreicht ist, richtet Scholz nun seine Aufmerksamkeit auf den Begriff der Gültigkeit.

$$H_0 = \forall \xi H_{00}, \text{ oder } H_0 = \exists \xi H_{00}.$$

Das freie Vorkommen einer Individuenvariablen kann folgendermaßen veranschaulicht werden:
Sei H ein identitätstheoretischer Ausdruck
$$H = (\forall x_1 \, \exists x_2 \quad x_1 \equiv x_2 \rightarrow \exists x_2 \quad x_1 \equiv x_2)$$
x_1 kommt hier nach dem Implikationszeichen *frei* vor.
Für H kann ein H_0 angegeben werden, so daß gilt:
$$H_0 = \forall \xi \, H_{00}$$
Dieses H_0 ist der H-Bestandteil $\forall x_1 \, \exists x_2 \quad x_1 \equiv x_2$
Mit H_{00} wäre der Ausdruck $\exists x_2 \, x_1 \equiv x_2$ zu bezeichnen.
Anschaulich für
$$H = (\underbrace{\forall x_1 \, \exists x_2 \quad x_1 \equiv x_2}_{H_0} \rightarrow \underbrace{\exists x_2 \quad x_1 \equiv x_2}_{H_{00}})$$

$H_0 = \forall x_1 \, H_{00}$
Das nach dem Implikationszeichen auftretende x_1 wird nicht durch den Allquantor gebunden.

Ein weiteres Beispiel für das freie Vorkommen einer Variablen:
$$H = (x_1 \equiv x_2 \rightarrow \exists x_2 \quad x_2 \equiv x_1)$$
x_2 kommt in H nach dem Implikationszeichen gebunden, vor dem Implikationszeichen frei vor.
x_1 kommt zweimal vollfrei vor.

[428] M. a. s. W., S. 40.
[429] Ein Beispiel für eine identitätstheoretische Aussage wäre:
$$\forall x_1 \, \forall x_2 \quad (x_1 \equiv x_2 \rightarrow x_2 \equiv x_1)$$
Ein Beispiel für eine identitätstheoretische Aussageform wäre:
$$\exists x_2 \quad x_1 \equiv x_2$$

5.2.3. Der Begriff der Gültigkeit

In dem bisher dargestellten Teil des Gedankenganges hat Scholz Schritt für Schritt die Syntax für die Verwendung gewisser Zeichen aufgebaut. Bis jetzt wurde auf rein syntaktischem Wege der Begriff der identitätstheoretischen Aussage gewonnen und bestimmt. Nun soll jedoch die Frage nach der Gültigkeit dieser Aussagen gestellt und beantwortet werden.

Mit dieser Frage wird die rein syntaktische Ebene der Konstruktion eines bedeutungslosen Kalküls verlassen, der eingeführten Syntax wird eine Semantik zugeordnet. Es ist deshalb darzustellen, was über die Gültigkeit einer identitätstheoretischen Aussage gesagt werden kann.

Für die Aussagen der ersten Stufe wurde oben festgestellt, daß diese grundsätzlich dem Prinzip der Zweiwertigkeit unterworfen sind: Aussagen der ersten Stufe sind entweder wahr oder falsch.

Diese Charakterisierung trifft für die identitätstheoretischen Aussagen, die ja als Aussagen der zweiten Stufe bezeichnet wurden, nicht zu. Vielmehr gilt, wie gezeigt werden wird, für die identitätstheoretischen Aussagen eine *Dreiwertigkeit*.

Der Grund für diesen besonderen Charakter der identitätstheoretischen Aussagen liegt in der Tatsache begründet, daß diese Aussagen über Individuen sind. Hat man zum Beispiel die Aussage ‚Es gibt ein Individuum x_1 und es gibt ein Individuum x_2 und für diese Individuen wird die Identität behauptet'[430], so wird deutlich, daß eine Entscheidung über die Gültigkeit dieser Aussagen erst dann getroffen werden kann, wenn noch eine zusätzliche Information über die Anzahl der Individuen vorliegt. Je nach dem Inhalt dieser Information wird dann die Frage nach der Gültigkeit der jeweiligen identitätstheoretischen Aussage beantwortet werden.

Scholz kann deshalb konstatieren: „Es fehlt die Welt, der die Individuen angehören sollen, von denen in diesen Aussagen die Rede ist."[431]

Hier führt Scholz erstmals den Begriff der Welt in seinen Gedankengang ein. ‚Welt' ist hier jedoch *nicht* als ein kosmologischer Begriff

---

[430] $H_1 = \exists x_1 \exists x_2 \; x_1 \equiv x_2$
Allerdings geht diese Aussage nach Ausgrenzung der leeren Welt (vgl. M. a. s. W., S. 63) in eine allgemeingültige Aussage über.
[431] M. a. s. W., S. 45.

gefaßt. Der Begriff der Welt deutet hier lediglich die Anzahl der Individuen an, über denen eine identitätstheoretische Aussage formuliert ist. ‚Welt' kann deshalb salva veritate durch den Begriff des ‚Individuenbereichs' ersetzt werden. Der Individuenbereich, für den eine Aussage gültig ist, wird künftig durch ‚ω' angedeutet. Für das oben gegebene Beispiel kann nach der vorangegangen Überlegung gelten: Diese identitätstheoretische Aussage ist dann und nur dann gültig, wenn der Welt, auf die sie bezogen ist, wenigstens ein Individuum angehört.

Scholz verwendet hier für die identitätstheoretischen Aussagen bewußt den Begriff der Gültigkeit und nicht den Begriff der Wahrheit, denn die Klasse der identitätstheoretischen Aussagen ist ja auf Grund der bisherigen Überlegungen nur jeweils relativ zu einer Welt ‚wahr' oder ‚falsch'. Da Scholz jedoch die Begriffe ‚wahr' und ‚falsch' nur absolut gebrauchen will, führt er eine relativierte Redeweise ein, indem er von der ω-Gültigkeit[432] einer identitätstheoretischen Aussage spricht.

Es ergibt sich mithin für die Aussagen der zweiten Stufe, daß sie — wie Scholz sagen kann — „... manchmal wahr und manchmal falsch ..."[433] sind, je nachdem, auf welchen Individuenbereich sie bezogen sind. Der Begriff der ω-Gültigkeit ist nun jedoch noch weiter zu präzisieren. Was heißt ‚H ist ω-gültig'? Scholz definiert: „Eine identitätstheoretische Aussage H ist *ω-gültig* dann und nur dann, wenn sie wahr ist unter der Voraussetzung, daß die Individuen, von denen in H die Rede ist, dem Individuenbereich ω angehören."[434] Entsprechend soll von einer ω-ungültigen Aussage genau dann die Rede sein, wenn diese nicht ω-gültig ist.

Scholz kann nun zeigen, daß auf Grund des Konstruktionsprinzips der identitätstheoretischen Aussagen deren vollständige Disjunktion in ω-gültige und ω-ungültige Aussagen vorgenommen werden kann, so daß gilt: „Ist ω irgendeine Welt, in dem hier stets vorausgesetzten Sinn eines Individuenbereiches, H eine identitätstheoretische Aussage, so ist H entweder ω-gültig oder ω-ungültig."[435]

---

[432] Diese Redeweise bedeutet: ‚Die Aussage H ist gültig unter Voraussetzung des Individuenbereiches ω'.
[433] M. a. s. W., S. 53.
[434] M. a. s. W., S. 54.
[435] M. a. s. W., S. 57.
Im Zusammenhang der Frage nach der Gültigkeit von identitätstheoretischen Aussagen führt Scholz hier bereits eine Charakterisierung bestimmter Aussagen-

Aus dieser Charakterisierung der ω-Gültigkeit folgt: Sobald für die Welt, der diejenigen Individuen angehören, über die eine Aussage gemacht werden soll, bekannt ist, wieviele Individuen ihr angehören, so geht eine identitätstheoretische Aussage über in eine Aussage der ersten Stufe, für die das Prinzip der Zweiwertigkeit gilt.

Bisher ist die ω-Gültigkeit einzelner identitätstheoretischer Aussagen untersucht worden, in einem nächsten Schritt wird nun die Frage nach der ω-Gültigkeit von Verknüpfungen identitätstheoretischer Aussagen gestellt.

Diese Frage kann entschieden werden auf Grund der Festlegungen über den Gebrauch der Funktoren. Unter Anwendung der hier festgelegten Regeln ergibt sich:

1. Die Konjunktion zweier identitätstheoretischer Aussagen ist dann und nur dann ω-gültig, wenn die erste Aussage ω-gültig ist und wenn die zweite Aussage ω-gültig ist.
2. Die Disjunktion zweier identitätstheoretischer Aussagen ist dann und nur dann ω-gültig, wenn die erste Aussage ω-gültig ist, und/oder die zweite Aussage ω-gültig ist.

---

klassen ein, die eigentlich erst im Zusammenhang der Diskussion der Zählaussagen Verwendung findet. Da diese Differenzierung an dieser Stelle für das Verständnis des Gedankenganges jedoch nicht zwingend notwendig ist, wird sie zur Entlastung des fortlaufenden Textes als Anmerkung dargestellt: Scholz unterscheidet zwischen Aussagen über Mindestzahlen, z. B.: $\exists x_1 \, \exists x_2 \quad x_1 \equiv x_2$
Höchstzahlen, z. B.: $\forall x_1 \, \forall x_2 \quad x_1 \equiv x_2$
und Anzahlaussagen, z. B.:

$$(\exists x_1 \, \exists x_2 \quad x_1 \equiv x_2) \wedge (\forall x_1 \, \forall x_2 \quad x_1 \equiv x_2)$$

Das letzte Beispiel formuliert den Sachverhalt: ‚Es gibt genau (wenigstens und höchstens) ein Individuum'.

Über die Gültigkeit dieser Aussagenklassen kann folgendes gesagt werden: Wenn mit k die Anzahl der Individuen einer Welt angedeutet wird, so gilt: Mit wachsendem k nehmen die Bereiche, in denen Mindestzahlaussagen gültig sind, ab.

Demgegenüber wächst bei Höchstzahlaussagen mit wachsendem k auch der Bereich, in dem sie gültig sind.

Über die Anzahlaussagen, die ja aus einer Verknüpfung einer Mindestzahlaussage und einer Höchstzahlaussage bestehen, kann schließlich festgestellt werden: „Anzahlaussagen sind ... wahr dann und nur dann, wenn sie auf Welten bezogen werden, deren Individuenzahl zusammenfällt mit der Anzahl der Individuen, deren Existenz sie behaupten" (M. a. s. W., S. 47). Dies leuchtet unmittelbar ein, da Anzahlaussagen ja immer Aussagen von der Form ‚Es gibt genau x Individuen' sind.

3. Die Implikation zweier identitätstheoretischer Aussagen ist dann und nur dann ω-gültig, wenn gilt: Wenn die identitätstheoretische Aussage H₀ ω-gültig ist, dann ist auch die identitätstheoretische Aussage H₀₀ ω-gültig. Das bedeutet, daß die Implikation zweier identitätstheoretischer Aussagen genau dann ω-gültig ist, wenn der Fall ausgeschlossen ist, daß die identitätstheoretische Aussage H₀ ω-gültig, die identitätstheoretische Aussage H₀₀ aber ω-ungültig ist.

4. Die Äquivalenz zweier identitätstheoretischer Aussagen ist ω-gültig dann und nur dann, wenn gilt, daß die identitätstheoretische Aussage H₀ dann und nur dann ω-gültig ist, wenn die identitätstheoretische Aussage H₀₀ ω-gültig ist, und daß die identitätstheoretische Aussage H₀₀ dann und nur dann ω-gültig ist, wenn die identitätstheoretische Aussage H₀ ω-gültig ist.

Diejenigen Aussagen, die für eine Theorie der Identität von besonderem Interesse sind, sind mit den Überlegungen zur Gültigkeit jedoch noch nicht erfaßt. Die Frage, die nun zu beantworten ist, lautet: Gibt es auch identitätstheoretische Aussagen, die abgesehen von Informationen über den Individuenbereich immer gültig sind? Damit ist die Frage nach der Allgemeingültigkeit gestellt; diesem Begriff wendet sich Scholz nun zu.

Um den Begriff der Allgemeingültigkeit näher zu bestimmen, wird zuerst die folgende Festlegung getroffen: Jeder nicht-leere Individuenbereich soll eine *„mögliche* Welt"[436] heißen, so daß die Allgemeingültigkeit dann folgendermaßen bestimmt werden kann: „Eine identitätstheoretische Aussage ist *allgemeingültig* dann und nur dann, wenn sie ω-gültig ist in jeder möglichen ω-Welt ..."[437].

Dementsprechend muß nun der Gültigkeitsbegriff weiter differenziert werden: Es gibt erstens allgemeingültige Aussagen, dies sind Aussagen, die gültig sind in jeder möglichen Welt. Es gibt zweitens allgemeinungültige Aussagen, dies sind Aussagen, die in keiner möglichen Welt

---

[436] M. a. s. W., S. 63.
 Scholz schließt in diesem Zusammenhang durch Festsetzung die leere Welt aus den weiteren Überlegungen aus, so daß nur eine Welt, die von der leeren Welt verschieden ist, eine mögliche Welt heißen soll. Er weist jedoch ausdrücklich darauf hin, daß „... in theoretischer Hinsicht ... eine Theorie der Allgemeingültigkeit, die auch die leere Welt zur Konkurrenz zuläßt, gleichwohl sehr lehrreich sein [könnte]." (M. a. s. W., S. 63 Anm. 10).
[437] M. a. s. W., S. 63.

gültig sind. Es gibt drittens Aussagen, die in einer endlichen Anzahl möglicher Welten, aber wenigstens in einer möglichen Welt, gültig sind und in einer endlichen Anzahl möglicher Welten ungültig sind. Diese Aussagen werden als *neutrale Aussagen* bezeichnet.

Da hiermit die möglichen Gültigkeitsklassen der identitätstheoretischen Aussagen genannt sind und da außerdem diese Aufteilung der identitätstheoretischen Aussagen in allgemeingültige, allgemeinungültige und neutrale Aussagen eine vollständige Disjunktion darstellt, gilt für die identitätstheoretischen Aussagen der „*Satz der Trichotomie*: ... Eine identitätstheoretische Aussage ist entweder allgemeingültig oder allgemeinungültig oder neutral."[438]

Es war oben darauf hingewiesen worden, daß Scholz für die jetzt als ‚neutral' zu charakterisierenden identitätstheoretischen Aussagen nicht den Begriff der Wahrheit, sondern den Begriff der ω-Gültigkeit als den eines relativen Wahrseins von Aussagen eingeführt hatte, da das ‚Wahrsein' für diese Aussagen ja von dem jeweiligen Individuenbereich ω abhing.

Konsequenterweise läßt Scholz nun in bezug auf die allgemeingültigen Aussagen den Begriff der Wahrheit wieder zu, da die Geltung einer allgemeingültigen Aussage ja nicht von einem bestimmten Individuenbereich, einer bestimmten Welt, abhängt.

Scholz hat so die klassische Leibnizsche Definition der Wahrheit logischer Sätze für die allgemeingültigen identitätstheoretischen Aussagen erreicht, denn nun würde gelten: Eine identitätstheoretische Aussage ist wahr dann und nur dann, wenn sie gültig ist in jeder möglichen Welt, wobei durch den bisherigen Gedankengang alle Bestimmungsstücke dieser ‚Leibnizschen' Definition, nämlich ‚identitätstheoretische Aussage', ‚gültig' und ‚mögliche Welt', eindeutig präzisiert sind. Zureichender Grund für diese Beziehung zwischen ‚allgemeingültig' und ‚wahr' ist dabei die folgende Äquivalenz, die Scholz ausdrücklich angibt: „Eine identitätstheoretische Aussage ist allgemeingültig dann und nur dann, wenn sie zugleich wahr, allgemeinungültig dann und nur dann, wenn sie zugleich falsch, neutral dann und nur dann, wenn sie zugleich weder wahr noch falsch ist."[439]

---

[438] M. a. s. W., S. 64.
[439] M. a. s. W., S. 67.

5.2.4. Wann ist eine identitätstheoretische Aussage allgemeingültig?

Nachdem innerhalb der Diskussion des Gültigkeitsbegriffes bereits die Begriffe der Allgemeingültigkeit und der Allgemeinungültigkeit eingeführt wurden, liefert Scholz nun noch eine weitergehende Präzisierung des Begriffes der Allgemeingültigkeit.

Scholz verwendet hier die von A. Tarski ausgearbeitete Methode der Präzisierung eines semantischen Wahrheitsbegriffes, deren philosophische Bedeutung Scholz als ungewöhnlich hoch einschätzt. Scholz kann deshalb betonen: „Diese Arbeit (sc. von Tarski) muß anerkannt werden als eine der eindrucksvollsten philosophischen Leistungen im engsten und eigentlichsten Sinne des Wortes, die bisher mit den Mitteln einer sinnreichen mathematischen Präzisierungstechnik bezwungen worden sind."[440]

Für Scholz ist dieser Schritt einer „planmäßigen *Deutung*"[441] der bisher bedeutungslosen Zeichen eines „Zeichenspiels"[442] ein notwendiger

---

[440] M. a. s. W., S. 72.
Scholz meint hier die folgende Arbeit von Tarski: Tarski, A.: „Der Wahrheitsbegriff in den formalisierten Sprachen", Lemberg 1935, am leichtesten erreichbar in Berka, K. und L. Kreiser, a. a. O., S. 445–546.
Lang vermutet: „Die Möglichkeit der semantischen Wahrheitsdefinition ist der eigentliche Anstoß zu den Überlegungen, die Scholz in ‚Metaphysik als strenge Wissenschaft' vorträgt." (Lang, K., a. a. O., S. 15, vgl. auch S. 67). Dazu ist folgendes zu sagen: Scholz betont an vielen Stellen seines Werkes die überragende Bedeutung, die er den Arbeiten von Tarski beimißt. Daß diese Arbeiten jedoch der *Anstoß* für Scholz' Metaphysikkonzept waren, halte ich für unwahrscheinlich. Scholz kennt die Arbeit über den Wahrheitsbegriff lange, bevor sie in deutscher Sprache 1935 erschien (In polnischer Sprache erschien sie 1933). Scholz verweist darauf, daß die Arbeit „... im wesentlichen schon 1929 ..." (M. U., S. 221 Anm.) entstanden ist, was mit Tarskis Nachwort zur deutschen Ausgabe übereinstimmt (vgl. Berka, K. und L. Kreiser, a. a. O., S. 545), also gut zehn Jahre vor der Veröffentlichung von „Metaphysik als strenge Wissenschaft". Zudem ist oben gezeigt worden, daß die Grundkonzeption der Scholzschen Metaphysik schon mit den Arbeiten zu Aristoteles und der Metaphysikvorlesung feststeht. Selbstverständlich hat Tarskis Präzisierung des semantischen Wahrheitsbegriffes die Konzeption von Scholz für diesen bestätigt und auch befördert, aber es ist historisch wohl unrichtig, wenn vermutet wird, daß Tarskis Arbeiten für die Scholzsche Konzeption erst der Anstoß gewesen seien.
[441] M. a. s. W., S. 71.
[442] M. a. s. W., S. 70. Im Original hervorgehoben.

Schritt, um zu der Formulierung einer formalisierten *Sprache* zu gelangen, denn ohne daß einer vorgegebenen Syntax eine Semantik zugeordnet wird, kann nach Meinung von Scholz nicht von einer Sprache geredet werden. Solange nur die Syntax festgelegt ist, handelt es sich für Scholz lediglich um einen uninterpretierten Kalkül.

Die Präzisierung des Begriffes der Allgemeingültigkeit führt Scholz nun durch, indem er den Begriff der unendlichen Folge einführt. Der Begriff der Folge ist dabei folgendermaßen definiert: F ist eine Folge, „... wenn eine Festsetzung vorliegt, durch die für jede natürliche Zahl k mit Einschließung der Null das F-Bild von k — in Zeichen ‚F(k)‘ — festgelegt ist."[443] Von einer Identität zweier Folgen kann nun genau dann gesprochen werden, wenn „... für jedes k $F_1(k)$ mit $F_2(k)$ zusammenfällt."[444]

In einem nächsten Schritt wird jetzt der Begriff der Folge zu dem Begriff der identitätstheoretischen Aussage in Beziehung gesetzt, indem der Begriff der Erfüllung eingeführt wird, es wird gefragt, wann gesagt werden kann, daß eine Folge F eine identitätstheoretische Aussage H *erfüllt*. Es wird also darum gehen festzulegen, wann einer Aussage der Identitätstheorie eine Folge von Individuen zugeordnet werden kann.

Die Redeweise ‚Die Folge F erfüllt die identitätstheoretische Aussage H' kann nun durch Festsetzungen eindeutig bestimmt werden: Es gelte der identitätstheoretische Atomausdruck $H = \xi_i \equiv \xi_k$. Es soll heißen, daß eine Folge F den identitätstheoretischen Atomausdruck H dann und nur dann *erfüllt*, wenn $F(i) = F(k)$. Für die Bestimmung, wann Folgen die Verknüpfungen von identitätstheoretischen Ausdrücken erfüllen, gelten die üblichen Interpretationen der Funktoren[445].

Nachdem der Begriff der Erfüllung festgelegt ist, kann nun eine Definition der Wahrheit identitätstheoretischer Aussagen gegeben werden: „H ist *wahr* dann und nur dann, wenn jede (nach Voraussetzung

---

[443] M. a. s. W., S. 73.
Die Symbolisierung von Folgen geschieht dabei folgendermaßen:
$$F = [F(0), F(1), F(2), ...]$$
[444] ebda.
[445] $H = \neg H_0$.   F erfüllt H dann und nur dann, wenn F H_0 nicht erfüllt.
$H = H_0 \wedge H_{00}$.   F erfüllt H dann und nur dann, wenn F sowohl H_0 als auch H_{00} erfüllt.
$H = H_0 \rightarrow H_{00}$.   F erfüllt H dann und nur dann, wenn folgendes gilt: Wenn F H_0 erfüllt, so erfüllt F H_{00}.

einer abzählbar unendlichen Welt angehörige) Individuenfolge H erfüllt."[446]

Scholz macht die Wirkungsweise dieser Zuordnung an der Analyse der Redeweise ‚H* ist wahr' deutlich. H* sei $\forall x_0 \, \forall x_1 \, (x_1 \equiv x_0 \to x_0 \equiv x_1)$. Was ist der Grund dafür, daß die Wahrheit von H* behauptet werden kann? Die Wahrheit von H* hängt davon ab, daß man festsetzt, daß für jede *Individuenfolge* gelten soll: Wenn die Individuenfolge F(0) gleich der Individuenfolge F(1) ist, so ist auch die Individuenfolge F(1) gleich der Individuenfolge F(0).

Nun können die Folgen jedoch nicht nur als ganze zueinander in Beziehung gesetzt werden, sondern es können auch einzelne Glieder der Folge miteinander verglichen werden, so daß die folgende Umformung möglich wird:

Aus dem Satz ‚Für jede Individuenfolge gilt: wenn $F(1) = F(0)$, dann auch $F(0) = F(1)$' wird dann, wenn man das i-te Glied der Folge mit a_i bezeichnet, der folgende Satz.

‚Für jedes a_0 (nämlich das i-te Glied der Folge F(0)) und für jedes a_1 (nämlich das i-te Glied der Folge F(1)) gilt: Wenn $a_0 = a_1$, so auch $a_1 = a_0$.'

Nach diesem Umformungsschritt hat die Charakterisierung der Festsetzung für Individuenfolgen, die oben als die Begründung für die Wahrheit von H* gegeben wurde, dieselbe Form wie H*.

H* lautete $\forall x_0 \, \forall x_1 \, (x_0 \equiv x_1 \to x_1 \equiv x_0)$, während die nun erreichte Form für das i-te Glied der Folgen F(1) und F(2) lautet:

$$\forall a_0 \, \forall a_1 \, (a_0 \equiv a_1 \to a_1 \equiv a_0)$$

Das aber bedeutet, daß das Wahrsein der ersten Zeichenreihe bedingt

---

$H = H_0 \lor H_{00}$.   F erfüllt H dann und nur dann, wenn F H_0 und/oder H_{00} erfüllt.
$H = H_0 \leftrightarrow H_{00}$.   F erfüllt H dann und nur dann, wenn gilt: F erfüllt H_0 dann und nur dann, wenn F H_{00} erfüllt.
$H = \forall \xi_i \, H_0$.   F erfüllt H dann und nur dann, wenn jede Individuenfolge, die sich von F höchstens an der i-ten Stelle unterscheidet, H erfüllt.
$H = \exists \xi_i \, H_0$.   F erfüllt H dann und nur dann, wenn es wenigstens eine Individuenfolge gibt, die sich von F höchstens an der i-ten Stelle unterscheidet und H erfüllt.

(vgl. M. a. s. W., S. 75).
[446] M. a. s. W., S. 78.

wird durch denjenigen Sachverhalt, den die zweite Zeichenreihe repräsentiert.

Scholz kann deshalb von einer formalen Nachkonstruktion des Aristotelischen Wahrheitsbegriffes sprechen, denn dieser Wahrheitsbegriff geht ja genau davon aus, daß eine Aussage ‚p' wahr ist dann und nur dann, wenn der Sachverhalt P vorliegt. Dies bedeutet — um das klassische Beispiel von Tarski aufzunehmen[447] —, daß die Aussage ‚Der Schnee ist weiß' genau dann wahr ist, wenn der Schnee weiß ist. Für die oben betrachteten Zeichenreihen würde sich gemäß dieser Bestimmung des Wahrheitsbegriffes ergeben:

$$H^* = \forall x_0 \, \forall x_1 \, (x_0 \equiv x_1 \rightarrow x_1 \equiv x_0)$$

ist wahr dann und nur dann, wenn der Sachverhalt

$$\forall a_0 \, \forall a_1 \, (a_0 \equiv a_1 \rightarrow a_1 \equiv a_0)$$

vorliegt.

Scholz unterstreicht die Bedeutung dieses Schrittes, der mit dem Übergang von der ersten zur zweiten Zeichenreihe gemacht ist, denn die zweite Zeichenreihe „... deutet darauf hin, daß die jetzt erreichte exakte Interpretation von H einer ganz anderen Dimension angehört als H selbst: H ist eine Zeichenreihe, die *vor* dieser Interpretation überhaupt nichts bedeutet. Jedes in H vorkommende ‚x_i' ist ein bedeutungsloses Zeichen. Die ‚a_i' dagegen sind Repräsentanten von Individuen in irgendeiner abzählbar unendlichen Welt."[448]

Entsprechend der bisher entfalteten Präzisierung des Erfüllungsbegriffs kann Scholz nun die ω-Gültigkeit von identitätstheoretischen Aussagen bestimmen. Bisher war nur von Individuenfolgen, die H erfüllen, die Rede. Nun wird dieser Begriff der Individuenfolge eingeschränkt auf ω-Folgen, wobei „... die Redeweise ‚Die ω-Folge erfüllt H' formal genau so erklärt [wird] wie die Redeweise ‚F erfüllt H', mit dem einzigen Unterschiede, daß für die Folgeglieder noch zusätzlich verlangt wird, daß sie ω-Individuen sind."[449]

---

[447] Vgl. z. B. Tarski, A.: „Wahrheit und Beweis", in: Tarski, A.: „Einführung in die mathematische Logik", Göttingen 1977⁵, S. 244—275, S. 247 ff.
[448] M. a. s. W., S. 79 f.
[449] M. a. s. W., S. 81.

Für die Gültigkeit der identitätstheoretischen Aussagen gilt dann:

„H ist ω-gültig dann und nur dann, wenn es wenigstens eine ω-Folge gibt, die H erfüllt."[450]

„H ist ω-ungültig dann und nur dann, wenn keine ω-Folge H erfüllt."[451]

Ebenso kann nun gesagt werden, wann eine identitätstheoretische Aussage gültig ist in jeder möglichen Welt, d. h. allgemeingültig ist:

„H ist *allgemeingültig* dann und nur dann, wenn H ω-gültig ist für jedes ω, *allgemeinungültig* dann und nur dann, wenn H ω-ungültig ist für jedes ω, *neutral* dann und nur dann, wenn H weder allgemeingültig noch allgemeinungültig ist."[452]

5.2.5. Die Zusammenfassung der identitätstheoretischen Sätze in einer Theorie

Der vorausgehende Arbeitsschritt, in dem präzisiert wurde, was unter einer allgemeingültigen identitätstheoretischen Aussage zu verstehen ist, war die notwendige Bedingung für die Lösung der Aufgabe, der sich Scholz nun zuwendet. Jetzt geht es darum, eine Teilmenge der identitätstheoretischen Aussagen zu einer Theorie der Identität und Verschiedenheit zusammenzufassen.

Diese Teilmenge soll die Menge derjenigen Aussagen sein, die allgemeingültig oder gültig in jeder möglichen Welt, mithin wahr sind.

Scholz definiert deshalb: „Eine identitätstheoretische Aussage H ist ein *Satz der Identitätstheorie* dann und nur dann, wenn H allgemeingültig ist."[453]

Nach dieser Definition des einzelnen identitätstheoretischen Satzes als einer allgemeingültigen also wahren Aussage werden nun die möglichen Verknüpfungen zwischen identitätstheoretischen Sätzen untersucht, so daß deutlich wird, unter welchen Bedingungen durch diese Verknüpfungen wieder identitätstheoretische Sätze erzeugt werden[454].

---

[450] ebda.
[451] ebda.   [452] M. a. s. W., S. 81 f.
[453] M. a. s. W., S. 83.
 ,Satz' ist hier entsprechend dem mathematischen Sprachgebrauch als ,wahre Aussage' definiert.
[454] $H_0 \wedge H_{00}$ ist ein identitätstheoretischer Satz dann und nur dann, wenn H_0 und H_{00} identitätstheoretische Sätze sind.

Darauf werden die Begriffe der *Gleichwertigkeit* und der *Geltungsgleichheit* eingeführt. Als gleichwertig sollen zwei identitätstheoretische Sätze gelten, wenn die Äquivalenzrelation zwischen den beiden Sätzen selbst ein identitätstheoretischer Satz ist. Der Begriff der Geltungsgleichheit nimmt demgegenüber Bezug auf die Individuenbereiche, so daß Scholz definieren kann: „H_0 ist *geltungsgleich* mit H_{00} ... dann und nur dann, wenn für jedes ω: H_0 ist ω-gültig dann und nur dann, wenn H_{00} ω-gültig ist."[455]

Für die Begriffe der Gleichwertigkeit und der Geltungsgleichheit kann Scholz nun zeigen, daß diese Begriffe *umfangsgleich* sind, daß also gilt:

„H_0 und H_{00} sind *gleichwertig* dann und nur dann, wenn H_0 und H_{00} *geltungsgleich* sind."[456]

Nach diesen Grundüberlegungen zum Aufbau einer Theorie der Identität und Verschiedenheit konzentriert sich Scholz nun auf eine Typisierung der identitätstheoretischen Sätze, deren Einführung bei einer ersten

---

Wenn H_0 oder H_{00} ein identitätstheoretischer Satz ist, so auch $H_0 \vee H_{00}$. (Umkehrung gilt nicht).
Wenn $H_0 \to H_{00}$ ein identitätstheoretischer Satz ist, so gilt: Wenn H_0 ein identitätstheoretischer Satz ist, so auch H_{00}. (Umkehrung gilt nicht).
Wenn $H_0 \leftrightarrow H_{00}$ ein identitätstheoretischer Satz ist, so gilt: H_0 ist ein identitätstheoretischer Satz dann und nur dann, wenn H_{00} ein identitätstheoretischer Satz ist. (Umkehrung gilt nicht).
Wenn H_0 und H_{00} identitätstheoretische Sätze sind, so ist auch $H_0 \leftrightarrow H_{00}$ ein identitätstheoretischer Satz. (Umkehrung gilt nicht).
$H_0 \leftrightarrow H_{00}$ ist ein identitätstheoretischer Satz dann und nur dann, wenn $H_0 \to H_{00}$ und $H_{00} \to H_0$ identitätstheoretische Sätze sind.
$H_0 \leftrightarrow H_{00}$ ist ein identitätstheoretischer Satz dann und nur dann, wenn $\neg H_0 \leftrightarrow \neg H_{00}$ ein identitätstheoretischer Satz ist. (Vgl. M. a. s. W., S. 83−86).
[455] M. a. s. W., S. 88.
[456] M. a. s. W., S. 88.
Zur Umfangsgleichheit von Gleichwertigkeit und Geltungsgleichheit:
1. H_0 und H_{00} ist gleichwertig, wenn $H_0 \leftrightarrow H_{00}$ ein identitätstheoretischer Ausdruck ist.
2. $H_0 \leftrightarrow H_{00}$ ist ω-gültig, wenn H_0 dann und nur dann ω-gültig ist, wenn H_{00} ω-gültig ist.
3. Dies kann verallgemeinert werden zu:
$H_0 \leftrightarrow H_{00}$ ist ω-gültig für jedes ω dann und nur dann, wenn gilt: Für jedes ω: H_0 ist ω-gültig dann und nur dann, wenn H_{00} ω-gültig ist.
Der nun erreichte Satz ist aber die Definition der Geltungsgleichheit, womit die Umfangsgleichheit von Gleichwertigkeit und Geltungsgleichheit bewiesen ist.

Betrachtung als beliebig erscheinen könnte: Er differenziert die identitätstheoretischen Aussagen in sogenannte Zählaussagen und Nicht-Zählaussagen[457].

Zählaussagen sind identitätstheoretische Aussagen, die besagen: ‚Es gibt höchstens k Individuen' oder ‚Es gibt wenigstens k Individuen'. Ein Beispiel für eine Nicht-Zählaussage wäre demgegenüber: ‚Für alle x_0 und für alle x_1 gilt: Wenn x_0 identisch mit x_1 ist, dann ist auch x_1 identisch mit x_0'.

Unter den Zählaussagen gibt es nun *Sätze*, also allgemeingültige Zählaussagen, deren Allgemeingültigkeit von der folgenden Bedingung abhängt: Diese Zählaussagen müssen identitätstheoretische Aussagen sein, deren Bedeutung sich folgendermaßen wiedergeben läßt: ‚Es gibt nicht höchstens k oder es gibt höchstens k + i Individuen'. Die andere Struktur, die die allgemeingültigen Zählaussagen annehmen können, läßt sich wiedergeben in der Aussage: ‚Es gibt nicht wenigstens k Individuen, oder es gibt wenigstens k − i Individuen'.

Diese Aussagen gelten als *ausgezeichnete* Zählaussagen. Ausgezeichnet sind diese Zählaussagen innerhalb der Menge der Zählaussagen deswegen, weil sich jede allgemeingültige Zählaussage auf eine ausgezeichnete Zählaussage reduzieren läßt, so daß gilt: „Eine Zählaussage ist *allgemeingültig* dann und nur dann, wenn sie *gleichwertig* ist ... *mit einer ausgezeichneten Zählaussage.*"[458]

Eine entsprechende Relation besteht für die allgemeinungültigen Zählaussagen, sie sind „... *allgemeinungültig* dann und nur dann, wenn sie *gleichwertig ... mit der Verneinung einer ausgezeichneten Zählaussage* [sind]."[459]

Nachdem die Gleichwertigkeiten für allgemeingültige und allgemeinungültige Zählaussagen formuliert sind, bleibt nun noch die Frage nach etwaigen Gleichwertigkeiten bei der dritten Klasse der identitätstheoretischen Aussagen, den neutralen Aussagen, zu beantworten.

Für die neutralen identitätstheoretischen Aussagen beweist Scholz deshalb den folgenden Satz: „Ist H eine identitätstheoretische Aussage,

---

[457] Lang vertritt beispielsweise die Auffassung, daß die ausgedehnte Behandlung der Zählaussagen durch Scholz „...nicht so sehr sachliche, als vielmehr didaktische Gründe ..." hat. (Lang, K., a. a. O., S. 12).
[458] M. a. s. W., S. 94.
[459] M. a. s. W., S. 94 f.

so ist H *neutral* dann und nur dann, wenn H *gleichwertig* ist *mit einer numerischen Aussage.*"[460]

Was bedeutet in diesem Satz der Term ‚*numerische Aussage*', und durch welche Schritte kommt Scholz zu der in dem Satz behaupteten Gleichwertigkeit? Wenn man die neutralen identitätstheoretischen Aussagen betrachtet, so ergeben sich folgende Möglichkeiten der Gültigkeit:

1. H ist gültig in allen Welten mit genau k Individuen, also in genau einem *Weltenraum*, wobei die Gesamtheit gleichzahliger Welten von nun an ‚Weltenraum' heißen soll. Dann handelt es sich bei H um eine Anzahlaussage, also eine Aussage, die besagt: ‚Es gibt genau k Individuen'[461].
2. H ist gültig in endlich vielen Weltenräumen. Dann kann H als eine Disjunktion von Anzahlaussagen, die besagen: ‚Es gibt genau k_0 Individuen, oder es gibt genau k_1 Individuen, ..., oder es gibt genau k_n Individuen', aufgefaßt werden. Die andere Möglichkeit ist, daß H eine Aussage ist, die besagt: ‚Es gibt höchstens k Individuen', dann hat H die Form einer Höchstzahlaussage.
3. H ist ungültig in endlich vielen Weltenräumen. Dann ist H eine Konjunktion von negierten Anzahlaussagen, die besagen: ‚Es gibt nicht genau k_0 und nicht genau k_1..., und nicht genau k_n Individuen. Oder aber H ist eine Aussage, die besagt: ‚Es gibt wenigstens k Individuen', also eine Mindestzahlaussage[462].

Scholz kann nun weiter zeigen, daß sich auch die Höchstzahlaussagen und die Mindestzahlaussagen in *Anzahl*aussagen umformen lassen, denn „... jede Aussage, die besagt, daß es *höchstens* k Individuen gibt, ist geltungsgleich, folglich gleichwertig mit einer Aussage, die besagt, daß es genau ein oder genau zwei ... oder genau k Individuen gibt."[463]

---
[460] M. a. s. W., S. 102.
[461] Zum Begriff der Anzahlaussage, der Höchst- und der Mindestzahlaussage vgl. Anm. 435.
[462] Die vierte Möglichkeit: ‚Gültig in unendlich vielen Weltenräumen und ungültig in unendlich vielen Weltenräumen' scheidet aus, da ihre Formulierung in Form einer unendlichen Alternative von Anzahlaussagen und einer unendlichen Konjunktion von negierten Anzahlaussagen konstruiert werden müßte, was der Definition einer identitätstheoretischen Aussage widerspricht. (Vgl. M. a. s. W., S. 42: „Jede identitätstheoretische Aussage oder Aussageform ist eine Zeichenreihe von endlicher Länge.").
[463] M. a. s. W., S. 99.

Entsprechend gilt für die Umformung von Mindestzahlaussagen: „Jede Aussage, die besagt, daß es *wenigstens* k Individuen gibt, ist für k > 1 geltungsgleich, folglich gleichwertig mit einer Aussage, die besagt, daß es *nicht* genau ein Individuum und *nicht* genau zwei Individuen ... und *nicht* genau k − 1 Individuen gibt."[464]

Es stellt sich so für alle Möglichkeiten, die bezüglich des Geltungsumfanges von neutralen identitätstheoretischen Aussagen denkbar sind, heraus, daß die entsprechenden Aussagen in Anzahlaussagen oder in Verknüpfungen von Anzahlaussagen umgeformt werden können.

Scholz definiert deshalb den Begriff der numerischen Aussage, gemäß der oben dargestellten Fallunterscheidung:

1. Eine numerische Aussage *erster Art* liegt vor, „... wenn H eine Anzahlaussage ist oder eine endliche Alternative von Anzahlaussagen ..."[465]
2. Eine numerische Aussage *zweiter Art* liegt vor, „... wenn H eine negierte Anzahlaussage ist oder eine endliche Konjunktion von negierten Anzahlaussagen ..."[466].

Damit ist der Satz von der Gleichwertigkeit einer neutralen identitätstheoretischen Aussage mit einer numerischen Aussage erreicht.

Hier liegt der erste sachliche Grund für die Einführung und die eingehende Diskussion der Zählaussagen durch Scholz.

Die Einführung der Zählaussagen ist notwendig, um über den Begriff der Anzahlaussage zum Begriff der numerischen Aussage zu gelangen. Der Begriff der numerischen Aussage aber verhilft dazu, über den *Geltungsbereich* der Zählaussagen hinaus die Gesamtheit aller identitätstheoretischen Aussagen, die neutral sind, zu bestimmen.

Denn Scholz kann jetzt ohne Beschränkung der Allgemeinheit den Satz von der *Trichotomie* folgendermaßen formulieren: „Eine identitätstheoretische Aussage ist entweder allgemeingültig oder allgemeinungültig oder gleichwertig mit einer numerischen Aussage."[467]

Der zweite entscheidende sachliche Grund für die Konzentration auf die Zählaussage liegt jedoch in der folgenden Eigenschaft der

---

[464] M. a. s. W., S. 98.
[466] M. a. s. W., S. 99 f.
[465] M. a. s. W., S. 99.
[467] M. a. s. W., S. 102.

Zählaussagen: Scholz beweist, nachdem er die geltenden Gleichwertigkeiten der verschiedenen Zählaussagenklassen untersucht hat, eine äußerst bedeutsame Eigenschaft der Zählaussagen, die er wie folgt beschreiben kann: „Für eine Zählaussage kann stets effektiv entschieden werden, in welchen Weltenräumen sie gültig ist."[468]

Diese besondere Eigenschaft der Zählaussagen ist in der Tatsache begründet, daß die Zählaussagen auf Grund ihrer Form immer Angaben über die Anzahl der Individuen machen, die zu derjenigen Welt gehören, auf die sie sich beziehen. Da es sich aber für die vorausgesetzte Sprache so verhält, daß zwei Welten nur unterschieden werden können, wenn sie verschiedenzahlig sind[469], folgt, daß jede Zählaussage die Information über ihren Gültigkeitsbereich enthält. Mithin ist für jede Zählaussage *entscheidbar*, in welchen Weltenräumen sie gültig ist.

Diese grundsätzliche Entscheidbarkeit jeder Zählaussage wird jedoch noch bedeutsamer durch die Tatsache, die in dem *Reduzierbarkeitssatz* formuliert ist: „Es gibt ein allgemeines Verfahren, durch dessen Anwendung jede identitätstheoretische Aussage in endlich vielen Schritten übergeführt werden kann in eine gleichwertige Zählaussage."[470]

Die Verbindung dieser beiden Sätze läßt es nun zu, insbesondere die Eigenschaft der Zählaussagen, entscheidbar zu sein, auf die Gesamtheit der identitätstheoretischen Aussagen zu verallgemeinern.

Nun kann festgestellt werden, daß für *jede* identitätstheoretische Aussage — und nicht nur für die Teilmenge der Zählaussagen — entschieden werden kann, in welchen Weltenräumen sie gültig ist, denn jede identitätstheoretische Aussage läßt sich auf eine Zählaussage reduzieren, und jede Zählaussage ist entscheidbar. Darüber hinaus können aber auch alle anderen Eigenschaften der Zählaussagen auf die Gesamtheit der identitätstheoretischen Aussagen verallgemeinert werden, so daß unter anderem gilt: „Eine identitätstheoretische Aussage ist *allgemeingültig* dann und nur dann, wenn sie *gleichwertig* ist mit *einer ausgezeichneten Zählaussage*."[471]

Der Ertrag dieses Teiles des Gedankenganges, in dem Scholz die Grundelemente einer Theorie der Identität und Verschiedenheit aufzeigt, kann nun in vier Punkten zusammengefaßt werden:

---

[468] M. a. s. W., S. 103.
[470] M. a. s. W., S. 107.
[469] Vgl. M. a. s. W., S. 58.
[471] M. a. s. W., S. 107 f.

1. Es werden die Verknüpfungen identitätstheoretischer Sätze untersucht.
2. Es wird die Umfangsgleichheit der Begriffe der Gleichwertigkeit und der Geltungsgleichheit identitätstheoretischer Aussagen gezeigt.
3. Es wird mit Hilfe des Begriffes der Zählaussage gezeigt, daß es für jede identitätstheoretische Aussage ein Entscheidungsverfahren gibt, mit Hilfe dessen festgestellt werden kann, in welchen Weltenräumen eine gegebene identitätstheoretische Aussage gültig ist.
4. Es wird darauf hingewiesen, daß jede identitätstheoretische Aussage in eine Zählaussage transformiert werden kann.

5.2.6. Die Axiomatisierung der Theorie der Identität und Verschiedenheit

Als letzten Schritt seines Gedankenganges zeigt Scholz schließlich, daß die entfaltete Theorie der Identität und Verschiedenheit axiomatisiert werden kann.

Als axiomatisiert kann eine Theorie gelten, wenn für sie gezeigt werden kann, daß sich die Gesamtheit ihrer Sätze aus einer endlichen Anzahl von *Axiomen* unter Verwendung eines genau festgelegten *Folgerungsbegriffes* ableiten läßt.

Die Aufgabe, die deshalb jetzt zu lösen ist, ist die Bestimmung von Axiomen und die Formulierung eines Folgerungsbegriffes. Diejenigen Sätze, die als die Axiome der Theorie der Identität gelten sollen, bezeichnet Scholz als identitätstheoretische Thesen erster Art[472]. Wie gelingt es nun, die Menge der identitätstheoretischen Thesen erster Art näher zu charakterisieren?

Scholz verwendet hier den Begriff der *aussagenlogischen Identität*[473], den die Deduktionstheorie bereitstellt. Diese Theorie wird nun kurz von Scholz charakterisiert.

---

[472] Außerdem werden zu den identitätstheoretischen Thesen erster Art noch zwei Axiome hinzugenommen:
1. Das Axiom der Reflexivität $\forall x_0 \ x_0 \equiv x_0$
2. Das Axiom der Drittengleichheit:
$$\forall x_0 \forall x_2 \forall x_1 \ (x_0 \equiv x_2 \wedge x_1 \equiv x_2 \rightarrow x_0 \equiv x_1)$$
Die identitätstheoretischen Thesen erster Art und diese beiden zusätzlichen Axiome bilden das Axiomensystem der Identitätstheorie, das Scholz mit ‚axit' andeutet.

[473] Der Begriff der aussagenlogischen Identität ist ein ‚terminus technicus'. Eine Aussageform θ heißt eine aussagenlogische Identität, wenn der Wahrheitswert für

Wenn Aussagen mit Variablen p_0, p_1, ..., p_n bezeichnet werden, außerdem die bekannten aussagenlogischen Verknüpfungen zur Verfügung stehen, so können unter Verwendung dieses Zeichenmaterials endliche Zeichenreihen Z aufgebaut werden.

Aus diesen Zeichenreihen werden die aussagenlogischen *Ausdrücke* ausgegrenzt mit der Festlegung: „Jede Aussagevariable ... ist ein aussagenlogischer Ausdruck."[474] und auch jede Verknüpfung von aussagenlogischen Ausdrücken Z_0, Z_{00} ist wieder ein aussagenlogischer Ausdruck. Die aussagelogischen Ausdrücke werden nun mit θ bezeichnet.

Nun lassen sich für die Einsetzungen in θ drei mögliche Entwicklungen der Wahrheitswerte unterscheiden:

1. Der Wahrheitswert von θ kann je nach Bewertung ‚wahr' oder auch ‚falsch' sein. θ heißt dann und nur dann eine aussagenlogische *Neutralität*[475].
2. Der Wahrheitswert von θ ist für jede Bewertung ‚falsch'. θ heißt dann eine aussagenlogische *Kontradiktion*.
3. Der Wahrheitswert von θ ist bei jeder Bewertung ‚wahr'. In diesem Falle handelt es sich um eine *aussagenlogische Identität*.

Damit ist der Begriff der aussagenlogischen Identität erreicht, mit dessen Hilfe die identitätstheoretischen Thesen erster Art bestimmt werden sollen.

Hat man nun identitätstheoretische *Aussagen* (oder identitätstheoretische *Ausdrücke*, die sich durch Generalisierung in identitätstheoretischen Aussagen umwandeln lassen[476]), und sind diese Aussagen durch Einset-

---

jede Bewertung von θ ‚w' ist. Ein Beispiel wäre: $(p_1 \to p_2) \to p_1$. Den sonst gebräuchlichen Begriff der Tautologie verwendet Scholz nicht.
[474] M. a. s. W., S. 113.
Mit Z ist auch $\neg$ Z ein aussagenlogischer Ausdruck.
Mit Z_0, Z_{00} auch $Z_0 \wedge Z_{00}$, $Z_0 \vee Z_{00}$, $Z_0 \to Z_{00}$, $Z_0 \leftrightarrow Z_{00}$.
[475] Ein Beispiel wäre $p_0 \wedge p_1 \to p_2$. Wenn p_0, p_1 den Wahrheitswert ‚w' haben, p_2 den Wahrheitswert ‚f', so ist der Implikation der Wahrheitswert ‚f' zuzuordnen.
[476] Die *Generalisierte* wird von Scholz mit H* angedeutet und ist folgendermaßen definiert:
„H* ist die *Generalisierte* von H dann und nur dann, wenn H* aus H dadurch hervorgeht, daß alle in H frei vorkommenden Variablen in der Reihenfolge ihres Auftretens generalisiert werden." (M. a. s. W., S. 117). Nicht alle Ausdrücke sind generalisierbar: Wenn in H eine Variable sowohl frei als auch gebunden vorkommt, gibt es keine Generalisierte.
Ein Beispiel wäre: $H = \forall x_0 \ x_0 \equiv x_0 \to x_0 \equiv x_0$. (Vgl. M. a. s. W., S. 118).

zung aus einer aussagenlogischen Identität hervorgegangen, so handelt es sich um identitätstheoretische Thesen erster Art[477].

Nachdem festgelegt ist, wie die identitätstheoretischen Thesen erster Art gewonnen werden, kann Scholz das Axiomensystem für seine Theorie der Identität bestimmen: Das Axiomensystem besteht 1. aus der Menge der identitätstheoretischen Thesen erster Art, von Scholz mit itt$_1$ abgekürzt, 2. aus dem Axiom der Reflexivität, 3. aus dem Axiom der Drittengleichheit.

Der nächste Schritt auf dem Wege zu einer Axiomatisierung der Theorie ist nun die Bestimmung der Menge möglicher Folgerungen aus dem gegebenen Axiomensystem. Die Menge dieser Folgerungen sollen als die *identitätstheoretischen Thesen zweiter Art* bezeichnet werden.

Notwendige Bedingung für die Bestimmung dieser Thesen zweiter Art ist die Festlegung eines Folgerungsbegriffes, wobei unter einer Folgerung die korrekte Umformung einer Zeichenreihe in eine andere zu verstehen ist.

Um entscheiden zu können, wann eine Umformung als eine ‚korrekte Umformung' gelten kann, führt Scholz nun sieben identitätstheoretische Umformungen ein, aus denen Umformungsregeln abgeleitet werden können. Der Übersichtlichkeit halber seien die Umformungsbestimmungen hier in drei Gruppen eingeteilt:

1. Die Umformung durch Umbenennung.
2. Die Umformung durch Abtrennung.
3. Die Umformung durch Quantifizierung.

Die Umformung durch Umbenennung greift zurück auf die bereits eingeführte Unterscheidung von vollfrei, frei oder gebunden vorkommenden Variablen.

1. Scholz unterscheidet die *vollfreie Umbenennung*, den Übergang von der Generalisierten eines identitätstheoretischen Ausdrucks zu einer weiteren Generalisierten unter Umbenennung von einer der frei vorkommenden Variablen[478], und die *gebundene Umbenennung*, den Übergang von

---

[477] Ein Beispiel wäre eine Einsetzung der folgenden Art:
$$\theta = p_0 \to p_0$$
Einsetzung: $H_1 = \underbrace{\forall x_0 \, \exists x_1 \quad x_0 \not\equiv x_1}_{p_0} \to \underbrace{\forall x_0 \, \exists x_1 \quad x_0 \not\equiv x_1}_{p_0}$

[478] $H_0 \;\; = x_0 \equiv x_1 \to \exists x_2 \, \exists x_3 \quad x_2 \equiv x_3$
$H_0{}^* \; = \forall x_0 \, \forall x_1 \; (x_0 \equiv x_1 \to \exists x_2 \, \exists x_3 \quad x_2 \equiv x_3)$

einer identitätstheoretischen Aussage zu einer neuen Aussage durch Umbenennung einer gebundenen Variablen[479].

2. Die Umformung durch Abtrennung kann folgendermaßen beschrieben werden: Wenn ein identitätstheoretischer Ausdruck H_1 besagt, daß der Ausdruck H_2 den Ausdruck H_3 impliziert, und wenn für H_1 bis H_3 die Generalisierte gebildet werden kann, so kann die Generalisierte H_3 auch selbständig behauptet werden[480].

3. Die Umformung durch Quantifizierung differenziert sich in die Umformung durch Generalisierung und die Umformung durch Partikularisierung.

Die Umformung durch Generalisierung kann folgendermaßen beschrieben werden: Wenn ein identitätstheoretischer Ausdruck H_0 besagt, daß der Ausdruck H_1 den Ausdruck H_2 impliziert, so kann die Generalisierte von H_0 weiter umgeformt werden, indem entweder H_1 oder H_2 generalisiert werden. Scholz spricht dann von dem Übergang nach $H_{00}{}^*$. Wird H_1 generalisiert, so handelt es sich um eine *vordere Generalisierung*, wird H_2 generalisiert, so spricht Scholz von einer *hinteren Generalisierung*[481].

$H_{00}\ =\ x_0 \equiv x_0 \rightarrow \exists x_2 \exists x_3\ \ x_2 \equiv x_3$
$H_{00}{}^* =\ \forall x_0 (x_0 \equiv x_0 \rightarrow \exists x_2 \exists x_3\ \ x_2 \equiv x_3)$
$H_0{}^*$ geht durch vollfreie Umbenennung über in $H_{00}{}^*$.

[479] $H_1\ =\ \forall x_1 \exists x_2\ \ x_1 \not\equiv x_2 \rightarrow \exists x_1 \exists x_2\ \ x_1 \not\equiv x_2$
$H_2\ =\ \forall x_1 \exists x_2\ \ x_1 \not\equiv x_2 \rightarrow \exists x_1 \exists x_3\ \ x_1 \not\equiv x_3$
Das ‚x_2' nach dem Implikationszeichen wird umbenannt in ‚x_3'.

[480] $H_1\ =\ H_2 \rightarrow H_3$
$H_2\ =\ x_0 \equiv x_0$
$H_3\ =\ x_1 \equiv x_3 \rightarrow x_3 \equiv x_1$
$H_2{}^* =\ \forall x_0\ \ x_0 \equiv x_0$
$H_3{}^* =\ \forall x_1 \forall x_3 (x_1 \equiv x_3 \rightarrow x_3 \equiv x_1)$
$H_1\ =\ x_0 \equiv x_0 \rightarrow (x_1 \equiv x_3 \rightarrow x_3 \equiv x_1)$
$H_1{}^* =\ \forall x_0 \forall x_1 \forall x_3\ \ x_0 \equiv x_0 \rightarrow (x_1 \equiv x_3 \rightarrow x_3 \equiv x_1)$
$H_3{}^*$ geht aus $H_1{}^*$ und $H_2{}^*$ durch Abtrennung hervor, das heißt, wenn gilt $H_1 = H_2 \rightarrow H_3$ und wenn $H_1{}^*, H_2{}^*, H_3{}^*$ die Generalisierten sind, so kann $H_3{}^*$ selbständig behauptet werden. (Hier wird die Nähe zum modus ponens deutlich).

[481] $H_0\ =\ H_1 \rightarrow H_2$
$H_1\ =\ x_0 \equiv x_0$
$H_2\ =\ x_0 \equiv x_0$
$H_0{}^* =\ \forall x_0 (x_0 \equiv x_0 \rightarrow x_0 \equiv x_0)$
$H_{00}\ =\ \forall x_1\ \ x_1 \equiv x_1 \rightarrow x_0 \equiv x_0$
$H_{00}{}^* =\ \forall x_1 (\forall x_1\ \ x_1 \equiv x_1 \rightarrow x_0 \equiv x_0)$

Darstellung von „Metaphysik als strenge Wissenschaft" 169

Genauso, wie durch Generalisierung, also durch die Verwendung des Allquantors eine Umformung durchgeführt werden kann, kann auch unter Einsatz des Existenzquantors eine Umformung identitätstheoretischer Ausdrücke vorgenommen werden. Auch hier wird eine *vordere* und eine *hintere Partikularisierung* unterschieden, deren Bestimmung der Generalisierung entspricht[482].

Damit ist beschrieben, welche identitätstheoretischen Umformungen angewendet werden dürfen, um aus dem Axiomensystem die Folgerungsmenge abzuleiten. Die Sätze dieser Folgerungsmenge werden nun als *identitätstheoretischen Thesen zweiter Art* bezeichnet.

Es gibt also identitätstheoretische Thesen erster Art, angedeutet durch itt$_1$, diese waren definiert als die Generalisierten eines identitätstheoretischen Ausdruckes, der aus einer aussagenlogischen Identität durch eine identitätstheoretische Einsetzung hervorgegangen ist.

Weiterhin gibt es identitätstheoretische Thesen zweiter Art, angedeutet durch itt$_2$, diese waren definiert als Elemente der Folgerungsmenge des Axiomensystems. Scholz kann nun zeigen, daß auch die identitätstheoretischen Thesen erster Art zur Folgerungsmenge des Axiomensystems gehören, so daß gilt: Die Gesamtheit der identitätstheoretischen Thesen (sowohl erster wie zweiter Art) ist gleich der Folgerungsmenge

---

H$_2$ bleibt im Übergang nach H$_{00}$* unverändert, während das Implikans H$_1$ generalisiert wird, wobei x$_0$ in x$_1$ umbenannt wird.

$H_0 = H_1 \rightarrow H_2$
$\quad H_1 = x_0 \equiv x_0$
$\quad H_2 = x_1 \equiv x_1$
$H_0 = x_0 \equiv x_0 \rightarrow x_1 \equiv x_1$
$H_0^* = \forall x_0 \forall x_1 \quad x_0 \equiv x_0 \rightarrow x_1 \equiv x_1$
$H_{00} = x_0 \equiv x_0 \rightarrow \forall x_1 \quad x_1 \equiv x_1$
$H_{00}^* = \forall x_0 \ (x_0 \equiv x_0 \rightarrow \forall x_1 \quad x_1 \equiv x_1)$
H$_1$ bleibt unverändert, H$_2$ wird generalisiert.

[482] $H_0 = H_1 \rightarrow H_2$
$\quad H_1 = x_0 \equiv x_0$
$\quad H_2 = x_1 \equiv x_1$
$H_0 = x_0 \equiv x_0 \rightarrow x_1 \equiv x_1$
$H_0^* = \forall x_0 \forall x_1 \ (x_0 \equiv x_0 \rightarrow x_1 \equiv x_1)$
$H_{00} = \exists x_0 \quad x_0 \equiv x_0 \rightarrow x_1 \equiv x_1$
$H_{00}^* = \forall x_0 \forall x_1 (\exists x_0 \quad x_0 \equiv x_0 \rightarrow x_1 \equiv x_1)$

H$_0$* geht durch vordere Partikularisierung (H$_1$ wird durch den Existenzquantor gebunden) über in H$_{00}$*. Entsprechend wird bei der hinteren Partikularisierung verfahren, hier würde H$_2$ durch den Existenzquantor gebunden.

des Axiomensystems[483]. Damit ist sichergestellt, daß *alle* identitätstheoretischen Thesen aus dem formulierten Axiomensystem abgeleitet werden können.

Das Ziel der Axiomatisierung ist jedoch erst erreicht, wenn bewiesen werden kann, daß die Folgerungsmenge aus dem Axiomensystem gleich der Menge der identitätstheoretischen *Sätze* ist[484]. Es ist deshalb nun zu fragen, wie sich die Menge der identitätstheoretischen Thesen zu der Menge der identitätstheoretischen Sätze verhält.

Da die identitätstheoretischen Thesen erster Art stets allgemeingültig sind, und auch die Axiome der Reflexivität und der Drittengleichheit allgemeingültig sind, gilt: Jede identitätstheoretische These ist ein identitätstheoretischer Satz. Darüber hinaus kann jedoch auch gezeigt werden, daß auch jeder identitätstheoretischer Satz eine identitätstheoretische These ist, so daß gilt: „Die Menge der identitätstheoretischen Thesen fällt zusammen mit der Menge der identitätstheoretischen Sätze."[485]

Diese Axiomatisierung der Theorie der Identität mit einer genauen Bestimmung der identitätstheoretischen Umformungen ermöglicht nun ein System von Umformungsregeln für formale Deduktionen. Scholz formuliert zum Abschluß seines Gedankenganges einige dieser Regeln, die sich aus den Festsetzungen für identitätstheoretische Umformungen ergeben, und führt an zwei Beispielen vor, wie diese Regeln funktionieren, indem für eine vorgegebene Behauptung bewiesen wird, daß sie eine identitätstheoretische These, mithin auch ein identitätstheoretischer Satz ist, was bedeutet, daß sie gültig ist in jeder möglichen Welt[486].

Mit dem hier dargestellten Gedankengang hat Scholz gezeigt, welche Schritte notwendig sind, um eine Theorie der Identität und Verschiedenheit zu entfalten. Er hat gezeigt, wie die Sätze dieser Theorie zu

---

[483] Es gilt also die Gleichung:

$$itt = itt_1 + itt_2 = Fl(axit)$$

Fl(axit) bedeutet dabei ‚Die Folgerungsmenge des Axiomensystems'. (Vgl. M. a. s. W., S. 118 f.)

[484] Das Ziel formuliert Scholz M. a. s. W., S. 111: „Es müßte eine Menge M von identitätstheoretischen Aussagen und ein Folgerungsbegriff so bestimmt werden können, daß für die Menge der Folgerungen aus M — in Zeichen ‚Fl(M)' — und die Menge ‚it' der identitätstheoretischen Sätze die Gleichung ‚Fl(M) = it' bewiesen werden kann."

[485] M. a. s. W., S. 127.

[486] Die Umformungsregeln werden M. a. s. W., S. 129 ff aufgeführt. Die beiden Beispiele werden S. 132 f gegeben.

bestimmen sind und inwiefern für diese Sätze behauptet werden kann, daß sie gültig sind in jeder möglichen Welt. Scholz hat außerdem gezeigt, daß für jede identitätstheoretische Aussage entschieden werden kann, in welchen möglichen Welten sie gültig ist. Schließlich hat er vorgeführt, daß es möglich ist, nach einer Axiomatisierung dieser Theorie mit identitätstheoretischen Ausdrücken innerhalb rein formaler Deduktionen zu rechnen.

5.3. DER ERTRAG VON SCHOLZ' FORMALER ENTFALTUNG DER IDENTITÄTSTHEORIE

Nach diesem Versuch einer Wiedergabe des Gedankenganges von ‚Metaphysik als strenge Wissenschaft' soll nun unter drei Gesichtspunkten nach Ertrag und Ergebnis des Scholzschen Gedankenganges gefragt werden.

1. Scholz hatte den Anspruch formuliert, zeigen zu können, daß es *metaphysische* Sätze gibt, die den Anforderungen, welche an eine strenge Wissenschaft zu stellen sind, genügen. Es liegt deshalb nahe, an den vorgeschlagenen Kriterien für metaphysische Sätze zu überprüfen, ob Scholz seinen Anspruch einlösen kann.

Setzt man diesen Scholzschen Versuch einer Klärung des Metaphysikbegriffes voraus, so muß man konzedieren, *daß* dieser Anspruch eingelöst ist. Denn wenn man die rekonstruierten Kriterien für einen metaphysischen Satz zu Grunde legt, so ergibt sich die folgende Beurteilung:

a. Die Kriterien der *sprachlichen Präzision* sind zweifellos erfüllt; und zwar sowohl die Forderung des Grundkriteriums wie die Forderung des Zusatzkriteriums, denn die Identitätstheorie liegt ja in formalisierter und axiomatisch-deduktiver Struktur vor.

b. Auch die Kriterien der *Fundamentalität* sind offensichtlich erfüllt, denn die identitätstheoretische Sätze liegen nicht nur jedem denkbaren Axiomensystem einer Einzelwissenschaft zu Grunde, sondern sie liegen sogar jedem semantisch interpretierten Kalkül zu Grunde. Ebenso liefert die Identitätstheorie die grundlegendsten und allgemeinsten Individuenbestimmungen, die überhaupt denkbar sind.

c. Indem der Begriff der Allgemeingültigkeit präzisiert wird, kann schließlich auch von der Erfüllung des Kriteriums der *Erfahrungstranszendenz* gesprochen werden. Die Sätze der Identitätstheorie gelten nicht nur in der erfahrbaren (= wirklichen) Welt, sondern sie gelten darüber hinaus in jeder möglichen Welt.

Das erste Ergebnis der Rekonstruktion des Gedankenganges der Scholzschen Identitätstheorie ist deshalb der Nachweis, daß Scholz die von ihm vorausgesetzten Kriterien für metaphysische Sätze auch selbst erfüllt. Wenn man also diesen Metaphysikkriterien zustimmt, so muß man auch die Scholzsche Folgerung akzeptieren, daß die Sätze der Identitätstheorie metaphysische Sätze sind. Will man hingegen die Folgerung nicht akzeptieren, so muß man bereits für die Kriterien zeigen, daß diese zumindest nicht hinreichend sind.

2. Abgesehen von diesem Nachweis der Möglichkeit einer wissenschaftlichen Metaphysik — und das ist ein zweiter wichtiger Ertrag — leistet Scholz jedoch auch einen Beitrag zur Theorie des Wahrheitsbegriffes und implizit zur Modallogik.

Mit Hilfe seiner Präzisierung des Allgemeingültigkeitsbegriffes kann er verschiedene Schichten des Wahrheitsbegriffes voneinander abheben: Es ist zu unterscheiden zwischen ‚absolut' wahren Aussagen, nämlich denjenigen Aussagen, die in jeder möglichen Welt gültig sind, und ‚relativ' wahren Aussagen, die nur in endlich vielen möglichen Welten gültig sind. Da für Scholz die Begriffe ‚relativ' und ‚wahr' jedoch unvereinbar sind, billigt er nur den allgemeingültigen Aussagen zu, daß sie im strengen Sinne ‚wahr' sind, während für die Ontologie-relativen Aussagen eigentlich nur ‚Gültigkeit' (in einer endlichen Anzahl von Welten) behauptet werden kann.

Diese restriktive Fassung des Wahrheitsbegriffes müßte nun freilich zu der Konsequenz führen, daß beispielsweise physikalischen Gesetzen genauso wie empirischen Einzelaussagen nur Gültigkeit (in einer endlichen Anzahl von Welten) nicht aber Wahrheit zugesprochen werden kann. Diese offensichtliche Härte in der Fassung des Wahrheitsbegriffes, die den von Scholz selbst favorisierten korrespondenztheoretischen, Aristotelischen Wahrheitsbegriff faktisch neutralisiert, nimmt Scholz zwar mit ihren Implikationen wahr (M. a. S. W., S. 176) trotzdem zieht er erstaunlicherweise nicht die Konsequenz, den Allgemeingültigkeitsbegriff aus modallogischer Perspektive zu reflektieren.

Da Scholz strikt auf der Äquivalentsetzung von Allgemeingültigkeit und Wahrheit besteht, scheint ihm zu entgehen, daß er mit seiner Fassung des Allgemeingültigkeitsbegriffes eigentlich eine semantische Interpretation des Modaloperators der Notwendigkeit vorschlägt: Eine

Aussage ist dann notwendig wahr, wenn sie gültig in jeder möglichen Welt ist.

Von diesem modallogischen Gedankengang aus wäre Scholz dann nicht gezwungen gewesen, allein den allgemeingültigen Aussagen Wahrheit in einem ‚absoluten' Sinn zuzubilligen, sonder der Satz von der Trichotomie, und damit die Zuordnung von ‚Wahrheit' zu den verschiedenen Typen identitätstheoretischer Aussagen, wäre dann in die Form zu überführen: Eine identitätstheoretische Aussage ist entweder notwendig wahr oder unmöglich wahr oder kontingent wahr (bzw. kontingent falsch). Ebenso ergäbe sich dann die Zuordnung von physikalischen Sätzen als *kontingent* wahren Sätzen und den logischen (und identitätstheoretischen) Sätzen als *notwendig* wahren Sätzen weitaus einleuchtender als in Scholz' Sprachgebrauch.

Tatsächlich verwendet Scholz den Begriff der Notwendigkeit jedoch nicht ein einziges Mal für seinen Gedankengang in ‚Metaphysik als strenge Wissenschaft'. Auch abgesehen von dieser Arbeit ist zu betonen, daß Scholz explizit diesen Schritt zu einer modallogischen Semantik nicht macht und auch nicht die Konsequenzen aus seiner Interpretation des Notwendigkeitsoperators weiterverfolgt, obwohl er damit einen Gedanken vorweggenommen haben würde, den R. Carnap fünf Jahre später in ‚Meaning and Necessity' entfaltet.

3. Neben diesem eher grundsätzlichen Ergebnissen ist aber auch noch auf einen durchaus ‚praktischen' Ertrag der Scholzschen Formalisierung der Identitätstheorie hinzuweisen. Zwar sollte man von einer Formalisierung auf dieser Ebene nicht zu viel erwarten, denn eine formalisierte Metaphysik, wie sie Scholz vorschwebte, müßte wohl mit einem erheblich komplizierteren formalen Apparat ausgestattet sein. Gleichwohl kann auch schon eine so elementare Formalisierung eine Hilfe in der Bearbeitung des metaphysischen Problems der Identität sein.

Schon auf dieser Stufe, auf der auf den ersten Blick scheinbar Selbstverständlichkeiten formal umständlich rekonstruiert werden, bedeutet die Formalisierung Klärung, Präzisierung von Problemen und auch bereits Hilfe für Beurteilungen: Da mit der Formalisierung die Möglichkeit der rechnerischen Umformung auch von längeren und unübersichtlichen Aussagenreihen gegeben ist, können komplexere Probleme auf elementarere reduziert werden oder in Teilprobleme aufgespalten werden.

Ebenso hilfreich — auch für die materiale Bearbeitung von Problemen — ist die Einsicht in die Bedeutung der jeweiligen Sprache, die für die Bearbeitung eines Problems zur Verfügung steht wie auch die genaue Unterscheidung von ‚Ausdruck', ‚Aussageform', ‚Aussage' und ‚Satz'.

Darüber hinaus führt die von Scholz vorgelegte formalisierte Identitätstheorie aber auch zu wichtigen inhaltlichen Einsichten: Neben der oben bereits angesprochenen Klärung des Begriffs der Allgemeingültigkeit, die über den engen Bereich der identitätstheoretischen Aussagen hinausgehende Bedeutung hat, ist hier besonders auf den Satz von der Trichotomie hinzuweisen. Dieser Satz, in dem die Ergebnisse der Analyse identitätstheoretischer Aussagen zusammengefaßt sind, besagte, daß eine identitätstheoretische Aussage entweder allgemeingültig oder allgemeinungültig oder neutral ist, wobei gezeigt werden kann, daß jede neutrale Aussage gleichwertig mit einer numerischen Aussage ist. Schließlich ermöglicht die Theorie Urteile darüber, unter welchen Bedingungen *Verknüpfungen* von wahren identitätstheoretischen Aussagen wieder zu wahren identitätstheoretischen Aussagen führen, wie sie auch Auskunft darüber gibt, welche Rückschlüsse von komplexeren wahren Aussagen auf die Wahrheit von Teilaussagen zulässig bzw. unzulässig sind.

Die wichtigste Bedeutung dieser und auch anderer Formalisierungsvorschläge besteht aber doch wohl darin, daß durch eine Formalisierung eines Problemkomplexes offengelegt wird, worin die eigentlich strittigen oder ungelösten Fragen bestehen. Es wäre sicher falsch anzunehmen, daß allein eine Formalisierung zur Lösung von Problemen führt.

So wird auch eine formalisierte Identitätstheorie weder der Metaphysik noch der Theologie zur schnellen Lösung alter Probleme verhelfen. Aber sie kann möglicherweise dazu verhelfen zu verstehen, wo jeweils der Kern eines Problems liegt.

Vielleicht kann diese elementarisierende Kraft der formalen Rekonstruktion besonders einleuchtend an den verwickelten Diskussionen in den Anfängen der altkirchlichen Christologie gezeigt werden, wenn diese als Lösungsversuch für das Problem der Identität und Verschiedenheit rekonstruiert werden.

Das Problem, das sich dem Glauben an den *einen Gott* angesichts der Glaubensaussagen über Christus stellte, war, für die drei ‚Entitäten',

‚Gott', ‚Mensch', ‚Christus' die Relation der Identität und der Verschiedenheit zu bestimmen.[486a] Wenn ‚Gott' durch (x_0), ‚Christus' durch (x_1) und ‚Mensch' durch (x_2) symbolisiert wird und wenn man die Identität Gottes mit Christus und die Identität Christi mit einem bestimmten Menschen behauptet, dann gilt der identitätstheoretische Satz

$$\forall x_0 \, \forall x_1 \, \forall x_2 \quad (x_0 \equiv x_1 \wedge x_1 \equiv x_2 \rightarrow x_0 \equiv x_2)$$

was bedeutet, daß die Identität Gottes mit einem Menschen notwendig zu behaupten wäre.

Die altkirchlichen Theologen standen so vor dem Problem, wie die theologisch völlig unannehmbare Konsequenz der Identität Gottes mit einem Menschen zu vermeiden wäre; sie formulierten mithin das theologische Axiom $x_0 \not\equiv x_2$: Gott (x_0) und Mensch (x_2) sind verschieden.

Wenn von diesem theologischen Axiom ausgegangen wird, so ergeben sich identitätstheoretisch zwei Möglichkeiten: Entweder die Einsetzung in

$$H_1 = \forall x_0 \, \forall x_1 \, \forall x_2 \quad (x_0 \equiv x_1 \wedge x_0 \not\equiv x_2 \rightarrow x_1 \not\equiv x_2)$$

oder die Einsetzung in:

$$H_2 = \forall x_2 \, \forall x_1 \, \forall x_0 \quad (x_2 \equiv x_1 \wedge x_0 \not\equiv x_2 \rightarrow x_1 \not\equiv x_0)$$

Damit scheint mir zumindest *ein* grundlegendes Dilemma der frühesten Christologie formal rekonstruiert. Wenn die Nichtidentität von Gott (x_0) und Mensch (x_2) vorausgesetzt ist, kann die Identität von Gott (x_0) und Christus (x_1) behauptet werden, was jedoch die Verschiedenheit von Christus (x_1) und Mensch (x_2) impliziert (ausgedrück in der Formel H_1). Diese Grundentscheidung trifft die streng sabellianisch durchgeführt Variante der Christologie.

Die zweite Möglichkeit ist die Behauptung der Identität von Mensch (x_2) und Christus (x_1). Wird aber wieder die Nichtidentität von Gott (x_0) und Mensch (x_2) vorausgesetzt, so fordert die Implikation die Behauptung der Verschiedenheit von Christus (x_1) und Gott (x_0) (ausgedrückt in der Formel H_2). Diese Grundentscheidung ist durchgeführt in den Varianten der ebionitischen und adoptianischen Christologie. Aufschlußreich ist auch hier die Tatsache, daß keiner der streitenden

---

[486a] Zur Rekonstruktion christologischer Aussagen als Identitätsaussagen vgl. neuerdings I. U. Dalferth: Der Mythos vom inkarnierten Gott und das Thema der Christologie. ZTHK 1987/84, S. 320–344.

altkirchlichen Theologen auf den Lösungsweg verfallen ist, diese fundamentalen Sätze der Identitätstheorie zu suspendieren. Gerade das Bewußtsein der Geltung dieser Sätze scheint vielmehr der Grund für die leidenschaftlichen Auseinandersetzungen. Nicht die Suspendierung der identitätstheoretischen Sätze ist deshalb der weitere Weg der Christologie gewesen, sondern der Versuch, das grobe Raster von Identität und Verschiedenheit durch ein Netz von begrifflichen Distinktionen und sprachlichen Verwendungsregeln zu verfeinern, um zu kohärenten christologischen Aussagen zu gelangen.

Diese skizzenhaften Andeutungen für mögliche Verwendungen von Sätzen der formalisierten Identitätstheorie unterstreichen noch einmal, daß formale Rekonstruktionen nicht schon Lösungen von Problemen darstellen, gleichwohl aber Hilfen für die *Klärung* von Problemen sein können.

Nach diesem Hinweis auf Ergebnisse und Ertrag des Gedankenganges von ‚Metaphysik als strenge Wissenschaft' ist es nun nötig, auf die literarische Kritik einzugehen, die sich mit der Scholzschen Metaphysik beschäftigt.

Gemessen an den Scholzschen Kriterien metaphysischer Sätze sieht es ja tatsächlich so aus, als sei hier das alte Ideal einer Mathematisierung der Metaphysik verwirklicht worden, sofern zumindest ein Bereich der Metaphysik als strenge Wissenschaft konstituiert wurde.

Das eigentliche Problem liegt so auf der Ebene der Scholzschen Kriterien metaphysischer Sätze. Sind diese Kriterien angemessen und hinreichend? Genau an dieser Frage wird — freilich häufig ohne die explizite und klare Unterscheidung zwischen Kriterien und Durchführung der Metaphysik — die Kritik an der Scholzschen Konzeption einsetzen. Allgemein zugestanden wird von den Kritikern, daß die Scholzsche Formalisierung der Identitätstheorie formal korrekt durchgeführt ist. Der Widerspruch der Kritiker und die philosophische Kontroverse setzt jedoch genau an derjenigen These ein, die für Scholz das Kernstück seiner Argumentation ist: „(1) Es gibt eine Mathematik von einem einmaligen metaphysischen Gehalt. (2) Es gibt eine Metaphysik von einer einmaligen mathematischen Struktur."[487]

Im folgenden Teil sollen deshalb die Kritik an der Scholzschen Konzeption von Metaphysik und mögliche Konsequenzen aus dieser Konzeption untersucht werden.

---

[487] M. a. s. W., S. 148. Im Original hervorgehoben.

DRITTER TEIL

KRITIK UND AUFNAHME DER SCHOLZSCHEN METAPHYSIKKONZEPTION

1. DIE KRITIK AN DER SCHOLZSCHEN METAPHYSIKKONZEPTION

1.1. DIE REAKTIONEN AUF DIE SCHOLZSCHE METAPHYSIKKONZEPTION

Zu Beginn der vorliegenden Arbeit wurde darauf hingewiesen, daß bisher kaum von einer Wirkungsgeschichte des Scholzschen Werkes gesprochen werden kann, deshalb ist es nicht verwunderlich, daß auch im Bereich der Kritik von „Metaphysik als strenge Wissenschaft" keine umfassende Diskussion stattgefunden hat. Zwar ist diese Arbeit von Scholz von den Fachkollegen registriert und nicht ohne Sympathie rezensiert worden, überwiegend verhielten sich die Kollegen jedoch wohlwollend-distanziert.

So konnte E. W. Beth „Metaphysik als strenge Wissenschaft" ein „... durchaus gehaltvolles Buch..." nennen, in dem man „... ein vollständig und sorgfältig durchgearbeitetes Beispiel der Anwendung der neueren logischen Methoden [findet]..."[488], während P. Bernays erwartet: „The book, by its instructive qualities and by the suggestions it contributes to the philosophy of science, should give a productive stimulation to philosophical discussion, especially to that of foundations."[489]

Gleichwohl scheint K. Reach in seiner Besprechung von „Metaphysik als strenge Wissenschaft" den Punkt zu benennen, der das Unbehagen und die Distanz der Fachkollegen gegenüber dem Scholzschen Konzept einer Metaphysik ausmacht, wenn er schreibt:

„Ob es wirklich empfehlenswert ist, jene Disziplinen, die bisher als Logik und Mathematik bezeichnet worden sind, metaphysisch zu nennen, wagt der Rezensent nicht zu entscheiden. Besonders schwer fällt es ihm, die Mathematik als ein Stück Metaphysik zu betrachten. Zwar wird sich der philosophisch interessierte Mensch

---

[488] Beth, E. W.: Besprechung von „Metaphysik als strenge Wissenschaft", in: Mathematical Reviews, Vol 3, No. 10, Nov. 1942, S. 291.
[489] Bernays, P.: Besprechung von „Metaphysik als strenge Wissenschaft", in: Journal of Symbolic Logic, 1940−41/5−6, S. 156f., S. 157.

mit mehr Interesse der modernen Logik zuwenden, wenn er einsieht, daß sie in einem bestimmten wohldefinierten Sinne eine Metaphysik ist, aber die meisten Mathematiker und Vertreter der modernen Logik werden sich sehr sträuben, ihre Wissenschaft mit dem Namen Metaphysik bezeichnet zu sehen."[490]

Gegenüber diesen sachlichen und fachlich kompetenten Meinungsäußerungen nicht ohne Sympathie gibt es jedoch auch schroffe und leider auch weniger gut informierte Ablehnung, wie sie sich zum Beispiel bei A. Nygren findet, wenn dieser feststellt:

„Scholz oszilliert zwischen einer logischen Klarlegung von mehr modernem Zuschnitt und einer Metaphysik im traditionell ontologischen Sinne. Aber schon dieses unklare Gleiten zwischen wissenschaftlicher Philosophie und metaphysischer Spekulation hat verhängnisvolle Konsequenzen, verleiht es doch der Metaphysik einen falschen wissenschaftlichen Nimbus und kompromittiert die Philosophie, also auch die wissenschaftliche Philosophie."[491]

Obwohl von einem in Fragen der Logik informierten Fachmann verfaßt, erscheint auch die Einschätzung, die B. v. Juhos bezüglich der Scholzschen Metaphysik äußert, ähnlich unangemessen wie die Meinung Nygrens. V. Juhos konzentriert sich in weiten Teilen seiner Besprechung der Scholzschen Metaphysik darauf, diesen über die „heutige Erkenntnislogik" und die „... wesentlichen Einsichten der neueren Logik ..."[492] zu belehren, obgleich der Logiker E. Kaila zur gleichen Zeit über Scholz schreiben kann: „Die meisten der führenden Forscher (sc. in der mathematischen Logik) ... leben und wirken jetzt in U.S.A., und besonders in Deutschland dürften gegenwärtig kaum mehr als zwei kleine Gruppen, nämlich ... [der] Kreis der Mitarbeiter Hilberts ... und die Gruppe von Heinr. Scholz in Münster, an den einschlägigen Forschungen beteiligt sein."[493]

Von einem kritischen Eingehen auf das Scholzsche Metaphysikkonzept und eine Auseinandersetzung mit diesem Konzept ist v. Juhos jedoch ebenso wie Nygren weit entfernt, so kann er nur verständnislos registrieren: „Scholz nennt die Frage, wie Aussagen über alle möglichen

---

[490] Reach, K.: Besprechung von „Metaphysik als strenge Wissenschaft", in: Theoria 1942/8, S. 72—74, S. 74.
[491] Nygren, A.: „Sinn und Methode", Göttingen 1978, S. 57.
[492] Juhos, B. v.: Besprechung von Metaphysik als strenge Wissenschaft, in: Blätter für deutsche Philosophie, 1942—43/16, S. 173—175, S. 174.
[493] Kaila, E., a. a. O., S. 58.

Welten, d. h. wie ‚analytische' Sätze möglich sind, das größte — übrigens unlösbare — philosophische Problem." [494] v. Juhos kommt deshalb zu dem seiner Meinung nach für Scholz vernichtenden Ergebnis:

„... Daß Scholz sein größtes philosophisches Problem als unlösbar erkennt und meint, hier könne höchstens die Erleuchtung helfen, ist für uns ein sicheres Anzeichen, daß hier ein Scheinproblem vorliegt."[495] Nach diesem einführenden Überblick über die Reaktionen auf die Scholzsche Metaphysik sollen im folgenden drei Typen der Kritik an Scholz dargestellt und überprüft werden, die für die Auseinandersetzung mit Scholz in gewisser Weise charakteristisch sind.

Der erste Typus der Kritik läßt sich plastisch mit dem Argument bezeichnen, Scholz fülle mit seinem Konzept von Metaphysik neuen Wein in alte Schläuche. Es wird hier also davon ausgegangen, daß letztlich eine unangemessene Umprägung des Metaphysikbegriffes vorliegt. Bei diesem Kritiktypus ist eine tolerante und eine ablehnende Haltung denkbar. Für die erste Haltung wird die Kritik von H. Meschkowski, für die zweite Haltung die Kritik von E. Kaila stehen[496].

Der zweite Typus der Kritik ist die Kritik aus der Perspektive der an Kant orientierten Philosophie. Es wurde oben gezeigt, welche herausragende Bedeutung für Scholz die Auseinandersetzung mit Kant hat, deshalb hat eine ‚kantianische' Kritik einen ganz besonderen Stellenwert in der Einschätzung der Scholzschen Metaphysik. Für diese Kritik wird besonders ein Aufsatz von J. v. Kempski herangezogen werden.

Der dritte Typus der Kritik schließlich ist der Versuch einer umfassenden Kritik aus den Scholzschen Voraussetzungen. Dieser Versuch zu zeigen, daß Scholz die selbstformulierten Voraussetzungen nicht erfüllt, wird durch K. Lang unternommen.

---

[494] Juhos, B. v., a. a. O., S. 175.
[495] ebda.
[496] Zu diesem Kritiktypus gehört vermutlich auch die Kritik von Stegmüller. In seinem Buch „Metaphysik, Skepsis, Wissenschaft", (a. a. O.) beachtet er die Arbeit von Scholz jedoch leider überhaupt nicht. Erst in der umfangreichen neuen Einleitung zur zweiten Auflage wird in einer Anmerkung auf Scholz eingegangen. Seine Arbeit wird jedoch nicht gewürdigt, sondern lediglich als „... etwas eigenwillige Konzeption ..." apostrophiert, die „... in ziemlich starker Abweichung vom Sprachgebrauch der mengentheoretischen Semantik der klassischen Prädikatenlogik als ‚Metaphysik' [bezeichnet] ..." (S. 16 Anm. 2).

182   Kritik und Aufnahme der Scholzschen Metaphysikkonzeption

1.2. KRITIK AN DER SCHOLZSCHEN BEGRIFFSVERWENDUNG

Bereits die oben wiedergegebene Einschätzung durch Reach brachte zum Ausdruck, daß erhebliches Unbehagen — zumal unter Mathematikern — an Scholz' Verwendung des Metaphysikbegriffes besteht. Wie in dieser Stellungnahme spitzt sich die Kritik an Scholz deshalb auch häufig auf den Vorwurf zu, Scholz betreibe mit seiner Verwendung des Metaphysikbegriffes letztlich Etikettenschwindel. Scholz, so kann formuliert werden, schütte neuen Wein in alte Schläuche.

Zwei mögliche Formen dieses Kritiktypus werden in den Positionen von E. Kaila und H. Meschkowski besonders klar ausgebaut, deshalb sollen sie im folgenden dargestellt werden.

1.2.1. Die Kritik von E. Kaila

Kaila deutet in seiner kritischen Diskussion von „Metaphysik als strenge Wissenschaft" das Unternehmen von Scholz, den er persönlich sehr schätzt, derart, daß es sich hier um eine Werbeaktion handeln müsse. Er nennt „Metaphysik als strenge Wissenschaft" deshalb eine Schrift, „... in der der Verfasser der exakten Logik dadurch neue Freunde zu werben versucht, dass er sie als eine neuartige ‚Metaphysik' darstellt."[497] Die Logistik bekommt jedoch dabei in der Darstellung von Scholz eine Aufgabe zugewiesen, mit der sich Kaila nicht einverstanden erklären kann, er konstatiert: „Der geistige Wert der Logistik soll also letzten Endes darin bestehen, dass sie als Grundlage einer philosophischen Religion dienen kann."[498] Besonders anstößig erscheint Kaila in diesem Zusammenhang Scholz' Eintreten für eine Illuminationslehre.

Diese Art der Werbung für die Logistik lehnt Kaila entschieden ab, denn seiner Meinung nach wird jeder, der über die Scholzsche Hinführung zur Logistik gelangt, bald sagen müssen, „... er habe sich von einem gefährlichen Schein verführen lassen..."[499], da ja in Wirklichkeit die Wahrheiten der Logik nichts anderes als Konventionen zu „... gehaltleeren analytischen Sätzen..."[500] sind. „Wird er (sc. der Lernende)

---

[497] Kaila, E., a.a.O., S. 58. Diese Kritik hat durchaus Anhaltspunkte bei Scholz. Vgl. z. B. M. a. s. W., S. 11: „Die Metaphysik für die hier geworben werden soll ...", vgl. auch S. 174.
[498] Kaila, E., a.a.O., S. 59.   [499] Kaila, E., a.a.O., S. 60.
[500] ebda.

nicht sagen ...", fragt Kaila schließlich, „... man hätte ihn, statt von einer Erleuchtung durch einen göttlichen Funken zu sprechen, darauf aufmerksam machen sollen, dass man auf Grund der Eigenart unserer Sprache Sätze konstruieren kann, denen das Prädikat ‚wahr' bzw. ‚allgemeingültig' bloss wegen ihrer Form zukommt?"[501]

Kaila geht so in seiner Kritik davon aus, daß Scholz „... Elemente einer strengen Theorie der Identität und Verschiedenheit, im Anschluss an bekannte Ergebnisse von Hilbert-Bernays, Tarski und Gödel, entwikkelt ..."[502], und diese an sich bekannte Theorie nun nachträglich als Metaphysik interpretiert, um unter Philosophen für die Logistik und ihre Arbeitsweise zu werben. Allerdings wird nach der Meinung von Kaila diese Werbung unredlich — weil unter Vorspiegelung falscher Tatsachen — durchgeführt, so daß sie sich später als „gefährliche[r] Schein"[503] herausstellt. Der Vorwurf dieser Kritik zieht sich so auf die These zusammen, Scholz habe — zwar aus ehrenwerten Motiven — einen Etikettenschwindel begangen und eine Wissenschaft zur Metaphysik erklärt, die tatsächlich nichts mit Metaphysik zu tun hat. Vielleicht ist es gerade der hier implizit vorhandene Vorwurf der Unredlichkeit, der Scholz zu einer ungewöhnlich scharfen Entgegnung[504] auf die Kritik von Kaila herausforderte. Ähnlich wie Kaila interpretiert auch Meschkowski das Scholzsche Metaphysikkonzept, während Kaila jedoch entschiedene Ablehnung demonstriert, steht Meschkowski diesem Konzept durchaus mit einer gewissen Sympathie gegenüber.

1.2.2. Die Kritik von Meschkowski

Meschkowski betont die durchaus ungewöhnliche Stellung von Scholz, was dessen Interpretation der Logik und der Mathematik betrifft. Denn hatte sich auf breiter Front eine formalistische und konventionalistische Deutung der Logik und der Mathematik im Anschluß an Hilbert durchgesetzt, und hatte man gerade in dieser formalistischen Deutung den entscheidenden Fortschritt in der Interpretation der Logik

---

[501] ebda.
[502] Kaila, E., a. a. O., S. 58. [503] Kaila, E., a. a. O., S. 60.
[504] Dies ist m. W. die einzige literarische Entgegnung von Scholz auf eine Veröffentlichung eines Kritikers, vgl. „Logik, Grammatik, Metaphysik", hier zitiert nach M. U., S. 431 ff.

erblickt[505], so tritt jetzt „... der deutsche Altmeister der formalen Logik ..." auf und will „... der neuen formalen Logik selbst metaphysischen Charakter zusprechen."[506]

Doch Meschkowski warnt davor, allzu schnell Scholz' Meinung als absurd zurückzuweisen, daß „... in der neuen Logik selbst ein Stück echter Metaphysik ..."[507] vorliege, vielmehr stellt er fest: „Das mag den mit den modernen Formalismen Vertrauten abwegig erscheinen, aber es ist wohl der Mühe wert, die Überlegungen zu würdigen."[508]

Meschkowski ist nicht bereit, der Meinung zuzustimmen, daß die Scholzsche Metaphysikkonzeption als ein „... ‚Rückfall' in eine überwundene Betrachtungsweise ..."[509] zu bewerten sei, denn er gibt zu bedenken: „Sein (sc. Scholz') Anliegen ist offenbar, das gültige Fundament *aller* wissenschaftlichen Arbeit ... durch die Bezeichnung ‚Metaphysik' zu charakterisieren. *Einst* war dies Fundament gegeben durch irgendein philosophisches System (etwa *Platons* Ideenlehre), *heute* durch die grundlegenden Sätze der mathematischen Logik."[510] Zu dieser Deutung einer Metaphysik tritt außerdem noch stützend hinzu, daß Scholz, wie Meschkowski betont, „... wohl unterscheidet zwischen der ‚strengen Wissenschaft' in den Logikkalkülen und den ‚persönlichen Meditationen' in der Metaphysik der ‚letzten Dinge' ..."[511], so daß ein ‚Oszillieren' zwischen Wissenschaft und Spekulation gerade ausgeschlossen wird. Scholz „... hat offenbar nicht vor, aus einer mathematischen Beweisführung in eine metaphysische Argumentation (im üblichen Sinne) umzusteigen ..."[512], stellt Meschkowski fest.

Sicher ist Meschkowski im Recht, wenn er die genaue Unterscheidung betont, die Scholz zwischen den zwei Formen der Metaphysik macht, denn nichts läge Scholz ferner als jenes von Nygren ausgemachte „... unklare Gleiten zwischen Wissenschaft und Spekulation ..."[513], allerdings erweckt Meschkowski hier den Eindruck, als verwende Scholz

---

[505] Die hier beschriebene Auffassung steht offensichtlich auch hinter der Argumentation von Kaila und v. Juhos.
[506] Meschkowsiki, H.: „Was wir wirklich wissen", a. a. O., S. 104.
[507] Meschkowski, H.: „Was wir wirklich wissen", a. a. O., S. 101.
[508] ebda.
[509] Meschkowski, H.: „Wandlungen des mathematischen Denkens", Braunschweig 1964, S. 82.
[510] ebda.
[511] ebda.
[512] ebda.
[513] Nygren, A., a. a. O., S. 57.

hier zwei voneinander völlig getrennte Metaphysikbegriffe. Mit dieser Deutung unterschätzt Meschkowski nun freilich die strenge Geschlossenheit des Metaphysikkonzeptes von Scholz, wie oben gezeigt wurde, denn gerade die meditierende Metaphysik ist im Sinne von Scholz nicht etwas, in das man aus einer mathematischen Beweisführung möglicherweise ‚umsteigen' könnte, sondern sie ist es vielmehr, die die Axiome, welche einer solchen Beweisführung zugrunde liegen, begründen soll.

Diese strikte Trennung zweier Metaphysikbegriffe führt Meschkowski nun auch zu der Kritik an Scholz, wenn er konstatiert: „... es ist offensichtlich, daß Scholz ... unter ‚Metaphysik' etwas anderes versteht, als sonst üblich."[514]

Zwar erscheint auch hier der Grund für Scholz' Umdeutung des Metaphysikbegriffes ehrenhaft, denn auf diese Weise ist es vielleicht möglich, „... ‚geisteswissenschaftlich' orientierte Philosophen ..." für die grundlegenden Sätze der mathematischen Logik zu interessieren, indem ihre „... Bedeutung ... durch die Etikettierung ‚Metaphysik' ..."[515] besonders betont wird. Aber letztlich scheint es Meschkowski ähnlich wie Kaila doch als eine verfehlte Werbeaktion, denn „... es muß ... bezweifelt werden, ob eine solche Terminologie angebracht ist."[516] Meschkowski gibt deshalb zu bedenken: „Es bleibt doch das Faktum, daß derselbe im philosophischen Gespräch verbrauchte Begriff dann recht wesensverschieden angewandt wird: „Der Unterschied zwischen dem ‚wissenschaftlichen Kalkül' und dem ‚meditierenden Umkreisen' ist so erheblich, daß es bedenklich erscheinen muß, für beides die gleiche Bezeichnung zuzulassen."[517]

Später urteilt Meschkowski etwas konziliander, wenn er auch weiterhin eine Gefahr in dem Scholzschen Gebrauch des Metaphysikbegriffes sieht: „... die Umdeutung uralter Begriffe ist immer problematisch, und die Möglichkeit zu einer intellektuellen Falschmünzerei ist nicht auszuschließen. Heinrich Scholz ist jedoch ein Forscher von unbestechlicher Redlichkeit."[518] Da aber auch in anderen Wissenschaften traditionelle Begriffe übernommen und umgedeutet werden, will Meschkowski

---

[514] Meschkowski, H.: „Was wir wirklich wissen", a. a. O., S. 104.
[515] Meschkowski, H.: „Wandlungen des mathematischen Denkens", a. a. O., S. 82.
[516] ebda.
[517] ebda.
[518] Meschkowski, H.: „Was wir wirklich wissen", a. a. O., S. 105.

Scholz ausdrücklich „... das Recht zugestehen, die universal geltenden Logiksätze ... mit dem Etikett ‚Metaphysik' auszuzeichnen."[519] Freilich ändert dieses Zugeständnis nichts an dem generellen Urteil von Meschkowski: „Man soll nicht ‚neuen Most in alte Schläuche' füllen."[520] Wenn auch die Kritik von Meschkkowski von Sympathie für Scholz getragen ist, so bringt sie doch deutlich zum Ausdruck, daß letztlich das Metaphysikkonzept von Scholz einerseits eine verfehlte Werbeaktion für die moderne Logik und andererseits eine Verunklarung von Begriffen sei. Implizit und intuitiv setzt Meschkowski immer schon voraus, daß *eigentlich* Metaphysik etwas ist, das in dem ‚meditierenden Umkreisen der letzten Dinge' besteht, während Logikkalküle eben etwas hiervon verschiedenes, nämlich strenge Wissenschaft, sind. Diese Meinung versucht Scholz jedoch gerade zu korrigieren.

Wie oben gezeigt wurde, verwendete Scholz nicht wenig Energie darauf, diesen ‚intuitiven' Begriff durch einen Begriff von Metaphysik zu ersetzen, der gerade systematisch und historisch abgesichert ist. Erst von dieser begrifflichen Basis aus, die sich allerdings von einer intuitiven, umgangssprachlichen Verwendung des Metaphysikbegriffes unterscheidet, formuliert Scholz seine These, daß es möglich sei, einen Teil der Metaphysik als strenge Wissenschaft zu konstituieren.

1.3. DIE AN KANT ORIENTIERTE KRITIK V. KEMPSKI'S

Eine sehr bedenkenswerte kantianische Kritik an dem Metaphysikkonzept von Scholz veröffentlichte J. v. Kempski, der mit Scholz befreundet war, im Jahre 1948[521].

---

[519] ebda.
[520] Meschkowski, H.: „Wandlungen des mathematischen Denkens", a. a. O., S. 82.
[521] Kempski, J. v.: „Bemerkungen zu Heinrich Scholz' Grundlegung der Metaphysik", in: Archiv für Philosophie 1948/2, S. 112—124.
   Der Aufsatz war, wie der Verfasser in einem Postskriptum mitteilt, ursprünglich für den zweiten Teil einer Festschrift für Heinrich Scholz zum 60. Geburtstag gedacht. Während jedoch der erste Teil dieser Festschrift im Archiv für Rechts- und Sozialphilosophie 1944/37,1 veröffentlicht werden konnte, wurde die Veröffentlichung des zweiten Teils von den Nazis untersagt. Folgende Arbeiten sollten in diesem zweiten Teil neben der Arbeit von v. Kempski veröffentlicht werden: Weizsäcker, C. Fr. Frhr. v.: „Naturgesetz und Theodizee",
   Schröter, K.: „Vom Nutzen der mathematischen Logik für die Mathematik",
   Behmann, H.: „Das Auflösungsproblem in der Klassenlogik",
   Guardini, R.: „Das visionäre Element in Dantes Göttlicher Komödie",

Die Kritik an der Scholzschen Metaphysikkonzeption

Zu Beginn seiner Überlegungen macht v. Kempski deutlich, daß „Metaphysik als strenge Wissenschaft" nur dann angemessen interpretiert wird, wenn man diese Arbeit als einen „Ausschnitt" auffaßt, der deutlich macht, „... wie die Metaphysik, die Sie (sc. Scholz) im Sinne haben, beschaffen ist."[522]

Da es für v. Kempski feststeht, daß Scholz mehr will, als um eine „... bloße terminologische Frage ..."[523] zu streiten, läßt er die Diskussion um die Angemessenheit des Metaphysikbegriffs für die Scholzsche Konzeption auf sich beruhen und konzentriert sich auf die Frage, „... in welchem Verhältnis Ihre Metaphysik zur Fragestellung der Kantischen Kritik steht ..."[524]. In Übereinstimmung mit Scholz setzt v. Kempski voraus, daß eine Metaphysik *nach* Kant sich jedenfalls mit der Kantischen Kritik auseinanderzusetzen habe, so daß er seine Kritik „... auf die Diskussion eines Punktes ... beschränken [kann], auf die Frage, ob Ihre Metaphysik von dem Kantischen Gedankengang getroffen wird oder nicht."[525]

Da Scholz davon ausgeht, daß seine Metaphysik nicht von der Kantischen Kritik getroffen wird, versucht v. Kempski die Hauptargumente zusammenzufassen, auf die sich Scholz stützt. Nach der Auffassung v. Kempski's beziehen sich diese Argumente auf drei Problemkomplexe: Erstens auf den Begriff einer strengen Wissenschaft, zweitens auf die Themen einer Metaphysik und drittens auf die axiomatisch-deduktiv aufgebaute Struktur der vorgelegten Theorie der Identität und Verschiedenheit.

Es wird nun zuerst die Frage gestellt, ob die These von der Unmöglichkeit einer Metaphysik als (strenger) Wissenschaft im Sinne Kants mit der Arbeit von Scholz widerlegt ist; v. Kempski bestreitet dies: Scholz hat zwar darauf hingewiesen, daß Kant selbst erklärt habe, „... daß er sich durch einen einzigen unantastbaren metaphysischen Satz als widerlegt betrachten werde ..."[526], aber v. Kempski gibt zu Bedenken, daß das Zitat aus den ‚Prolegomena', auf das Scholz anspielt, nur

---

Heyde, J. E.: „Grenzen der psychologischen Schichtenlehre",
Emge, C. A.: „Kritische Bemerkungen zu Spinozas Grundbestimmungen in seiner Ethik",
Linke, P. F.: „Niedergangserscheinungen in der Philosophie der Gegenwart".
[522] v. Kempski, J., a. a. O., S. 112. Der Aufsatz ist in Brieform verfaßt, so daß sich häufig die persönliche Anrede findet. In der Anrede ist ausnahmslos Scholz gemeint.
[523] v. Kempski, J., a. a. O., S. 117. [524] v. Kempski, J., a. a. O., S. 113.
[525] ebda. [526] M. a. s. W., S. 12.

unter der Voraussetzung der Kantischen synthetisch/analytisch Distinktion verwendet werden kann. Für Kant geht es um die Frage, ob synthetische, zur Metaphysik gehörige Sätze „... auf *dogmatische* Art ..."[527] bewiesen werden können.

Nun ist es aber für v. Kempski keine Frage, daß Scholz in „Metaphysik als strenge Wissenschaft" *analytische* und nicht — wie von Kant gefordert — synthetische Sätze vorlegt. v. Kempski stellt deshalb fest: „Es wird sich also, für einen Kantianer, in Ansehung ihrer (sc. der Sätze von „Metaphysik als strenge Wissenschaft") fragen, ob sie als metaphysische Sätze interpretiert werden dürfen, obwohl sie keine synthetischen Sätze a priori sind und als analytische auch nicht sich auf metaphysische Begriffe als auf ihre Materie beziehen."[528]

Die Erwägungen und Problematisierungen, die Scholz in diesem Zusammenhang bezüglich der Kantischen synthetisch/analytisch Distinktion vorbringt, weist v. Kempski entschieden zurück[529], so daß er für diesen ersten Problemkomplex nur konstatieren kann: „Da der Kantische Begriff der Metaphysik auf synthetischen Sätzen a priori als deren Zweck abstellt, so hat sich der Begriff der Metaphysik bei Ihnen gegen den Kantischen verschoben."[530] Diese Feststellung allerdings stimmt völlig mit der Meinung von Scholz überein, denn wie oben gezeigt wurde, geht Scholz ja bewußt auf den vorkantischen Begriff der Metaphysik mit durchaus einleuchtenden und schwerwiegenden Gründen zurück.

Ein ähnliches Ergebnis hat auch v. Kempskis Untersuchung der Themen einer Kantischen und einer Scholzschen Metaphysik. Auch hier kann nur die Inkongruenz dieser beiden Arten der Metaphysik festgestellt werden.

In der Diskussion des dritten Problemkomplexes knüpft v. Kempski wieder an die Frage nach der Mathematisierbarkeit einer Metaphysik an und stellt fest, daß die Argumentation von Scholz immer auf die folgende Schlußfolgerung zuläuft:

1. Kant kritisiert eine Metaphysik, deren Themen Welt, Seele, Gott sind, Scholz' Metaphysik aber ist eine Art von Ontologie, folglich

---

[527] v. Kempski, J., a. a. O., S. 114.
[529] Vgl. v. Kempski, a. a. O., S. 120 f.
[528] ebda.
[530] v. Kempski, J., a. a. O., S. 114.

„... darf vermutet werden, daß diese Metaphysik von der Kantischen Kritik nicht getroffen wird."[531]

2. Kant hält Definitionen, Axiome und Demonstrationen für Charakteristika, die von der Metaphysik nicht nachgeahmt werden können. Die Scholzsche Metaphysik beruht aber „... in genau demselben Sinne auf Definitionen, Axiomen und Demonstrationen wie irgendeine mathematische Theorie .... Folglich wird sie, so schließen Sie, von dem Gedankengang Kants nicht getroffen."[532]

Um diesen auf den ersten Blick einleuchtenden Schlußfolgerungen zu begegnen, macht v. Kempski jedoch auf einen wichtigen Sachverhalt der Scholzschen Konzeption aufmerksam.

Scholz selbst konzediert, daß seine „... Metaphysik auch als eine Logik angesehen werden kann, als eine Logik, die einer metaphysischen Interpretation fähig ist ..."[533]. v. Kempski insistiert also auf der Tatsache, die auch Scholz betont, daß die entfaltete Theorie der Identität eine metaphysische Interpretation *nicht* notwendig nach sich zieht, daß diese vielmehr unter Absehung von dieser Interpretation in ein Teilgebiet der Logik übergeht[534]. Dies bedeutet aber für v. Kempski, daß nicht schon die vorgelegte Theorie der Identität, sondern erst deren Interpretation eine Metaphysik darstellt. Wenn dies aber so ist, so muß nun erneut die Frage gestellt werden „... ob diese metaphysische Interpretation von dem Kantischen Gedankengang getroffen wird oder nicht."[535].

Diese metaphysische Interpretation setzt nun, so charakterisiert v. Kempski die Scholzsche Intention, einen Begriff von Metaphysik als der „... Wissenschaft von der Möglichkeit der Dinge überhaupt ..."[536] voraus. Aber ist es möglich, diese ontologischen Prinzipien, die „... die notwendigen Eigenschaften einer möglichen Welt ... bestimmen ..."[537], zu formulieren? v. Kempski stellt diesem Ziel den unwidersprechlichen Kantischen Einwand entgegen:

„Daß im Widerspruch mit ihnen (sc. den ontologischen Prinzipien) unsere Erkenntnis keinen Gegenstand haben kann, beweist durchaus nicht schon, daß die durch jene Prinzipien gekennzeichnete Möglichkeit des Gegenstandes unserer Erkenntnis gleichbedeutend ist mit der Möglichkeit der Gegenstände als möglicher Dinge an sich."[538]

---

[531] v. Kempski, J., a. a. O., S. 115.
[533] v. Kempski, J., a. a. O., S. 115 f.
[535] v. Kempski, J., a. a. O., S. 116.
[537] ebda.
[532] ebda.
[534] Vgl. M. a. s. W., S. 173 und S. 174.
[536] v. Kempski, J., a. a. O., S. 117.
[538] v. Kempski, J., a. a. O., S. 118.

Von dieser Überlegung aus kommt v. Kempski zu dem Ergebnis, daß sich auch angesichts des Scholzschen Versuches einer Konstitution der Metaphysik als der „... Wissenschaft von der Möglichkeit der Dinge überhaupt ..."[536] die Kantische Frage nach dem Grund möglicher apriorischer Erkenntnis als die auch gegenüber Scholz fundamentalere Frage erweist und daß so Scholz letztlich doch von der Kantischen Metaphysikkritik getroffen wird.

Auch bei dieser Metaphysik, so betont v. Kempski, wird nur suggeriert, daß „... wir ... die Möglichkeit der Gegenstände unserer Erkenntnis als möglicher Dinge an sich in Händen [hätten]."[539]

Auch wenn es richtig ist, daß ein Leugnen der Sätze der Identitätstheorie bedeuten würde, „... die Unmöglichkeit eingestehen, sich überhaupt etwas zu denken ..."[540], so wendet v. Kempski doch ein, daß hier nicht Gegenstände als mögliche Dinge an sich, sondern Gegenstände, „... sofern sie *unter Begriffe gebracht* sind und *nur* sofern sie dies sind ..."[541], erreicht werden.

Wenn es sich aber so verhält, dann muß gefragt werden, was denn beispielsweise durch einen Satz der Identitätstheorie „... *hinsichtlich der Möglichkeit der Dinge überhaupt* erkannt ist."[542] Nach der Auffassung von v. Kempski werden mit diesen Sätzen keine Aussagen zur Bestimmung von Objekten gemacht, sondern es werden lediglich Informationen über die Bildung von Begriffen gegeben, so daß er meint, die Kantische Definition der Logik wieder in ihr Recht einsetzen zu müssen, wenn er schreibt: „Fragen wir nach dem Grunde der Notwendigkeit der Bestimmbarkeit möglicher Gegenstände unserer Erkenntnis durch die Menge der Sätze Ihrer Metaphysik, so liegt die Antwort — von Kant her gesehen — nahe: weil sie interpretiert werden können als Sätze der formalen Logik, das heißt für Kant: der Wissenschaft von der inneren Möglichkeit des Denkens."[543]

Schließlich setzt sich v. Kempski noch mit der von Scholz aufgeworfenen Frage nach der Möglichkeit analytischer Urteile a priori auseinander, die Kant nach der Meinung von Scholz unbeantwortet läßt[544], während Scholz diese Frage mit dem Verweis auf die Leibnizsche Illuminationslehre beantwortet.

---

[539] v. Kempski, J., a. a. O., S. 118.
[541] ebda.
[543] ebda.
[540] ebda.
[542] v. Kempski, J., a. a. O., S. 119.
[544] M. a. s. W., S. 170.

Diese Scholzsche Antwort will nun freilich v. Kempski nicht akzeptieren, weil er diese Art der Lösung des Problems für völlig „unkantisch" hält, denn hier wird „... das Problem dem persönlichen Glauben überliefert ..."[545].

v. Kempski möchte demgegenüber die Frage nach der Möglichkeit analytischer Urteile im Sinne Kants, und das heißt für ihn fundamentaler, lösen. Dieser Lösungsversuch schließt sich wieder an die von v. Kempski vertretene Interpretation der Logik als der Lehre von den „... inneren Möglichkeiten des Denkens ..."[546] an: Analytische Urteile, argumentiert v. Kempski, beziehen sich auf jeden Gegenstand, „... sofern er Gegenstand unserer Erkenntnis, d. h. sofern er unter Begriffe gebracht ist ..."[547], insofern geben diese Urteile jedoch keinen „... Aufschluß ... über Eigenschaften von Gegenständen überhaupt, sondern über die Struktur des Gegenstandes ‚Allgemeinbegriff'."[548] Die Möglichkeit analytischer Urteile liegt so letztlich in der Tatsache begründet, *daß* Erfahrung überhaupt möglich ist, so daß v. Kempski mit Kant feststellen kann: „... die analytische Einheit der Apperzeption ist nur unter Voraussetzung irgendeiner *synthetischen* möglich — weshalb dann auch die synthetische Einheit der Apperzeption der höchste Punkt ist, an dem man allen Verstandesgebrauch, *selbst die ganze Logik*, ... heften muß."[549] v. Kempski beantwortet so die Frage nach der Möglichkeit analytischer Urteile mit dem Verweis auf das Vermögen des Verstandes: Der Verstand selbst als das Vermögen, die synthetische Einheit der Apperzeption zu konstituieren, ist der Grund dafür, „... daß man sich über die analytischen Sätze verständigen kann ‚auf eine Weise, für welche die schöne Leibnizsche Redeweise von der prästabilierten Harmonie ein unübertrefflicher Ausdruck ist'."[550]

Wenn diese Überlegung jedoch gilt, so ist für v. Kempski klar, daß es unangemessen wäre, ein System von analytischen Sätzen, wie es die von Scholz vorgelegte Identitätstheorie ist, als eine Metaphysik, und das hieße ja, als eine ‚Wissenschaft von der Möglichkeit der Dinge überhaupt' zu bezeichnen, vielmehr bleibt diese Theorie Teil der formalen Logik, der ‚Wissenschaft von der inneren Möglichkeit des Denkens'.

---

[545] v. Kempski, J., a. a. O., S. 122.
[547] v. Kempski, J., a. a. O., S. 122.
[549] ebda.
[550] ebda. v. Kempski nimmt hier eine Wendung von Scholz (vgl. M. a. s. W., S. 170) auf.
[546] v. Kempski, J., a. a. O., S. 119.
[548] v. Kempski, J., a. a. O., S. 123.

Das Fazit der Kritik v. Kempski's besteht so in einer doppelten These: Soweit die von Scholz vorgelegte Theorie einer metaphysischen Interpretation fähig ist, verfällt sie der Kantischen Metaphysikkritik. Soweit man diese Theorie allein als ein System analytischer und apriorischer Sätze auffaßt, handelt es sich um eine formale Logik und *nicht* um eine Metaphysik. v. Kempski schließt deshalb seine Kritik mit der Bemerkung:

> „Aber wie dem nun sei, so bleibt uns Ihre Theorie als eine Logik, und das ist nicht wenig. Und ich glaube, daß wir dieser Logik von ‚gepanzerten Sätzen' und ‚gepanzerten Definitionen', von denen sie in Anlehnung an eine Kantische Redewendung sprechen, keinen geringen Anteil zuwenden werden und zuwenden müssen, auch wenn ihre Sätze nicht als Sätze einer Metaphysik interpretiert werden können."[551]

Ohne Zweifel muß diese scharfsinnige Kritik von v. Kempski als eine durchdachte und in sich schlüssige Argumentation bezeichnet werden, freilich macht sie jedoch unausgesprochen eine fundamentale Voraussetzung, von der die Zustimmung zu dieser Kritik abhängt: Man muß bereits auf dem Boden der Kantischen Philosophie stehen, um dieser Kritik zustimmen zu können[552]. Genau diese Prämisse trifft jedoch für Scholz gerade nicht zu.

---

[551] v. Kempski, J., a. a. O., S. 123 f.
[552] So stellt in einer Besprechung der Kritik v. Kempski's R. E. Luce, der offensichtlich *nicht* die Kantischen Voraussetzungen v. Kempskis teilt, lapidar fest: „The reviewer cannot say that he found Herr von Kempski's argument wholly convincing ..." (Journal of Symbolic Logic 1948—49/13—14, S. 254).
Eine rein kantianische Kritik von „Metaphysik als strenge Wissenschaft" findet sich in einer Besprechung der Kantstudien (Kantstudien 1943/43, S. 497—502). Schon vom Aufbau der Rezension her wird deutlich, daß Scholz hier vor einen ‚Kantischen Gerichtshof' gestellt wird. So besteht die Rezension aus etwas mehr als acht Spalten, hiervon bilden ca. fünf Spalten Kant-Zitate oder Kant-Paraphrasen, wobei eine ausführliche Einleitung die Kantische Position zu Logik und Metaphysik rekapituliert.
Gleich am Anfang seiner Lektüre von „Metaphysik als strenge Wissenschaft" stößt der Rezensent auf das „Geständnis" von Scholz, „... daß ‚der Begriff von Metaphysik, auf welchem wir fußen (sc. im Original folgt ‚werden'), wesentlich unterschieden (sc. im Original ‚verschieden') sein wird von dem Begriff, auf welchen die Kantischen Deduktionen bezogen sind' (§ 1, S. 12)." (Hagelstein, O.: Besprechung von „Metaphysik als strenge Wissenschaft", in: Kantstudien 1943/43, S. 497—502, S. 498). Darauf verteidigt Hagelstein Kant gegen die These von Scholz: „Man versuche einmal genau zu sagen, was *Kant* unter Metaphysik

Die Kritik an der Scholzschen Metaphysikkonzeption 193

An allen entscheidenden Stellen seiner Kritik begründet v. Kempski seine Argumente mit Kant-Zitaten oder Kantische Gedanken, so setzt er für seine Argumentation grundlegend eben diejenige analytisch/ synthetisch Distinktion voraus, die Scholz mit starken Argumenten in Frage stellt. Außerdem verwendet er eine Kantische Interpretation der Logik als einer ‚Wissenschaft von der inneren Möglichkeit des Denkens‘, die Scholz entschieden ablehnt[553].

Angesichts dieses Sachverhaltes muß festgestellt werden, daß sich die Kritik v. Kempski's schließlich im wesentlichen auf das Ergebnis reduziert, daß die Metaphysik von Scholz *für einen Kantianer* nichts als eine formale Logik ist.

Dagegen wurde oben gezeigt, daß Scholz gerade in einer Kant*kritik* die Möglichkeit und Berechtigung aufweisen wollte, seine Theorie als eine Metaphysik zu kennzeichnen.

Gleichwohl weist v. Kempski auf ein äußerst wichtiges Problem der Scholzschen Metaphysikkonzeption hin, das eine Scholzkritik im Blick behalten muß, wenn er auf die Unterscheidung hinweist, die zwischen der vorgelegten Identitätstheorie und einer möglichen metaphysischen Interpretation dieser Theorie gemacht werden muß. Diese Unterscheidung, die auch von Scholz innerhalb von „Metaphysik als strenge Wissenschaft" ausdrücklich zugestanden wird, benennt eine Unklarheit innerhalb

---

verstanden hat ..." (M. a. s. W., S. 12) und verweist auf § 1 der ‚Prolegomena‘, wo eine Definition der Metaphysik gegeben werde, die so ausgearbeitet ist, daß „... auch der Mathematiker von seinen Definitionen nicht [mehr] zu verlangen [pflegt]." (Hagelstein, O., a. a. O., S. 499). In seinem Resümee ist sich Hagelstein sicher, daß Scholz' Konzeption der Metaphysikkritik Kants nicht standhält und daß Scholz' Polemiken gegen Kant letztlich auf Mißverständnissen der Kantischen Philosophie beruhen. So bleibt dem Rezensent nur zu betonen: „Selbstverständlich steht Scholz das Recht zu, den Begriff ‚Metaphysik‘ zu definieren, wie es für seine eigene Untersuchung von Vorteil ist ..." (Hagelstein, O., a. a. O., S. 498), aber damit stellt man sich auf eine neue Basis und hat so nicht mehr das Recht, „... gegen Kant ... zu polemisieren" (ebda.).

Wenn der Rezensent hier Recht hat, dann würde das nach meiner Meinung zu der kuriosen Folgerung führen: Mit Kant kann man nur über Metaphysik streiten, wenn man Kants Begriff von Metaphysik als den gültigen Begriff voraussetzt, was bedeuten würde, daß man Kant nur kritisieren darf, *wenn* man Kantianer ist, ihn aber eben dann nicht kritisiert, *weil* man Kantianer ist. Scholz hingegen versucht, wie oben gezeigt wurde, den Kantischen Metaphysikbegriff mit Gründen zurückzuweisen.

[553] Vgl. oben S. 91.

der Scholzschen Konzeption, der in der weiteren Kritik nachzugehen ist. Die Frage, die hier virulent wird, ist die Scholzsche Zuordnung von Logik und Metaphysik, die im Anschluß an v. Kempski folgendermaßen formuliert werden kann: ‚Ist' die Identitätstheorie eine Metaphysik in der Form einer strengen Wissenschaft oder kann ein Logiker mit metaphysischen Ambitionen diese Theorie als eine Metaphysik deuten?

1.4. DIE KRITIK VON K. LANG

Während die ersten beiden Typen der Kritik die Scholzsche Metaphysikkonzeption gleichsam ‚von außen' kritisieren, versucht Lang, die Scholzsche Konzeption einer immanenten Kritik zu unterziehen. In seiner Dissertation, in der er in erster Linie das Verhältnis von Mathematik und Philosophie am Beispiel von Scholz diskutiert, kommt Lang schließlich auch zu einer Kritik der Scholzschen Metaphysik.

Die Arbeit setzt ein mit einem kurzen historischen Abriß zum Verhältnis von Mathematik und Philosophie, von den Pythagoreern über Platon zu Descartes und Leibniz bis hin zu dem „... Frontalangriff auf die Philosophie ..."[554], der von Carnap geführt wurde. Mit dieser Kritik ist nach Meinung von Lang der Punkt erreicht, von dem an ein Gespräch zwischen Mathematik und Philosophie durch gegenseitige Anschuldigungen ersetzt wurde. Dieses Gespräch will Lang mit dem Rückgriff auf Scholz wieder in Gang bringen. Daraufhin gibt Lang eine formale Nachkonstruktion von „Metaphysik als strenge Wissenschaft" und wendet sich schließlich einer kritischen Würdigung der Scholzschen Metaphysikkonzeption, soweit sie aus „Metaphysik als strenge Wissenschaft" zu entnehmen ist, zu.

Diese Kritik läßt sich in drei Bereichen ordnen, wobei im ersten Bereich gefragt wird, ob oder inwiefern die Scholzsche Metaphysik die von Scholz vorgegebene Definition von Metaphysik erfüllt. Im zweiten Bereich wird danach gefragt, inwieweit mit Berechtigung von einer Metaphysik als *strenger Wissenschaft* bei Scholz gesprochen werden kann. Drittens fragt Lang danach, was mit der Scholzschen Konzeption von Metaphysik philosophisch erreicht werden kann.

---

[554] Lang, K., a. a. O., S. 10.

1.4.1. Die Metaphysikdefinition von Scholz und deren Erfüllung durch „Metaphysik als strenge Wissenschaft"

Die nach der Meinung von Lang erschöpfende Metaphysikdefinition von Scholz, die Lang für diesen Bereich seiner Kritik zugrunde legt, lautet: „Der Horizont eines signifikanten metaphysischen Satzes muß auf eine eindeutige Art über den Horizont eines physikalischen Satzes hinausgehen."[555]

Bezogen auf diese vorgegebene Definition fragt Lang nun, inwieweit die Sätze der Identitätstheorie die Erwartung erfüllen, die traditionell an eine Metaphysik gestellt werden: „Nach traditioneller Ansicht wird der Effekt der ‚Horizonterweiterung' durch den transcendenten bzw. transcendentalen Charakter der metaphysischen Sätze bewirkt."[556] Diese Erwartung wird jedoch von den Sätzen der Identitätstheorie nur in einem sehr eingeschränkten Maße erfüllt, so daß für Lang der Scholzsche „... Transcendenzbegriff eher wie eine Parodie auf den gewohnten Begriff erscheint und kaum als eine neue fruchtbare Interpretation von Transcendenz."[557]

Der Term ‚transzendent' muß nach Lang mit der philosophischen Tradition nun jedoch weiter als ‚erfahrungstranszendent' präzisiert werden, und es ist zu fragen, ob die Sätze der Identitätstheorie sinnvoll als erfahrungstranszendente Horizonterweiterungen angesprochen werden können. Für Lang steht es so, daß die Sätze der Identitätstheorie höchstens als „... eine bestimmte Welt transcendierend ..."[558] charakterisiert werden können. Diese Form der Transzendenz kann Lang jedoch nur als eine „... sehr blasse Transcendenz gegenüber der wirklichen Welt ..."[559] bezeichnen, denn mit Recht weist er auf die für „Metaphysik als strenge Wissenschaft" geltende Definition von ‚Welt' hin, aus der folgt, daß die möglichen Welten sich „... nur noch durch die Anzahl ihrer Elemente unterscheiden ..."[560] Mit diesem Ergebnis steht für Lang jedoch fest, daß die Sätze der Identitätstheorie in einem für die Philosophie annehmbaren Sinne *nicht* ‚horizonterweiternd' genannt werden können, mithin setzte sich Scholz in Widerspruch zu seiner eigenen Definition von Metaphysik, denn der von Scholz verwendete

---

[555] M. a. s. W., S. 139.
[557] Lang, K., a. a. O., S. 52.
[559] ebda.

[556] Lang, K., a. a. O., S. 51.
[558] Lang, K., a. a. O., S. 52.
[560] ebda.

Transzendenzbegriff sei lediglich „... eine blasse Nachahmung der in der Philosophie meist gemeinten Bedeutung von Transcendenz..., denn daß Transcendenz erfahrungstranscendent sei, ist sicher eine Minimalforderung an die philosophische Deutung dieses Wortes."[561]

Lediglich in einer anderen Hinsicht, die jedoch philosophisch nicht relevant ist, kann nach der Meinung von Lang sinnvoll von einer Transzendenz der identitätstheoretischen Sätze gesprochen werden: „Metaphysik als strenge Wissenschaft" kann als „kalkültranscendent"[562] bezeichnet werden, insofern die Sätze der Identitätstheorie in jedem Kalkül gültig sind und von jeder Theorie vorausgesetzt werden.

Die für diesen Problembereich formulierte Kritik von Lang muß meines Erachtens jedoch aus mehreren Gründen zurückgewiesen werden:

1. Die Definition von Metaphysik, die Lang seiner Kritik zugrunde legt, ist sicher ein wichtiges Element in der Scholzschen Metaphysikdefinition, gleichwohl kann sie nicht als *die* umfassende Scholzsche Definition angesehen werden, anhand derer Scholz bereits ein innerer Widerspruch nachgewiesen werden könnte.
2. Selbst bei Voraussetzung dieser schmalen definitorischen Basis überzeugt die Argumentation von Lang nicht. Lang trägt einen Begriff in seine Argumentation ein, der in der vorliegenden Scholzschen Definition nicht auftritt. Scholz spricht davon, daß der *Horizont* eines metaphysischen Satzes über den Horizont eines physikalischen Satzes „hinausgehen"[563] muß. Lang interpretiert diesen Sachverhalt durch den Begriff ‚Horizont*erweiterung*', der dann zuerst durch den Begriff der Transzendenz, schließlich durch den Begriff der Erfahrungstranszendenz ersetzt wird. Diese beiden Begriffe, auf die sich nun die Kritik von Lang richtet, tauchen jedoch in der vorausgesetzten Definition überhaupt nicht auf, so daß die Folgerungen von Lang Scholz an dieser Stelle nicht unmittelbar treffen.

An anderer Stelle behauptet Scholz allerdings, daß die Sätze seiner Metaphysik über den Bereich der Erfahrung *hinausgehen*, dies zeigt er jedoch durch einen indirekten Beweisgang. Scholz argumentiert hier folgendermaßen: Wenn „Metaphysik als strenge Wissenschaft" einen

---

[561] Lang, K., a. a. O., S. 53.   [562] Lang, K., a. a. O., S. 53.
[563] M. a. s. W., S. 139.

„... Überblick über die Gesamtheit der möglichen Welten ..."[564] gibt, so muß gefragt werden, wie dieses Wissen möglich ist, hier aber scheidet Erfahrung als Garant für Wissen aus, denn „... der Schauplatz unserer Erfahrung fällt offenbar zusammen mit der wirklichen Welt. Eine mögliche Welt kann nicht beobachtet werden."[565] Es muß also konstatiert werden, daß die Scholzsche Metaphysik Sätze beinhaltet „... über deren Wahrheit man sich restlos verständigen kann ..."[566] und für die gleichzeitig gilt, daß sie nicht durch Erfahrung begründet werden können.

Obwohl Lang in seinem Versuch nachzuweisen, daß Scholz seine eigene Definition von Metaphysik nicht erfüllt, nicht gefolgt werden kann, gibt er doch im Zusammenhang seiner Kritik einen wichtigen Impuls, der für eine Scholz-Kritik aufzunehmen ist, wenn er auf die Definition von ‚Welt' und die Möglichkeit der Unterscheidung von unterschiedlichen ‚Welten' hinweist, die im Kontext von „Metaphysik als strenge Wissenschaft" vorausgesetzt ist.

1.4.2. Der Sinn des Titels ‚Metaphysik als strenge Wissenschaft'

In diesem Bereich seiner Kritik weist Lang auf eine Unklarheit innerhalb der Scholzschen Metaphysikkonzeption hin, die schon v. Kempski in seinen Überlegungen benannt hatte: ‚Ist' bereits die vorgelegte Theorie der Identität eine Metaphysik, oder kann diese Theorie als Metaphysik interpretiert werden.

Lang betont: „Von dem metaphysischen Charakter des Textes läßt sich jederzeit abstrahieren; übrig bleibt ein Text der mathematischen Logik, der expressis verbis keinerlei metaphysische Aussagen enthält. Metaphysische Aussagen kann Scholz dem Text nur durch eine geeignete Interpretation zuordnen ..."[567]. Es wurde bereits darauf hingewiesen, daß diese Einschätzung ausdrücklich von Scholz gestützt wird, wenn dieser schreibt: „Abstrahiert man von dieser (sc. metaphysischen) Interpretation, so geht sie (sc. die vorgelegte Metaphysik) über in eine mathematisierte Logik."[568] Lang kommt deshalb zu dem Ergebnis: „Scholz ... entwickelt eine mathematische Theorie, die auch und nebenbei eine metaphysische Deutung gestattet."[569]

---

[564] M. a. s. W., S. 169.
[566] ebda.
[568] M. a. s. W., S. 173.
[565] ebda.
[567] Lang, K., a. a. O., S. 63.
[569] Lang, K., a. a. O., S. 65.

„Metaphysik als strenge Wissenschaft" scheint Lang so aus zwei Elementen von ganz unterschiedlicher Art zusammengesetzt zu sein: Einerseits dem mathematischen Element, das strenge Wissenschaft ist, und andererseits dem kontingent hinzukommenden metaphysischen Element, das nicht als strenge Wissenschaft bezeichnet werden kann. So ergibt sich die paradoxe Folgerung:

Insofern „Metaphysik als strenge Wissenschaft" eine strenge Wissenschaft ist, ist das Werk keine Metaphysik. Insofern „Metaphysik als strenge Wissenschaft" als eine Metaphysik bezeichnet werden kann, ist das Werk nicht ‚streng'.

Diese aporetische Konsequenz will Lang jedoch nicht ziehen, denn er hält es für ausgeschlossen, „... daß ausgerechnet Scholz, als er den Titel für sein Werk ‚Metaphysik als strenge Wissenschaft' wählte, den Unterschied zwischen theoretischen und metatheoretischen Sätzen übersehen haben sollte ..."[570], er schlägt deshalb eine harmonisierende Lösung dieses Problems vor, die freilich nicht sehr überzeugend scheint, wenn er schreibt: „Der Titel des Buches ... darf also nicht ... dahingehend verstanden werden, daß nun die Metaphysik endgültig zur strengen Wissenschaft geworden ist, sondern nur, daß sie beginnt, die Wissenschaft in ganz neuer Weise ernst zu nehmen."[571] Dieses Friedensangebot würde Scholz wohl kaum angenommen haben, und so kann auch Lang nicht umhin, direkt nach dem oben wiedergegebenen Satz zu konzedieren: „Das Selbstverständnis von Scholz und die Einschätzung der Bedeutung von ‚Metaphysik als strenge Wissenschaft' mag allerdings unter Umständen anders gewesen sein ..."[572].

Auch in diesem Bereich der Kritik macht Lang auf eine Schwierigkeit aufmerksam, die einer über Scholz hinausgehenden Klärung bedarf, denn es geht bei der Kritik des Titels des Scholzschen Werkes um nicht weniger als die Frage, ob der Titel ‚Metaphysik als strenge Wissenschaft' in der Perspektive der Kritik von Lang nicht ersetzt werden müßte durch den Titel: ‚Mathematische Logik als strenge Wissenschaft, versehen mit einigen metaphysischen Anmerkungen'. Wenn die Kritik von Lang also zuträfe, würde das Unternehmen von Scholz letztlich trivial.

---

[570] Lang, K., a. a. O., S. 64.
[571] Lang, K., a. a. O., S. 65.
[572] ebda.

Allerdings kann meines Erachtens auch hier der Kritik in ihren Schwerpunkten vor allem aus zwei Gründen nicht gefolgt werden.

1. Lang erkennt in seiner Kritik ganz zutreffend einen engeren und einen weiteren Begriff von Metaphysik, den oben herausgearbeiteten Unterschied zwischen signifikanter und meditierender Metaphysik in der Metaphysikkonzeption von Scholz[573]. Da er jedoch auf eine genaue Begriffsanalyse des Metaphysikbegriffes bei Scholz verzichtet hatte, legt Lang jetzt — ähnlich wie Meschkowski — unwillkürlich seinen eigenen Begriff von Metaphysik als Kriterium an, so daß er lediglich den Scholzschen Begriff der meditierenden Metaphysik identifizieren kann, während die signifikante Metaphysik überhaupt nicht für Lang in den Blick kommt. So fällt für ihn als Beobachter das Werk in einen ‚metaphysischen' und einen ‚mathematischen' Teil auseinander, jedoch nicht deshalb, weil Scholz nicht in der Lage gewesen wäre, diese beiden Teile in seiner Konzeption von Metaphysik zu integrieren, sondern weil Lang mit einem eigenen Begriff von Metaphysik an den Text herangeht.

2. Aber auch unter einem zweiten Gesichtspunkt scheint die Kritik von Lang nicht schlüssig zu sein. Selbst wenn die Beobachtung von Lang zutrifft, daß „... jene strenge Wissenschaftlichkeit, die man für den Text reklamiert, ... sich ... nicht ohne weiteres auf die Interpretation übertragen [läßt] ..."[574] folgt daraus nicht ohne weiteres, daß die Scholzsche Metaphysikkonzeption zu Unrecht eine ‚Metaphysik als strenge Wissenschaft' genannt wurde.

In seinen wissenschaftstheoretischen Arbeiten spricht Scholz genau dann von einer *strengen* Wissenschaft, wenn diese nach dem Muster der Mathematik aufgebaut ist, dergestalt, daß sie eine formale Sprache verwendet, so daß alle Sätze dieser Wissenschaft in Axiome und Theoreme aufgespalten werden können[575]. Das Attribut ‚streng' bezieht sich also nicht auf den *Gehalt* einer Wissenschaft, sondern auf deren *Form*. Diese Einschätzung bringt Scholz deutlich zum Ausdruck wenn er schreibt: „Der Mathematiker weiß, was gute Kalküle seit *Newton* für unsere Physik bedeuten. Aus diesem Büchlein (sc. „Metaphysik als strenge Wissenschaft") wird er erfahren, daß es heute Kalküle gibt, die auf eine überraschende Art für eine Metaphysik ... dasselbe leisten."[576]

---

[573] Vgl. oben, S. 129 ff.   [574] Lang, K., a. a. O., S. 63.
[575] Vgl. z. B. Scholz, H.: „Wie ist eine evangelische Theologie als Wissenschaft möglich?" a. a. O.
[576] M. a. s. W., S. 7.

Bei dieser Auffassung ist vorausgesetzt, daß der Logiker gleichsam ‚auf Vorrat' Kalküle konstruiert. Einer dieser Kalküle mag dann geeignet sein, um ein bestimmtes Problem, beispielsweise der theoretischen Physik, zu bearbeiten und erhält so eine physikalische Interpretation. Dieser Kalkül geht dann zusammen mit seiner Interpretation in das Theoriegebäude der theoretischen Physik ein. Die Tatsache, daß ein an sich bedeutungsloser Kalkül mit einer physikalischen Interpretation versehen wird, führt nun jedoch nicht zu der Behauptung, daß die Physik ‚eigentlich' nicht den Charakter einer strengen Wissenschaft habe, vielmehr wäre zu argumentieren, daß die theoretische Physik eben dadurch den Charakter einer strengen Wissenschaft erhält, *daß* sie formale Kalküle einsetzt und mit einer physikalischen Interpretation versieht. Dieses Beispiel macht deutlich, daß das Problem der Interpretation kein Sonderproblem von Scholz' Metaphysik ist, vielmehr tritt dieses Problem notwendig in dem Augenblick auf, in dem man über eine rein formal beziehungsweise syntaktisch orientierte Formulierung eines Kalküls hinausgeht und der Syntax des Kalküls eine Semantik zuordnet.

In diesem Sinne müßte gegen Lang festgestellt werden: Eine Wissenschaft heißt ‚streng', wenn sie zur Lösung ihrer Probleme formale Kalküle einsetzen kann, mithin wäre der Titel, den Scholz seiner Arbeit gibt, gerechtfertigt, denn er zeigt ja, „... daß es heute Kalküle gibt, die ... für eine Metaphysik ... dasselbe leisten ..."[577] wie bestimmte andere Kalküle für die Physik.

1.4.3. Der philosophische Ertrag der Metaphysik von Scholz

Im dritten Komplex seiner Scholz-Kritik fragt Lang nach dem philosophischen Ertrag von „Metaphysik als strenge Wissenschaft" und kommt zu dem Ergebnis, daß die Ausführungen von Scholz „... im Grunde genommen ... philosophisch unfruchtbar bleiben."[578] Für Lang gilt: „Zumeist wird eine philosophische Askese betrieben, die die Arbeit ganz der Mathematik überläßt. Die Philosophie selbst tritt nur hinterher in Erscheinung, nachdem die eigentliche Arbeit getan ist und bestätigt philosophisch, was die Mathematik schon geleistet hat."[579]

---

[577] ebda.
[578] Lang, K., a. a. O., S. 99.
[579] ebda.

Auch in diesem Teil seiner Kritik insistiert Lang auf die seiner gesamten Kritik zugrunde liegende Trennung von Mathematik als strenger Wissenschaft auf der einen, Philosophie auf der anderen Seite. Nachdem er alle als ‚mathematisch' zu identifizierenden Elemente aus dem Werk subtrahiert hat, kann er nur feststellen, daß ‚Philosophisches' kaum übrig bleibt: „Wir müssen also konstatieren, daß kein Anstoß zu neuen philosophischen Leistungen gegeben wird, es sei denn der, daß man, falls man eine besondere große Vorliebe für die Philosophie hat, dieselbe hervorragend als Kommentator der Mathematik einsetzen kann."[580]

Ähnlich wie bei der Kritik des Scholzschen Metaphysikbegriffes geht Lang jedoch mit dieser ‚Subtraktionsmethode' an den Scholzschen Intentionen vorbei. Zweifellos ist es eine der Grundthesen von „Metaphysik als strenge Wissenschaft": *Indem* man sich mit dem Bereich der mathematischen Logik befaßt, der hier von Scholz dargestellt wird, treibt man Metaphysik, und zwar als eine strenge Wissenschaft. Diesen Sachverhalt will Scholz pointieren, wenn er schreibt: „(1) Es gibt eine Mathematik von einem einmaligen metaphysischen Gehalt. (2) Es gibt eine Metaphysik von einer einmaligen mathematischen Struktur."[581]

Zusammenfassend muß für alle drei Bereiche der Scholz-Kritik von Lang festgestellt werden, daß dieser Versuch einer immanenten Scholz-Kritik nicht überzeugen kann, gleichwohl gibt Lang, ebenso wie v. Kempski, Impulse, die in den folgenden Überlegungen aufgenommen werden sollen.

1.5. WEITERE ÜBERLEGUNGEN ZUR KRITIK DER SCHOLZSCHEN METAPHYSIKKONZEPTION

Vor allem zwei Problemkreise, die in den dargestellten Ansätzen zur Kritik zum Teil angedeutet wurden, sollen im folgenden genauer kritisch überprüft werden.

Der erste Problemkreis kann durch die Terme ‚mögliche Welt' und ‚Individuum' angedeutet werden, während der zweite Problemkreis durch die Frage nach dem Verhältnis von Logik und Metaphysik in der Konzeption von Scholz beschrieben werden kann.

---
[580] Lang, K., a. a. O., S. 100.
[581] M. a. s. W., S. 148. Im Original hervorgehoben.

1.5.1. ‚Mögliche Welten‘ und ‚Individuum‘

Bereits v. Kempski verweist in seiner Kritik beiläufig darauf, daß der Scholzsche Begriff der Welt keinerlei philosophische Relevanz mehr habe, da er eingeschränkt ist auf die Bedeutung ‚nichtleerer Individuenbereich‘. Mit diesem Hinweis ist eine Schwäche der Scholzschen Konzeption benannt, der kritisch nachgefragt werden muß.

Das Denkmodell der ‚möglichen Welten‘ verwendet Scholz im Anschluß an Leibniz bereits in seiner Metaphysikvorlesung und in der Vorlesung über die Hauptgestalten der Logik[582]. Hier wird diese Denkfigur genutzt, um die Sätze der Logik zu charakterisieren: Diese Sätze gelten nicht nur in der wirklichen, sondern darüber hinaus in jeder möglichen Welt. Obwohl der Begriff der Welt hier noch nicht näher präzisiert ist, wird er von Scholz als sinnvoll vorausgesetzt. ‚Welt‘ ist dabei als eine Gesamtheit von Individuen gefaßt, so daß die Relation ‚Welt — Individuum‘ der Relation ‚Menge — Element‘ innerhalb mengentheoretischer Betrachtungen entspricht. Diese Redeweise bringt nach Meinung von Scholz am besten das Faktum zum Ausdruck, daß einerseits jede Logik von der Prädikatenlogik an den Individuenbegriff voraussetzen muß und daß andererseits für die Sätze der Logik Allgemeingültigkeit postuliert wird.

Mit Hilfe der Semantik von Tarski, die mit dem Begriff des Individuenbereiches arbeitet, kann Scholz nun den Begriff der möglichen Welt formal präzisieren. Genau dieser Begriff ist es, der der Konzeption von „Metaphysik als strenge Wissenschaft" zu Grunde liegt, wenn jeder nicht leere Individuenbereich als eine mögliche Welt bezeichnet wird.

Eine ebenso verallgemeinerte Bedeutung erhält der dem Weltbegriff korrespondierende Begriff des Individuums: Jedes beliebige Element einer Menge kann als Individuum aufgefaßt werden, deshalb kann Scholz festlegen: „Was für Dinge als Individuen zu gelten haben, soll überhaupt nicht in irgendeinem allgemein verbindlichen Sinne festliegen, sondern es soll von Fall zu Fall bestimmt werden können. Auch Eigenschaften von Individuen irgendwelcher Art können im Bedarfsfall selbst als Individuen angesehen werden ..."[583]. Insbesondere können Zahlen als Individuen aufgefaßt werden.

---

[582] Vgl. oben, S. 80 f.
[583] M. a. s. W., S. 74.

Nicht die Verwendung der Begriffe ‚Welt' und ‚Individuum' sind hier jedoch zu kritisieren, denn beide Begriffe sind eindeutig in ihrem Sinn bestimmt, vielmehr scheint besonders in der Verwendung des Begriffes ‚Welt' in diesem Zusammenhang eine Gefahr zu liegen: Es scheint, als erzeuge der Begriff der ‚möglichen Welt' eine gewisse Suggestion, die über die Grenzen der oben gegebenen Definition hinaus eine ‚Mehrbedeutung' mitschwingen läßt.

Diese Suggestionskraft wirkt in zwei Richtungen, die beide — wenigstens als tendenzielle Gefahr — in der Konzeption von Scholz nachzuweisen sind.

1.5.1.1. Das kosmologische Mißverständnis

Die erste Verständnisrichtung, in die die Verwendung des Begriffes der möglichen Welt zu drängen scheint, könnte als das kosmologische Mißverständnis bezeichnet werden.

Unter der Hand wird hier der Begriff der möglichen Welten, der ursprünglich lediglich als ‚nichtleerer Individuenbereich' gefaßt war, mißverstanden als die Bezeichnung von fernen Planeten, womit sich der mengentheoretische Begriff in einen kosmologischen verwandelt. Scholz liegt dieses Mißverständnis in diesem direkten Sinn sicher fern, aber immerhin kann er feststellen: „Schließlich soll hier noch darauf hingedeutet werden, daß wir unsere Metaphysik auf eine sinnvolle Art auch als eine Kosmologie interpretieren können. ... [Und zwar] als eine *universelle Kosmologie*, ... die in den Grenzen des Sinnvollen und Möglichen die Gesamtheit der möglichen Welten beherrscht."[584] Wenn aber der Begriff ‚mögliche Welt' als ein kosmologischer Begriff interpretiert wird, eine Interpretation, die Scholz hier offensichtlich vorschwebt, dann wird allein die Verwendung des Plurals ‚mögliche Welten' zum Problem. Solange die mengentheoretische Interpretation vorliegt, ist es natürlich sinnvoll, von ‚möglichen Welten', nämlich verschiedenen Individuenbereichen, zu sprechen. Allein, innerhalb der Kosmologie fungiert der Begriff ‚Welt' als ein Allgemeinbegriff, für den der Plural überhaupt nicht definiert ist.

Insofern Scholz also seine Metaphysik als eine universelle Kosmologie deutet, die auf den Begriff der möglichen Welten aufgebaut ist, muß

---

[584] M. a. s. W., S. 149.

gefragt werden, ob sich Scholz hier nicht zumindest in die Gefahr begibt, der Suggestionskraft des Begriffes ‚Welt' zu erliegen und damit unter der Hand mit zwei Begriffen von Welt arbeitet, einem mengentheoretischen und einem kosmologischen, welche sich zueinander äquivok verhalten.

1.5.1.2. Das erkenntnistheoretische Mißverständnis

Die zweite Umdeutung des Begriffs ‚mögliche Welten' liegt dann vor, wenn man meint, auf diesen Begriff erkenntnistheoretische Fragen anwenden zu können. Es soll deshalb hier von dem erkenntnistheoretischen Mißverständnis des Begriffs ‚mögliche Welten' gesprochen werden.

Auch diese Gefahr scheint zumindest implizit in der Konzeption von Scholz zu bestehen. Zwar äußert sich Scholz nicht über die Erkennbarkeit einer möglichen Welt, gleichwohl scheint Scholz doch an einer Stelle die erkenntnistheoretische Fehldeutung des Begriffes vorauszusetzen.

Scholz versucht, die Metaphysik als die Wissenschaft von der Gesamtheit der möglichen Welten der Physik als der Wissenschaft von der wirklichen Welt gegenüberzustellen, und zwar so, daß er von einer Spiegelung der metaphysischen Sätze an den physikalischen Sätzen sprechen kann[585].

Die hier vorausgesetzte Vorstellung ist also, daß es einerseits Erkenntnis der wirklichen Welt gibt, die auf Grund von Erfahrung zustande kommt, und daß es andererseits Erkenntnis der Gesamtheit der möglichen Welten gibt, die nicht auf Grund von Erfahrung zustande kommt. Für beide Arten der Erkenntnis wird jedoch vorausgesetzt, daß sie *strukturell* derart übereinstimmen, daß man die metaphysische Erkenntnis sinnvoll als eine über die physikalische Erkenntnis *hinausgehende* charakterisieren kann.

Diese Zuordnung von metaphysischen und physikalischen Sätzen bedeutet jedoch, daß der Gesamtheit der möglichen Welten derselbe ontologische Status wie der wirklichen Welt eingeräumt wird, da ja davon ausgegangen wird, daß die metaphysischen Aussagen sich nicht kategorial von den physikalischen Aussagen unterscheiden[586].

---

[585] Vgl. M. a. s. W., S. 138 f.
[586] Die Probleme, die sich ergeben, wenn man ‚möglichen Welten' den gleichen ontologischen Status wie der ‚wirklichen Welt' zuweist, diskutiert W. v. O. Quine

Damit wird aber zumindest vorausgesetzt, daß es zulässig ist, an die ‚möglichen Welten' erkenntnistheoretisch orientierte Fragen zu richten. Kripke, der den Begriff der möglichen Welten für seine Semantik der Modallogik wieder aufgegriffen hat, hat genau diese Gefahr, die von der Suggestionskraft dieses Begriffes ausgeht, gesehen. Er stellt deshalb ausdrücklich fest, daß der Begriff der möglichen Welt nur als ‚Metapher' genommen werden darf und daß es völlig verfehlt wäre, so zu tun, „... als wäre eine ‚mögliche Welt' wie ein fremdes Land oder ein anderer Planet; als sähe man durch ein Fernrohr undeutlich verschiedene Personen auf diesem Planeten."[587] Deshalb zieht Kripke für den Gebrauch des Begriffes ‚mögliche Welten' die Konsequenz: „Mögliche Welten sind nicht von der Art, daß auf sie eine erkenntnistheoretische Frage ... anwendbar wäre. Wenn der Ausdruck ‚mögliche Welten' diesen Eindruck erweckt, dann soll man ihn *fallenlassen* und einen anderen Ausdruck wie ‚nichtwirkliche Situation' verwenden, der weniger irreführend ist."[588]

Es sei noch einmal deutlich betont, daß hier *nicht* behauptet wird, daß Scholz dieses Mißverständnis vertritt oder gar ein Verständnis suggerierte, das dem von Kripke hier kritisierten Bild entspricht. Allerdings muß mit der Möglichkeit gerechnet werden, daß dieses Mißverständnis zumindest eine implizite Voraussetzung für Scholz' Zuordnung von metaphysischen und physikalischen Sätzen ist.

1.5.1.3. Zur philosophischen Relevanz des Scholzschen Weltbegriffes

In den kritischen Auseinandersetzungen verschiedener Autoren findet sich noch ein weiteres Argument, dessen Berechtigung hier kurz überprüft werden soll. Es wird mit diesem Kritikargument betont, daß sowohl der von Scholz verwendete Begriff von Welt, als auch der Begriff des Individuums derart eingeschränkt ist, daß er jede philosophische

---

z. B. in „Referenz und Modalität", in: Quine, W. v. O.: „Von einem logischen Standpunkt", Frankfurt 1979, S. 133—152.
[587] Kripke, S.: „Identität und Notwendigkeit", in: Sukale, M. (Hg.): „Moderne Sprachphilosophie", Hamburg 1976, S. 190—215, S. 200.
[588] Kripke, S., a. a. O., S. 201.

Bedeutsamkeit einbüßt[589]. Es wird gefragt, welche philosophische Relevanz eine Welt, die lediglich durch die Anzahl ihrer Individuen charakterisiert ist, haben kann. Diese Frage würde noch einmal durch die Tatsache verschärft, daß gilt: Zwei mögliche Welten sind nur dann unterscheidbar, wenn sie verschiedenzahlig sind, d. h. wenn sich die Anzahl ihrer Individuen unterscheiden läßt[590].

Scholz selber sieht dieses Problem, wenn er einräumt: „Man kann sagen, daß das Wort ‚Welt' durch diese Festsetzung stark entwertet wird ..."[591], und er stellt sich ausdrücklich die Frage: „... sind diese Welten nicht so eigenschaftsarm, daß es ein Mißbrauch der Sprache ist, hier überhaupt noch von Welten zu sprechen?"[592] Scholz rechtfertigt seinen Sprachgebrauch jedoch mit dem Argument: „Diese Welten sind genau so eigenschaftsarm, wie sie es sein *müssen*, um auf eine einwandfreie Art im konkreten Falle übergehen zu können in die wirkliche Welt."[593]

Aber ist *diese* Kritik an dem hier vorausgesetzten Weltbegriff wirklich stichhaltig, oder gibt Scholz hier der Kritik nicht unnötig weit nach?

Mit folgender zusätzlicher Überlegung könnte dem Vorwurf, diese ‚möglichen Welten' seien so eigenschaftsarm, daß sie philosophisch irrelevant werden, entgegnet werden[594]:

1. Die Sätze der von Scholz vorgelegten Theorie der Identität sind allgemeingültig, wobei Allgemeingültigkeit definiert ist als die Gültigkeit in jeder möglichen Welt.
2. Eine Welt ist dabei eindeutig durch die Anzahl ihrer Individuen bestimmt. Weiter soll nun angenommen werden, daß jede dieser Welten innerhalb der vorausgesetzten Sprache aus einer Folge natürlicher Zahlen besteht.
3. In einem nächsten Schritt müßte man sich nun verständigen, daß in einer Art ‚Gödelisierung' jede natürliche Zahl, d. h. jedes Individuum eines Individuenbereiches dieser Sprache, als Repräsentant für einen bestimmten Sachverhalt angesehen werden soll.
4. Die Gesamtheit der Sachverhalte, die eine Welt ausmachen, wäre dann gleichsam durchzunumerieren, so daß jeder Sachverhalt eine ‚Gödelnummer' erhielte.

---

[589] Vgl. v. Kempski, J., a. a. O., S. 123 und Lang, K., a. a. O., S. 52 f.
[590] Vgl. M. a. s. W., S. 57 f.   [591] M. a. s. W., S. 45.
[592] M. a. s. W., S. 150 f.   [593] M. a. s. W., S. 151.
[594] Dieses Argument findet sich bei Scholz nicht, es wird deshalb allein von mir verantwortet.

5. Damit aber könnte eine beliebig komplexe Welt auf eine Folge natürlicher Zahlen abgebildet werden.

Mit dieser Methode wäre es zumindest prinzipiell möglich, eine beliebig eigenschafts*reiche* Welt in der vorgegebenen Sprache durch eine Folge von natürlichen Zahlen zu repräsentieren. Es würde dann nach wie vor gelten, daß diese Welt ‚nur' durch die Anzahl ihrer Individuen bestimmt ist, diese aber gleichwohl eine weitaus komplexere Welt repräsentiere. Entsprechend würde dann auch für den Vergleich zweier Welten gelten, daß beliebig komplexe Welten allein durch deren Anzahlunterschied bestimmt werden können, denn bei der angedeuteten ‚Gödelisierung' würden ja Unterschiede zweier Welten sprachlich genau dann reproduziert, wenn ein Unterschied in der Anzahl von ‚Sachverhaltsrepräsentanten' vorliegt.

Wenn diese Hilfsüberlegung gilt, könnte der Vorwurf, die Scholzschen Welten seien so eigenschaftsarm, daß sie philosophisch irrelevant sind, zurückgewiesen werden. Allerdings wird auch hier die Richtigkeit des Hinweises von Kripke deutlich, daß auf den Begriff der ‚möglichen Welten' keine erkenntnistheoretischen Fragen bezogen werden können, denn die ‚möglichen Welten' werden in diesem Interpretationszusammenhang zu sprachlichen Abbildungen faktischer oder kontrafaktischer Situationen.

Die Gefahren und Schwierigkeiten bei der Verwendung des Denkmodells der möglichen Welten, auf die die vorliegenden Überlegungen hinweisen, geben erste Orientierungspunkte für eine Aufnahme der Scholzschen Konzeption: Nicht der Vorwurf der ‚Eigenschaftsarmut' des Scholzschen Weltbegriffes, wohl aber die Gefahr eines kosmologischen oder erkenntnistheoretischen Mißverständnisses dieses Begriffes lassen es geraten erscheinen, den Begriff der möglichen Welten nicht als einen metaphysischen Grundbegriff zu übernehmen. Die von Scholz erwogene Interpretation seiner Metaphysik als einer ‚universellen Kosmologie' sollte deshalb fallengelassen werden, da der Verdacht nicht ausgeschlossen werden kann, daß diese Kosmologie auf einem äquivok verwendeten Weltbegriff gegründet ist.

1.5.2. Das Verhältnis von Metaphysik und Logik

Während sich die bisher entfalteten Überlegungen zur Kritik der Scholzschen Metaphysikkonzeption, vermittelt über den Begriff der

Welt, auf die Relation von Physik und Metaphysik bezogen, muß nun im Rahmen einer Kritik die Frage nach dem Verhältnis von Metaphysik und Logik im Denken von Scholz gestellt werden. Auch dieses Problem wird zum Teil in den oben dargestellten Kritiken gestreift, und damit wird auf eine Schwierigkeit hingewiesen, die im Denken von Scholz selbst nicht als geklärt angesehen werden kann.

Stellt man die Frage, wie im Denken von Scholz das Verhältnis von Metaphysik und Logik zu bestimmen sei, so kann man sechs verschiedene Verhältnisbestimmungen voneinander abheben, die nicht ohne weiteres aufeinander reduziert werden können. Diese unterschiedlichen Verhältnisbestimmungen sollen nun aufgezeigt werden.

1.5.2.1. Mögliche Welten und die beste der möglichen Welten

Der zeitlich früheste Versuch einer Zuordnung von Metaphysik und Logik wird von Scholz in enger Anlehnung an Leibniz gemacht, wenn er schreibt: „... das Verhältnis von Logik und Metaphysik [läßt] sich ... in einer ersten Näherung so bestimmen, dass die Logik die Eigenschaften der möglichen Welten zu formulieren, die Metaphysik dagegen zu zeigen hat, dass die aus ihnen erwählte wirkliche Welt in ihrer ganzen Breite die beste der möglichen Welten ist."[595]

Diese Charakterisierung des Verhältnisses, die sowohl die Verbindung wie auch die präzise Unterscheidung von Logik und Metaphysik zum Ausdruck bringt, gibt Scholz jedoch offensichtlich bald auf, wie der Aufsatz über Leibniz beweist[596].

Die *These* zur Bestimmung des Verhältnisses von Logik würde hier lauten: Die Logik befaßt sich mit der Gesamtheit der möglichen Welten; die Metaphysik hat zu zeigen, daß die wirkliche Welt die beste der möglichen Welten ist.

---

[595] Scholz, H.: „Analytische und synthetische Urteile", a. a. O., S. 2*.
[596] Vgl. Scholz, H.: „Leibniz", hier zitiert nach M. U., S. 128—151. Hier wird der Metaphysik die Aufgabe zugewiesen, die „Gesamtheit der möglichen Welten" (M. U., S. 136) zu untersuchen, während die theoretische Physik zu zeigen hat, daß die wirkliche Welt die beste der möglichen Welten ist (vgl. M. U., S. 137). Da eine Definition der Logik in dieser Arbeit nicht erfolgt, scheint hier bereits die zweite Zuordnung (Logik und Metaphysik sind identisch) vorzuliegen.

1.5.2.2. Metaphysik und Logik sind identisch

Die zweite Zuordnung, die Scholz vollzieht, kann als die Beschreibung seiner ontologischen Deutung der Logik aufgefaßt werden. Diese Zuordnung wird besonders deutlich, wenn Scholz die rhetorische Frage stellt: „Seit *Aristoteles* sind die Metaphysik und die Logik getrennt marschiert. ... Und nun sollen sie plötzlich identisch sein?"[597] Scholz beantwortet diese Frage für seine Metaphysik positiv, denn wenn man bereit ist, die Logik als ein „System von formalen Wahrheiten"[598] zu charakterisieren, dann besteht diese Identität von Metaphysik und Logik.

Hier scheint Scholz die Meinung vertreten zu wollen, daß sich durch die Fortschritte der Logistik herausgestellt hat, daß ‚eigentlich' Logik und Metaphysik dasselbe sind, so wie sich durch Intensivierung der astronomischen Forschung herausgestellt hat, daß ‚eigentlich' der Abendstern und der Morgenstern dasselbe sind.

Aus der hier vorliegenden Auffassung kann die folgende *These* zum Verhältnis von Logik und Metaphysik abgeleitet werden: Weil die Fundamentalsätze der Logik nur als Sätze über Individuen formuliert werden können, stellt sich heraus, daß es sich bei diesen Fundamentalsätzen um Gesetze des Seins handelt[599], in dem Sinne, daß jedes mögliche Seiende diesen Gesetzen unterworfen ist.

Da Scholz seine Metaphysik als eine Ontologie verstanden wissen will[600], ergibt sich, daß die Begriffe Logik und Metaphysik sich als intensional identisch erweisen: Wer Logik betreibt, beschäftigt sich notwendig mit Metaphysik, weil er mit seinen logischen Forschungen genau diejenigen Gesetze des Seins aufspürt, die die Metaphysik finden will.

Es ist deutlich, daß es Scholz bei dieser Zuordnung nicht um eine Reduktion der Metaphysik auf Logik geht, sondern um die Betonung der intensionalen Identität von Metaphysik und Logik.

1.5.2.3. Der Begriff der Grundlagenforschung

Die dritte Zuordnung von Logik und Metaphysik, die Scholz vollziehen kann, ist über einen Oberbegriff vermittelt. Hier konkurrieren bei Scholz zwei verschiedene Möglichkeiten der Zuordnung.

---

[597] M. a. s. W., S. 152.
[598] ebda. Im Original hervorgehoben.
[599] Vgl. M. U., S. 69 Anm. 13: „Die Gesetze der Logik sind nicht die Gesetze unseres Denkens, sondern die Grundgesetze der Dinge."
[600] Vgl. M. a. s. W., S. 13.

Die erste Variante, die Scholz vertritt, ist über den Begriff der „Grundwissenschaft"[601] vermittelt. Diese Grundwissenschaft muß als eine Metaphysik bezeichnet werden, wenn sie auf die Gesamtheit der möglichen Welten bezogen ist. Wird sie jedoch auf die wirkliche Welt bezogen, ist diese Grundwissenschaft als Logik zu charakterisieren[602].

Eine strukturell ähnliche Zuordnung, jedoch in anderer inhaltlicher Ausführung, liegt in der Arbeit „Was ist Philosophie?" vor. Hier fungiert der Begriff der *Grundlagenforschung* als der übergeordnete Begriff. Diese Grundlagenforschung kann dann einerseits zur Physik, andererseits zur Gesamtheit der Wissenschaften in Beziehung gesetzt werden, so daß Scholz über die ‚Grundlagenforscher' sagen kann: „Als Metaphysiker werden sie zutreffend bezeichnet, wenn wir sie mit den Physikern konfrontieren. Als Logiker werden sie ebenso zutreffend bezeichnet, wenn wir sie mit der Gesamtheit der Forscher konfrontieren, die in einer beweisenden Wissenschaft tätig sind."[603]

Die *These* bei diesem Versuch der Zuordnung von Logik und Metaphysik müßte also lauten: Es gibt *eine* wissenschaftliche Tätigkeit, die in einer Perspektive Metaphysik, in einer zweiten Perspektive Logik ist. Diese These kann als eine Fortführung der These von der intensionalen Identität von Logik und Metaphysik verstanden werden, wobei hier beide Begriffe jeweils auf einen dritten, übergeordneten Begriff der Grundlagenforschung bezogen sind.

1.5.2.4. Die Deutung der Logik als Metaphysik

Auf diese vierte Zuordnung von Logik und Metaphysik beziehen sich die Kritiker von Scholz fast ausschließlich. In dieser Zuordnung vertritt Scholz die Meinung, daß die Identitätstheorie als Teil der Logik als eine Metaphysik *interpretiert* werden kann, eine Meinung, die deutlich in der vorliegenden Überlegung zum Ausdruck kommt: „Die neue Metaphysik, für die wir uns einsetzen, *muß* also nicht als eine solche interpretiert werden. Sie kann auch als eine neue Logik aufgefaßt werden."[604] Diese Einschätzung, die durchaus nicht beschränkt ist auf

---

[601] M. a. s. W., S. 153.
[602] Vgl. M. a. s. W., S. 151.
[603] Scholz, H.: „Das theologische Element ...", hier zitiert nach M. U., S. 366.
[604] M. a. s. W., S. 174.

die hier wiedergegebene Äußerung[605], fordert verständlicherweise Kritik heraus, denn es scheint bei dieser Zuordnung von Metaphysik und Logik so, als erweise sich in dieser Interpretation das Scholzsche Konzept als rein ‚dezisionistisch', gibt doch Scholz selbst zu, daß man die Logik nicht mit dieser metaphysischen Interpretation versehen müsse.

Diese vorsichtige Scholzsche Formulierung, die nur von der möglichen metaphysischen Deutung der Logik spricht, scheint mir jedoch in erster Linie den Standpunkt des unbedingten Respektes vor dem Andersdenkenden, sowohl dem andersdenkenden Logiker als auch dem andersdenkenden Philosophen zu dokumentieren.

Für Scholz und für den mit den Scholzschen Voraussetzungen Philosophierenden ist die metaphysische Interpretation der Logik kein ‚dezisionistisches' Unternehmen, sondern folgt aus den Prämissen der Scholzschen Philosophie, denn auch hier gilt natürlich die Bedeutung der Wechselwirkung zwischen strenger Metaphysik und meditierender Metaphysik. Scholz gibt zwar ausdrücklich zu, daß man nicht notwendig seine Prämissen des Philosophierens teilen müsse, eine Einschätzung, die Scholz gewöhnlich mit dem Dictum Fichtes ‚Was für eine Philosophie man wähle, hängt davon ab, was für ein Mensch man ist' zum Ausdruck bringt[606], aber *wenn* man sich auf die Scholzschen Voraussetzungen einläßt, dann folgt die von Scholz vertretene metaphysische Deutung der Logik.

Als *These* kann die hier vorliegende Relation von Logik und Metaphysik folgendermaßen formuliert werden: Die Identitätstheorie als ein Teil der Logik kann mit guten Gründen als eine Metaphysik interpretiert werden, wenn auch festzustellen ist, daß dieser Teil der Logik eine metaphysische Interpretation nicht notwendig nach sich zieht.

1.5.2.5. Metaphysik als Voraussetzung der Logik

Die fünfte Zuordnung von Logik und Metaphysik zeigt sich besonders klar bei der Diskussion der Wechselwirkung zwischen signifikanter Metaphysik und meditierender Metaphysik. In zweifacher Weise kann

---

[605] Vgl. z. B. M. a. s. W., S. 173, oder Scholz, H.: „Logik, Grammatik, Metaphysik", hier zitiert nach M. U., S. 399: „... ich behaupte ..., daß es mathematisierte Systeme der Logik gibt, die so erklärt sind, daß es sinnvoll und angemessen ist, sie als Systeme einer wohlbestimmten *Metaphysik* zu bezeichnen."
[606] Vgl. z. B. M. U., S. 190.

hier behauptet werden, daß Logik Metaphysik voraussetzt. Deutlich werden die metaphysischen Voraussetzungen der Logik bei Scholz erstens im Zusammenhang der Frage nach der Wahrheit der Axiome der Logik und der Frage nach der Möglichkeit der „... Verständigung über die analytischen Sätze ..."[607]. Bei der Antwort auf diese fundamentale Frage besteht nach Scholz nur die Alternative zwischen der Feststellung „Wir wissen es nicht"[608] oder dem Schritt zu einem Bekenntnis der meditierenden Metaphysik. Da jedoch die erste Alternative als eine Verweigerung der Antwort angesehen werden muß, bleibt für eine begründete Antwort auf diese Fundamentalfrage allein die zweite Alternative.

Aber auch in einem anderen Zusammenhang gilt diese Zuordnung von Logik und Metaphysik. Scholz unterscheidet in seinem Sprachgebrauch genau zwischen Kalkülen und *Logik*kalkülen. Während Kalküle beliebige bedeutungslose Zeichenspiele sind, die nach syntaktischen Regeln funktionieren, sind für Scholz Logikkalküle formalisierte Sprachen; zu einer Sprache aber gehören sowohl eine Syntax wie eine Semantik[609]. Dies bedeutet jedoch, daß nicht nur das Operieren mit gewissen Zeichen festgelegt ist, sondern daß diese Zeichen interpretiert werden als Repräsentanten für Sachverhalte, was bedeutet, daß für eine formalisierte Sprache stets der semantische Wahrheitsbegriff gilt: Eine Zeichenreihe heißt wahr, wenn sie wiedergibt, was der Fall ist. Wenn diese Voraussetzungen gelten, so bestehen auf Grund des vorausgesetzten Wahrheitsbegriffes für jeden Logikkalkül metaphysische Voraussetzungen, insofern man implizit oder explizit mit einem bestimmten ontologischen Modell arbeitet. Es gibt für Scholz so nur die Alternative zwischen rein syntaktisch regulierten Kalkülen, die deshalb keine metaphysischen Voraussetzungen haben, weil sie bedeutungslos sind, und semantisch interpretierten Kalkülen, die notwendig metaphysische Voraussetzungen machen, weil sie ‚Seiendes' repräsentieren, mithin ontologische Voraussetzungen machen müssen[610].

---

[607] M. a. s. W., S. 171.
[608] ebda.
[609] Vgl. M. a. s. W, S. 70 f. Außerdem vor allem Scholz, H.: „Formalisierte Sprachen. Eine grundlegende Entdeckung des 19. Jahrhunderts", in: Archiv für Philosophie, 1954/5, Heft 1, S. 1—18, S. 10. Vgl. auch „Die mathematische Logik und die Metaphysik", a. a. O.
[610] Auf diesen Sachverhalt weist M. Bunge hin, wobei ihm „Metaphysik als strenge Wissenschaft" als Beleg dient. Bunge, M.: „The Relations of Logic and Semantics

Die *These*, die sich aus dieser Zuordnung ergibt, müßte lauten: Sowohl bei der Frage nach der Wahrheit der Axiome der Logik als auch bei der Zuordnung einer Semantik zu einem Kalkül hat die Logik Metaphysik zu ihrer Voraussetzung.

1.5.2.6. Die Logik als Hilfsmittel der Metaphysik

Die sechste Zuordnung von Logik und Metaphysik, die Scholz vornimmt, wird für den Titel des Buches „Metaphysik als strenge Wissenschaft" vorausgesetzt und vor allem in dem Einleitungskapitel dieses Buches deutlich. Die Vorstellung ist hier, daß die Logik eingesetzt werden kann, um metaphysische Probleme zu bearbeiten. So setzt Scholz bei der Begründung der Wahl der Identitätstheorie als ‚Probestück' seiner Metaphysik zweierlei voraus: Erstens, daß es eine formalisierte Theorie der Identität als ein Teilgebiet der Logik gibt, zweitens, daß das Problem von Identität und Verschiedenheit von alters her ein klassisches metaphysisches Problem ist. So kann Scholz daran erinnern: „*Platon* hat sich in mehreren wesentlichen Dialogen seiner Meisterjahre, ... *Aristoteles* in wesentlichen Stücken seiner Metaphysik mit diesen Begriffen abgemüht."[611] Scholz geht hier offensichtlich davon aus, daß der Problembestand der Metaphysik bereits unabhängig von einer Bezugnahme auf die Logik besteht. Der eigentliche Fortschritt der Logik wäre dann darin zu erblicken, daß sich herausstellt, daß formalisierte Systeme der Logik eingesetzt werden können, um einen vorausgesetzten Bestand metaphysischer Probleme zu bearbeiten. Die Logik wäre dann gleichsam das Handwerkszeug, mit dem ein bestimmtes ‚Material', nämlich Probleme der Metaphysik, bearbeitet werden können. Scholz greift mit dieser Zuordnung im Einleitungskapitel von „Metaphysik als strenge Wissenschaft" wieder auf die Vorstellung zurück, die in seinem ersten greifbaren Vortrag zum Problem der Zuordnung von Logik und Metaphysik vertreten und an einem Beispiel entfaltet wird: Die Prädikatenlogik kann eingesetzt werden, um die erste exakte Darstellung der Aristotelischen Ontologie zu geben[612]. Auch hier ist das Verhältnis von Logik und Metaphysik dasjenige von Werkzeug und vorgegebenem Material.

---

to Ontology", in: Morscher, E., Czermak, J., Weingartner, P. (Hg.): „Problems in Logic and Ontology", Graz 1977, S. 29—43.
[611] M. a. s. W., S. 16.
[612] Vgl. oben, S. 80 ff.

In diesem Sinne scheint schließlich auch der Titel „Metaphysik als strenge Wissenschaft" — wie oben bereits angedeutet — sinnvoll interpretierbar zu sein.

Für die Metaphysik wird von Scholz hier ein ähnlicher Entwicklungsgang wie für die Physik vorausgesetzt: Von ihrem Gegenstandsbereich her muß die Physik nicht als strenge Wissenschaft konstituiert werden, und tatsächlich hatte sie ja auch historisch gesehen für den längsten Zeitraum ihrer Entwicklung nicht den Status einer strengen Wissenschaft. Erst durch die Verwendung mathematischer Modelle gelangt die theoretische Physik dazu, die Voraussetzungen zu erfüllen, die an eine strenge Wissenschaft gestellt werden müssen, nämlich die Aufspaltung aller Sätze ihres Theoriegebäudes in Axiome und Theoreme.

Analog gilt nun auch für die Metaphysik: Ebenso wie die Physik hat auch die Metaphysik bis in die Gegenwart hinein versucht, ihre Probleme als eine nicht-strenge Wissenschaft zu bearbeiten. Von Scholz wird jedoch gezeigt, daß es sinnvoll und möglich ist, Theorien der formalen Logik einzusetzen, um traditionelle metaphysische Probleme zu bearbeiten. In dem Maße, in dem diese Modelle von der Metaphysik genutzt werden, wird die Metaphysik den Status einer strengen Wissenschaft erreichen[613]. In diesem Sinne versteht Scholz sein Buch „Metaphysik als strenge Wissenschaft" als ein Probestück, denn für *ein* fundamentales Problem der Metaphysik wird gezeigt, wie ein Modell der Logik eingesetzt werden kann, so daß für dieses Teilgebiet der Nachweis geführt werden kann: Hier kann die Metaphysik unter Verwendung einer formalisierten Sprache ebenso wie die theoretische Physik die Voraussetzungen erfüllen, die von einer strengen Wissenschaft gefordert werden, sie kann für einen genau bestimmten Bereich alle Sätze der Theorie in Axiome und Theoreme aufspalten[614].

---

[613] Die Überzeugung, daß die eingesetzte Sprache entscheidend ist, um eine Wissenschaft zu einer strengen Wissenschaft zu machen, drückt Scholz deutlich in der Diskussion der ‚Grundlagenforschung' aus. Hier schreibt er: „Jetzt haben wir noch zu sagen, wodurch diese Grundlagenforschung *exakt* wird, sie wird es dadurch, daß sie *Leibnizsprachen* fordert ..." (M. U., S. 373). ‚Leibnizsprache' nennt Scholz eine Sprache, „... die ... so durchsymbolisiert ist, daß unter ihren Ausdrucksmitteln wortsprachliche Bestandteile überhaupt nicht vorkommen ..." (M. U., S. 372).

[614] In diesem Sinn ist auch die These zu verstehen, daß Kant durch die Arbeit von Scholz widerlegt sei (vgl. M. a. s. W., S. 12). Der Schluß geht folgendermaßen:

Die *These*, die aus dieser Zuordnung von Logik und Metaphysik folgt, würde lauten: Formale Systeme der Logik können eingesetzt werden, um metaphysische Probleme zu lösen. Durch diesen Einsatz der formalen Logik kann die Metaphysik in bestimmten Teilgebieten den Status einer strengen Wissenschaft erreichen.

1.5.2.7. Zusammenfassung

Die oben gegebene Darstellung zeigt, daß Scholz in seinem Denken keine einheitliche Antwort auf die grundlegende Frage gibt, wie das Verhältnis von Logik und Metaphysik in bezug auf seine Konzeption von Metaphysik zu bestimmen ist. Vielmehr kann belegt werden, daß Scholz die folgenden Zuordnungen vertritt:

1. Die Logik fragt nach den Eigenschaften der möglichen Welten, während die Metaphysik zeigt, daß die wirkliche Welt die beste der möglichen Welten ist.
2. Logik und Metaphysik sind identisch.
3. Logik und Metaphysik sind verschiedene Perspektiven einer übergeordneten Wissenschaft, die Scholz ‚Grundlagenforschung‘ nennen kann.
4. Logik kann als Metaphysik interpretiert werden.
5. Logik setzt die Metaphysik als Grundlage voraus.
6. Logik kann als Hilfsmittel eingesetzt werden, um Probleme der Metaphysik zu bearbeiten.

Nach dieser Differenzierung der Scholzschen Zuordnung von Metaphysik und Logik sind die Voraussetzungen für die Beantwortung der Frage gegeben, inwieweit die Konzeption von Scholz aufgenommen werden kann.

---

1. ‚Identität‘ ist ein metaphysisches Problem,
2. ‚Identität‘ kann streng entfaltet werden,
daraus folgt: Es gibt wenigstens ein metaphysisches Problem, das streng entfaltet werden kann.
    Kant wollte sich durch einen „unantastbaren" (ebda.) metaphysischen Satz als widerlegt betrachten. Scholz legt dies geforderte Beispiel vor, also ist Kant widerlegt.

2. ZUR AUFNAHME DER SCHOLZSCHEN METAPHYSIKKONZEPTION

2.1. KONSEQUENZEN AUS DER VERHÄLTNISBESTIMMUNG VON METAPHYSIK UND LOGIK

Es ist nun zu fragen, wie die unterschiedliche Verhältnisbestimmungen von Metaphysik und Logik, die bei Scholz vorliegen, zu bewerten sind: Welche Verhältnisbestimmungen sind durch die Kritik belastet, welche Verhältnisbestimmungen sind durch die Arbeit von Scholz so bewährt worden, daß sie aufgenommen werden sollten?

Wenn die sechs voneinander abgehobenen Verhältnisbestimmungen näher untersucht werden, so wird deutlich, daß vor allem die erste und die dritte Zuordnung durch die Kritik erheblich belastet sind. In beide Zuordnungen geht als ein wesentliches Bestimmungsstück der Begriff der ‚möglichen Welten' ein. Dieser Begriff aber war innerhalb der Scholzschen Konzeption insofern kritisch befragt worden, als hier möglicherweise im Sinne Kripkes unzulässige erkenntnistheoretische Fragen auf den Begriff der möglichen Welten bezogen werden.

Die dritte Zuordnung scheint darüber hinaus nicht leistungsfähig für eine Verhältnisbestimmung der Basiswissenschaften Metaphysik und Logik, da hier ad hoc ein *Oberbegriff* eingeführt wird, in dem Logik und Metaphysik angeblich komplementär zusammengefaßt sind. Hier müßte, durchaus auch im Sinne von Scholz, darauf insistiert werden, daß — wenn denn die Metaphysik die alles fundierende Wissenschaft ist — eben diese übergeordnete ‚Grundlagenforschung' die Metaphysik sein müßte. Wenn dies nicht zutrifft, so würde folgen, daß es noch eine fundamentalere Wissenschaft als die Metaphysik geben muß, die von der Metaphysik verschieden ist.

Da diese Zuordnung sich so offensichtlich in Widerspruch zur Scholzschen Bestimmung des Metaphysikbegriffs setzt, außerdem das Problem nur auf eine andere Ebene verschiebt, sollte diese Zuordnung nicht weiterverfolgt werden.

Aber auch die zweite Zuordnung ist mit Problemen belastet, wenn es um eine Ertragssicherung des Scholzschen Denkens geht. Denn die These, daß die Fundamentalsätze der Logik die Gesetze des Seins *sind* und damit Logik Metaphysik *ist*, kann Scholz nicht deduzieren, vielmehr handelt es sich hier für Scholz um ein metalogisches Axiom, zu dem er sich *bekennt*. Gerade weil es sich hier jedoch um ein persönliches Bekenntnis, mithin um einen Satz der meditierenden Metaphysik handelt, folgt für Scholz die Toleranz gegenüber anderen metalogischen Axiomen.

Eine Anknüpfung an Scholz kann hier nur in der Form erfolgen, daß festgestellt wird: Es ist *möglich*, diese Zuordnung vorzunehmen, sofern man die Prämissen von Scholz teilt.

Die wirkliche Stärke der Scholzschen Zuordnung von Logik und Metaphysik scheint mir hingegen in den Verhältnisbestimmungen Nummer vier, fünf und sechs zu liegen. Hier hat Scholz die Diskussion um den Metaphysikbegriff tatsächlich auf eine neue Ebene gehoben.

Mit „Metaphysik als strenge Wissenschaft" hat Scholz gezeigt, daß es sowohl in Hinblick auf die Logik, soweit sie allgemeingültige Sätze formuliert, wie auch in Hinblick auf den historisch-systematisch erhobenen Gehalt des Metaphysikbegriffes angemessen ist, diesen Bereich der Logik als eine Metaphysik zu interpretieren. Der Begriff der Angemessenheit soll dabei im Sinne von Scholz unterstreichen, daß die Logik nicht notwendig als Metaphysik interpretiert werden *muß*, daß es gleichwohl jedoch gute Gründe gibt, die eine solche Interpretation rechtfertigen.

Scholz hat weiter gezeigt, daß jeder interpretierte Kalkül, in der Sprache von Scholz jeder Logikkalkül oder jede formalisierte Sprache, notwendig metaphysische Voraussetzungen macht. Scholz antezipiert damit spätere Einsichten[615] und zeigt, daß eine von Metaphysik freie Konstitution der Logik nur um den Preis einer radikalen Reduktion ihres Gehaltes durchgeführt werden kann. Die Kalküle der Logik wären dann streng formalistisch (im Sinne Hilberts) als reine ‚Zeichenspiele' zu interpretieren, über deren Bezug zur Wirklichkeit nichts ausgesagt werden kann, während der verwendete Wahrheitsbegriff auf den Begriff der syntaktischen Widerspruchsfreiheit reduziert wäre.

Scholz hat außerdem gezeigt, *daß* Metaphysik als strenge Wissenschaft aufgebaut werden kann, wenn dies in dem oben angedeuteten Sinn

---

[615] Vgl. Bunge, M., a. a. O.

verstanden wird. Scholz hat an einem Beispiel gezeigt, daß das Material der Metaphysik, hier das Problem der Identität und Verschiedenheit, in der Form einer strengen Wissenschaft, d. h. unter Verwendung einer formalisierten Sprache, dargeboten werden kann. Er hat damit bewiesen, daß man Methoden der formalisierten Logik anwenden kann, um Probleme der Metaphysik wenn nicht zu lösen, so doch wenigstens so weit zu präzisieren, daß man einen wesentlichen Schritt auf dem Wege zu ihrer Klärung weiterkommt.

Schließlich kann Scholz an der Präzisierung des Problems der Identität deutlich machen, von welch grundlegender Bedeutung die *Sprache* ist, für die man sich zur Behandlung eines Problems entscheidet. So betont er an mehreren Stellen in „Metaphysik als strenge Wissenschaft", wie sehr die Möglichkeit der Problembearbeitung von der Wahl der Sprache abhängt[616]. Die philosophische Relevanz der gewählten Sprache veranschlagt Scholz so hoch, daß er es für angemessen hält, den drei klassischen durch Kant formulierten Fragen des Philosophen: ‚Was kann ich wissen? Was soll ich tun? Was darf ich hoffen?' eine vierte anzuschließen, die lautet: „Was kann ich sagen in der Sprache, für die ich mich entschieden habe?"[617] Die gewählte Sprache ist es auch, wie Scholz betont, die die „Begrenztheit" der von Scholz vorgelegten Identitätstheorie bestimmt: „Sie (sc. die Begrenztheit der Identitätstheorie) beruht auf der Begrenztheit der Ausdrucksmittel unserer formalisierten Sprache."[618]

Diese Dependenz der Problementfaltung von der eingesetzten Sprache führt Scholz zu der Folgerung, daß es von einem bestimmten Stand der Problempräzisierung „... nicht mehr möglich ist, von ‚der' Theorie der Identität und Verschiedenheit in irgendeinem absoluten Sinne zu sprechen. Dies ist vielmehr auf dem Standort, auf dem wir jetzt stehen, nur dann zulässig, wenn wir zugleich die Sprache angeben, die zu einer Darstellung dieser Theorie verwendet werden soll."[619]

Mit dieser Diskussion des Scholzschen Metaphysikkonzeptes an Hand der beiden fundamentalen Fragen nach dem Sinn des Begriffes ‚mögliche

---

[616] M. a. s. W., S. 50, S. 58, S. 98, S. 108 f.
[617] M. a. s. W., S. 52.
[618] M. a. s. W., S. 137.
[619] M. a. s. W., S. 52. Die hier formulierte Einsicht scheint mir auch der Ermöglichungsgrund für Geach's Rede von einer relativen Identität zu sein. Vgl. Geach, P.: „Identity", in: Geach, P.: „Logic Matters", Oxford 1981², S. 238—247.

Welten' und nach der Zuordnung von Logik und Metaphysik kann nun auch überprüft werden, welche Elemente dieser Konzeption für die Theologie von Bedeutung sein könnten. Im folgenden soll deshalb aufgezeigt werden, inwieweit die Scholzsche Konzeption einer identitätstheoretischen Metaphysik von der Theologie mit Gewinn aufgenommen werden kann.

2.2. DER ERTRAG DER METAPHYSIKKONZEPTION VON SCHOLZ FÜR DIE THEOLOGIE

Für die Theologie kann die Konzeption von Scholz eine doppelte Relevanz haben, einerseits kann sie herangezogen werden für die Verhältnisbestimmung von Theologie und Philosophie, andererseits kann sie von Bedeutung sein für die Diskussion innerhalb der Theologie.

2.2.1. *Theologie und Philosophie*

Wenn man eine der Aufgaben der systematischen Theologie darin sieht, den Möglichkeitserweis einer theologischen Position gegenüber der Philosophie zu erbringen[620], so erlangen vor allem zwei zentrale Punkte der Scholzschen Konzeption unmittelbare Relevanz, da sie als der Nachweis der Möglichkeit einer theologischen Position aufgefaßt werden können.

2.2.1.1. Die Frage nach der Wahrheit logischer Axiome

Eine philosophische Reflexion der Grundlagen der Logik muß nach der Meinung von Scholz auch die Frage nach der Wahrheit der Axiome der Logik stellen, sie muß mit Scholz fragen: „Wie ist diese wunderbare Verständigung über die analytischen Sätze möglich?"[621] Diese *Frage* zu stellen, ist nach Meinung von Scholz eine Aufgabe des Philosophen, von der dieser sich nicht dispensieren darf. Wie die Antwort ausfallen wird, ist hingegen nicht festgelegt. So räumt Scholz wenigstens zwei mögliche Antworten ein, die von seiner Antwort verschieden sind:

---

[620] Vgl. z. B. Pannenberg, W.: „Wissenschaftstheorie und Theologie", Frankfurt 1973, vor allem S. 329–348, wo der Begriff der theologischen Hypothese präzisiert und die Möglichkeit theologischer Hypothesen erörtert wird.
[621] M. a. s. W., S. 171.

Einerseits akzeptiert er mit Respekt die skeptische Antwort, die auf die gestellte Frage schlicht lautet: „Wir wissen es nicht ..."[622], und weitere Antwortversuche abbricht. Andererseits toleriert Scholz auch eine konventionalistische Lösung, die die Axiome der Logik als „willkürliche Festsetzungen"[623] deutet, wenn er diese Position auch mit Argumenten zu widerlegen trachtet.

Schließlich würde Scholz wohl auch die kantianische Antwort, die v. Kempski in seiner Scholz-Kritik gibt, toleriert haben, daß der Verstand selbst das Vermögen ist, welches ermöglicht, „... daß man sich über die analytischen Sätze verständigen kann ..."[624].

Bedeutsam ist für Scholz in erster Linie die Tatsache, daß seine *Frage* als eine philosophische Frage anerkannt und gestellt wird.

Hier führt Scholz nun mit seiner Antwort auf diese philosophische Frage den Nachweis der Möglichkeit einer theologischen Antwort: Das Faktum der Allgemeingültigkeit und Fundamentalität der Axiome der Logik kann nach seiner Meinung allein dadurch angemessen zum Ausdruck gebracht werden, daß man es *theologisch* deutet. Gott selbst hat durch Illumination jedem denkenden Wesen das Wissen um die Wahrheit dieser fundamentalen Sätze eingeprägt. Diese Sätze sind es, die der menschliche Geist mit dem göttlichen gemein hat, ja, „... sie sind die Wahrheiten, für welche sinnvoll behauptet werden darf, daß sie mit den Wahrheiten zusammenfallen, die auch der göttliche Wille nicht umstoßen kann."[625]

Zur Rechtfertigung und Begründung dieser Position stellt Scholz fest:

„Man braucht diese Antwort nicht anzunehmen. Aber ehe man sie so ablehnt, wie man eine ‚kindliche' Antwort zurückweist, überlege man folgendes. Man überlege zunächst, daß eine völlig befriedigende Antwort auf die formulierte Frage bis heute überhaupt nicht gefunden ist.... [Man] übersehe ... nicht, daß die angedeutete Antwort ... nicht selbst wieder ein Gottesbeweis sein soll, sondern die Antwort eines Menschen, für welchen das Dasein Gottes aus irgendeinem Grunde schon feststeht. Dann wird man seinen philosophischen Charakter jedenfalls nicht nur dadurch beweisen, daß man um einen solchen Menschen in einem weiten

---

[622] M. a. s. W., S. 171.
[623] M. a. s. W., S. 172.   [624] v. Kempski, J., a. a. O., S. 123.
[625] Scholz, H.: „Das theologische Element ...", hier zitiert nach M. U., S. 336.

Bogen herumgeht. ... Man wird also in bezug auf ein Axiomensystem der Arithmetik auch einmal folgendes sagen dürfen: Die Frage, woher wir wissen, daß ein solches Axiomensystem wahr ist, ist entweder überhaupt nicht beantwortbar, oder wir müssen voraussetzen dürfen, daß es ein höchstes Wesen gibt, das den Gehalt dieses Axiomensystems für unser geistiges Auge so erleuchtet, daß wir hierdurch von seiner Wahrheit überzeugt werden."[626]

Es ist verständlich, daß gerade diese theologische Antwort die schärfste philosophische Kritik herausgefordert hat[626a], aber gegen diese Kritik muß betont werden, daß Scholz hier nicht nur Mut beweist, eine durchaus unmoderne Antwort zu geben, sondern diese Antwort auch so begründet, daß sie als eine mögliche Antwort anerkannt werden sollte.

Scholz zeigt so der Theologie, daß es nicht nötig ist, sich für eine theologische Antwort auf die Frage nach den Grundlagen der Logik zu entschuldigen, freilich betont er auch mit aller Deutlichkeit, daß diese Antwort nicht gesichertes Wissen oder denknotwendige Konsequenz ist, sondern allein auf dem Bekenntnis eines persönlichen Glaubens gegründet ist.

Sowenig „... der Gottesgedanke im Sinne der Religion [als] ein vernunftnotwendiger Gedanke ..."[627] gelten kann, wie Scholz in der Religionsphilosophie betont, sowenig ist die hier von Scholz gegebene Antwort denknotwendig.

Scholz ermutigt so die Theologie nicht nur, ihre Antworten zu geben, sondern er beschreibt auch sehr genau die Reichweite dieser Antworten und den Status ihrer Sätze: Auch die theologische Deutung der Logik darf nicht als der Versuch der Repristination eines Gottesbeweises, also einer denknotwendigen Antwort, mißverstanden werden, sie ist vielmehr *eine mögliche* Deutung. Wobei das ‚eine' zur Theologie hin gesprochen werden muß, denn diese Deutung ist eine unter anderen, während das ‚mögliche' zur Philosophie hin gesprochen werden muß, denn auch diese Deutung darf nicht aus der Konkurrenz möglicher Deutungen ausgeschlossen werden.

---

[626] Scholz, H.: „Der Gottesgedanke in der Mathematik", hier zitiert nach M. U., S. 309.
[626a] Vgl. die Kritik von v. Juhos, Kaila und v. Kempski.
[627] Religionsphilosophie², S. 242.

2.2.1.2. Metaphysische Voraussetzungen interpretierter Kalküle

Ein zweiter Erweis der Möglichkeit einer theologischen Position folgt aus den Scholzschen Überlegungen zu den metaphysischen Voraussetzungen von interpretierten Kalkülen.

Wenn es richtig ist, daß jede Interpretation logischer Kalküle, die über rein syntaktische Bestimmungen hinausgeht, metaphysische Voraussetzungen macht, insofern sie ein bestimmtes ontologisches Modell voraussetzt, auf welches die ‚formalisierte Sprache' bezogen wird, dann hat das auch wichtige Konsequenzen für eine philosophische Rechtfertigung der Möglichkeit einer theologischen Position.

Diese Auszeichnung der formalisierten Sprachen durch Scholz hat zur Folge, daß eine einfache Entgegensetzung von Logik und Klarheit auf der einen und Metaphysik und Sinnlosigkeit auf der anderen Seite hinfällig ist, da ja nicht nur einzelne Interpretationen dem ‚Verdikt' verfallen, Metaphysik vorauszusetzen. Vielmehr gilt die Tatsache dieser Voraussetzung nach Scholz für *jede* Interpretation logischer Kalküle. Dies aber würde bedeuten, daß unterschiedliche Interpretationen sich nicht dadurch unterscheiden, daß die eine Interpretation ontologische Voraussetzungen macht, die andere hingegen nicht. Vielmehr würden sich die Interpretationen dadurch unterscheiden, *welche* ontologischen Modelle sie benutzen. Es müßten also unterschiedliche Ontologie-Modelle zur Konkurrenz zugelassen werden, und es ist nicht einzusehen, warum ein Modell christlicher Ontologie eine geringere Berechtigung zur Konkurrenz haben sollte als das Modell einer anderen Ontologie.

Aufgabe systematischer Theologie müßte es dann sein, das Konzept einer christlichen Ontologie auszuarbeiten, das in die Konkurrenz mit anderen ontologischen Modellen eintreten könnte[628].

Auch hier ist von Scholz, ähnlich wie im Falle der theologischen Deutung der Grundlagen der Logik, der Weg zu der Möglichkeit einer theologischen Position gewiesen. Neben verschiedenen ontologischen Modellen muß auch das Modell einer christlichen Ontologie als ein mögliches anerkannt werden, wenn es um die Interpretation formalisierter Sprachen geht.

---

[628] Als Untersuchungen, die dieses Forschungsziel einer christlichen Ontologie verfolgen, sind vor allem zu nennen: Härle, W. und E. Herms: „Rechtfertigung. Das Wirklichkeitsverständnis des christlichen Glaubens", Göttingen 1979, und Dalferth, I. U.: „Existenz Gottes und christlicher Glaube. Skizzen zu einer eschatologischen Ontologie", München 1984.

2.2.2. *Die Diskussion innerhalb der Theologie*

Die Konzeption von Scholz erweist sich jedoch nicht nur als ertragreich im Zusammenhang der Begründung einer theologischen Position gegenüber der Philosophie, sie könnte auch in einigen Bereichen für die Diskussion innerhalb der Theologie von Vorteil sein.

2.2.2.1. Die Präzisierung der Frage nach metaphysischen Voraussetzungen der Theologie

Es wurde bereits darauf hingewiesen, daß ebenso wie in der Philosophie auch in der Theologie bis in die jüngste Vergangenheit eine entschiedene Ablehnung jeglicher Metaphysik vertreten wurde[629].

Spätestens seit der einflußreichen Streitschrift „Theologie und Metaphysik" von A. Ritschl[630] war ‚Metaphysik' für die Theologie ein ‚indizierter' Term. K. Barth faßte diesen Sachverhalt bündig in seinem Dictum zusammen, daß der Heilige Geist der abgesagte Feind aller Metaphysik sei[631].

Während in dieser generellen Ablehnung der Metaphysik jedoch mehr oder weniger dunkel bleibt, was genau unter Metaphysik zu verstehen sei, bietet die von Scholz geleistete Präzisierung des Metaphysikbegriffes die Möglichkeit, die Kontroverse über die metaphysischen Voraussetzungen der Theologie vor dem Hintergrund eines klaren Metaphysikbegriffes zu führen.

Metaphysische Voraussetzungen der Theologie müssen danach mit Recht bestritten werden, soweit an eine ‚metaphysische Gotteslehre' gedacht ist, deren Zentralbegriff der Begriff des Absoluten ist. Hier muß allerdings eine scharfe Trennung vorgenommen werden zwischen dem Begriff des Absoluten und dem christlichen Gottesbegriff. *Diese* Art der metaphysischen Voraussetzung lehnt Scholz schon in der „Religionsphilosophie" entschieden ab, wenn er darauf verweist, daß die

---

[629] Vgl. auch Dienst, K.: „Der Metaphysik-Vorwurf als Kategorie theologischer Disqualifikation", in: Deutsches Pfarrerblatt 1969/69, S. 549—552.
[630] Ritschl, A.: „Theologie und Metaphysik. Zur Verständigung und zur Abwehr", Bonn 1887².
[631] Vgl. Barth, K.: „Christus und wir Christen", in: Theologische Existenz heute 1948/N. F. 11, S. 9: „Der Heilige Geist ... ist der abgesagte Feind aller *Metaphysik* ...".

Identifikation des metaphysischen Begriffs des Absoluten und des Gottesbegriffs zu der Konsequenz führt, daß „... Gottes Güte und Gottes Zorn Begriffe von Unbegriffen sind ..."[632], und er stellt fest: „Wenn ... die Religion, auf dem Umwege über die Theologie, sich des Absolutheitsbegriffes bemächtigt, so kann sie ihn in *ihrem* Bereich stets nur als *Prädikat* verwenden, mithin in den fest umschriebenen Grenzen, die seiner prädikativen Funktion durch den Gottesbegriff der religiösen Erfahrung gesteckt sind."[633] Eine Verbindung von Metaphysik und Theologie, die über den Gottesbegriff und den Begriff des Absoluten geknüpft ist, scheidet deshalb aus, wenn von metaphysischen Voraussetzungen der Theologie zu sprechen ist.

Aber in einer anderen Beziehung kann sinnvoll von metaphysischen Voraussetzungen der Theologie gesprochen werden, wenn man sich die Scholzsche Klärung des Metaphysikbegriffes zunutze macht.

Scholz hat gezeigt, daß in weitgehender historischer Kontinuität drei Kriterien formuliert werden können, die den Gehalt metaphysischer Sätze charakterisieren: Das Kriterium der Erfahrungstranszendenz, das Kriterium der Fundamentalität und das Kriterium der sprachlichen Präzision[634]. Während das dritte Kriterium in diesem Zusammenhang vernachlässigt werden kann, da es Aussagen über die Form metaphysischer Sätze macht, kann an Hand der beiden ersten Kriterien deutlich gemacht werden, inwiefern die Theologie Metaphysik zu ihrer Voraussetzung hat.

Da Theologie sich als wissenschaftliche Kommunikation versteht, muß sie notwendig — will sie nicht zur „intellektuellen Glossolalie"[635] werden — in zweifacher Weise Metaphysik voraussetzen.

---

[632] Religionsphilosophie², S. 314.
[633] Religionsphilosophie², S. 316. In dieser Einschätzung des Begriffs des Absoluten ist Scholz deutlich von Ritschls Metaphysikkritik abhängig. Vgl. Ritschls These, „... daß das Absolute kein Product der religiösen Reflexion ist, sondern ein metaphysischer Begriff, welcher den Christen im ganzen fremd [ist] ..." (Ritschl, A., a.a.O., S. 19).
[634] Vgl. oben S. 123f.
[635] Diesen Begriff prägt H. Schröer in seiner Arbeit „Die Denkform der Paradoxalität als theologisches Problem. Eine Untersuchung zu Kierkegaard und der neueren Theologie als Beitrag zur theologischen Logik", Göttingen 1960, S. 199.
   Obwohl er vor der Gefahr einer ‚intellektuellen Glossolalie' warnt, glaubt er jedoch gleichwohl, eine ‚theologische Logik' bestimmen zu können, deren Kernstück und Charakteristikum eben die ‚Denkform der Paradoxalität' darstellt.

1. Das Fundamentalitätskriterium besagte, daß die Gültigkeit metaphysischer Sätze derart grundlegend ist, daß diese Sätze bereits bei der Formulierung der besonderen Axiome der jeweiligen Einzelwissenschaft vorausgesetzt werden müssen. Diesen metaphysischen Voraussetzungen kann sich auch die Theologie nicht entziehen, andernfalls wäre bereits die Konstitution einer theologischen Wissenschaft ausgeschlossen. In diesem Sinne setzt die Theologie wie jede andere Einzelwissenschaft Metaphysik voraus.

2. Ebenso muß innerhalb der wissenschaftlichen Kommunikation der Theologie ständig als deren notwendige Bedingung die Geltung metaphysischer Sätze im Sinne des Kriteriums der Erfahrungstranszendenz vorausgesetzt werden, denn dieses Kriterium bezeichnet ja die allgemeingültigen Sätze als metaphysisch, insofern sie Bedingungen jeglicher Kommunikation sind.

Scholz kann sagen: „Und nicht nur die wissenschaftliche Forschung wird ... von unserer Metaphysik beherrscht, sondern auch jeder Gedankenaustausch im täglichen Leben, der dieses Namens würdig ist. Ausgenommen ist nur das Geschwätz und der Austausch von unkontrollierten Leidenschaften."[636]

Es ist deutlich, welche Alternative für die Theologie besteht, wenn sie meint, auf die hier angedeuteten metaphysischen Voraussetzungen verzichten zu können. Selbst wenn Theologie aus programmatischen Gründen *nicht* als Wissenschaft aufgebaut werden soll, mithin die Kriterien der Fundamentalität nicht für eine Theologie gelten sollten, so muß sie dennoch die metaphysischen Sätze im Sinne des Kriteriums der Erfahrungstranszendenz voraussetzen; denn auch wenn Theologie nicht Wissenschaft sein wollte, den Anspruch, ein „... Gedankenaustausch ..., der dieses Namens würdig ist ..."[637], zu sein, wird sie wohl nicht aufgeben wollen.

3. Aber auch in einer dritten Perspektive kann die Theologie nicht auf metaphysische Voraussetzungen verzichten wollen.

Scholz hatte schon in seiner Religionsphilosophie herausgearbeitet, daß allein der semantische Wahrheitsbegriff dem Ernst der religiösen Fragen angemessen ist, während jede Form eines relativistischen Wahrheitsverständnisses nicht nur widersprüchlich ist, sondern auch hinter

---
[636] M. a. s. W., S. 153.
[637] ebda.

dem Anspruch der Religion zurückbleibt. Der religiöse Mensch selbst muß darauf bestehen, daß die Aussage ‚Es gibt einen Gott' dann und nur dann wahr ist, wenn Gott existiert, er kann nicht zulassen, daß diese Aussage schon dann ‚wahr' genannt werden darf, wenn es praktisch ist, von einer Gottesfiktion auszugehen oder wenn der Gottesgedanke als für geeignet befunden wird, um Menschen psychisch zu stabilisieren.

Dieser semantische Wahrheitsbegriff kann jedoch nur vertreten werden, wenn man bereit ist, metaphysische Voraussetzungen zu machen.

Wenn dies aber so ist, so muß die Theologie um der Religion willen, über die sie sprechen will, metaphysische Voraussetzungen akzeptieren, denn andernfalls müßte sie bereit sein zuzulassen, daß die Frage nach der *Wahrheit* der Religion herabgestimmt wird auf eine bloße Geschmacksfrage.

2.2.2.2. Die Bedeutung einer ‚identitätstheoretischen Metaphysik' für die Theologie

Es wurde oben bereits darauf hingewiesen, daß Scholz seine Metaphysik als eine identitätstheoretische Metaphysik bezeichnen kann, und gerade auch bei der Diskussion der metaphysischen Voraussetzungen der Theologie zeigt sich, daß es der Begriff der Identität ist, der sowohl die Kommunikation als auch die Ontologie fundiert: Die Geltung des Satzes von der Identität ist nicht nur die Grundvoraussetzung für jede Kommunikation, sondern die Identität ist auch die fundamentalste Individuenbestimmung der Scholzschen Ontologie. Scholz macht deshalb mit Recht eine Diskussion des Identitätsbegriffes zur Basis seiner gesamten Metaphysik. Diese am Identitätsbegriff ansetzende Metaphysik ist jedoch auch gerade für die Theologie von besonderem Interesse, denn die Dogmatik wird bei der Bearbeitung verschiedener zentraler Themen immer wieder auf das Problem der Identität geführt:

1. Ein Grundproblem der Gotteslehre ist die Frage nach der Identität und Nicht-Identität der Personen der Trinität. Ohne eine Klärung des hier vorauszusetzenden Identitätsbegriffes ist die Frage unbearbeitbar.
2. Die zentrale Frage der Christologie ist die Frage nach der Identität und der Nicht-Identität von Gott und Mensch in der Person Jesu. Ebenso ist die Frage nach der Identität und Nicht-Identität von historischem Jesus und erhöhtem Christus hier als ein identitätstheoretisches Teilproblem besonders zu erwähnen. Auch hier hängt die

Möglichkeit einer Bearbeitung der Frage von der Präzisierung eines Identitätsbegriffes ab.

3. Aber auch die Grundfrage einer Eschatologie, die sich nicht in der Diskussion des Reich-Gottes-Begriffs erschöpft, ist eine Frage nach Identität: Mit der Frage nach der Auferstehung stellt die Eschatologie die Frage nach der Identität oder Nicht-Identität zwischen einem unverwechselbaren Individuum, das stirbt und einem σῶμα πνευματικόν, das dieses gestorbene Individuum nach der christlichen Verheißung einmal annehmen wird. Die Frage spitzt sich so auf die Frage nach der Identität oder Nicht-Identität eines verstorbenen ‚Ich' und der verheißenen καινὴ κτίσις zu. Ohne eine Klärung des Identitätsbegriffes wird auch diese Frage nicht sinnvoll zu bearbeiten sein. Schon bei diesem am Glaubensbekenntnis orientierten Aufriß zeigt sich, daß sowohl in der christlichen Frage nach Gott wie in der Frage nach Christus wie in der Frage nach der Auferstehung das Grundproblem in der Fassung des Identitätsbegriffes liegt.

Diese zentrale Bedeutung ist jedoch nicht auf die drei genannten Themenbereiche beschränkt, vielmehr ist sie genauso auch in der Rechtfertigungslehre oder der Anthropologie nachzuweisen, es muß deshalb im besonderen Interesse der Theologie liegen, den Begriff der Identität systematisch zu klären. Es ist deutlich, daß gerade eine christliche Theologie den Begriff der Identität nicht nur in einem allgemeinen Sinne — wie jede Kommunikation — voraussetzt, sondern auch in einem spezifisch theologischen Sinne auf den Begriff der Identität verwiesen ist.

Auch hier könnte so die ‚identitätstheoretische Metaphysik' von Heinrich Scholz einen Beitrag liefern, der im Sinne von Ch. Hartshorne mithilft, „... to further the clarification of theological questions."[638]

---

[638] Hartshorne, Ch., a. a. O., S. 279.

3. SCHLUSSBETRACHTUNG

Weder die hier vorliegende Darstellung der Metaphysikkonzeption von Heinrich Scholz noch die Hinweise zur Kritik und einer möglichen Aufnahme des Scholzschen Denkens wollen den Anspruch erheben, umfassend zu sein. Dazu ist sowohl das Denken von Scholz viel zu reich, originell und vielfältig als auch die von Scholz behandelten Probleme zu vielschichtig.

Es wird vielmehr so sein, daß erst eine größere Zahl von Einzeluntersuchungen alle Impulse und Aufgaben, die Scholz der Theologie gegeben hat, sichten kann.

Aber zwei Dinge hoffe ich mit der vorliegenden Arbeit gezeigt zu haben:

1. Scholz ist um theologischer Fragen willen erst zum Philosophen und schließlich zum Logistiker geworden.
2. Auch wenn man dieser ersten These ‚bloß historische' Relevanz zusprechen will, so gilt — und das jedenfalls ist von systematischer Bedeutung —: Auf diesem Weg von der Theologie zur Logistik hat Scholz Impulse für die theologische Forschung gegeben, die nicht länger ignoriert werden sollten.

Will man die Scholzschen Verdienste um die Bearbeitung theologischer und religionsphilosophischer Fragen zusammenfassen, so müssen folgende Leistungen meiner Ansicht nach besonders hervorgehoben werden:

1. Scholz hat mit seiner historisch-systematischen Präzisierung des Metaphysikbegriffes einen Standard vorgegeben, der *nach* Scholz eigentlich nicht mehr unterschritten werden sollte.
2. Scholz hat in seiner umfassenden Konzeption einer Metaphysik als signifikanter und als meditierender Metaphysik einen Beitrag zum Thema ‚Glauben und Wissen' geleistet, der der Ausgangspunkt für weitere Diskussionen sein sollte.

3. Scholz hat unbeirrt von theologischen und philosophischen Strömungen immer darauf insistiert, daß gerade für die Aussagen der Religion gelten muß, daß sie nicht nur wertvoll oder praktisch, sondern *wahr* sind, daß die Wahrheitsfrage für eine Religion, die sich selbst ernst nimmt und der es mit ihren Aussagen ernst ist, unverzichtbar ist.

Ein Kritiker hat Scholz einmal den Vorwurf gemacht, daß er mit seinem Buch „Metaphysik als strenge Wissenschaft" „... für einen Logikkalkül geworben habe, der als ‚Grundlage einer philosophischen Religion' dienen kann."[639] Zwar wendet Scholz dagegen ein, „... daß ich dieses Büchlein geschrieben habe, um zu zeigen, daß und in welchem genauen Sinne heute eine Metaphysik vom Rang einer strengen Wissenschaft konstituiert werden kann und nicht eine neue Religionsphilosophie."[640] Gleichwohl antwortet er seinem Kritiker:

> „Ich gestehe, daß ich gegen diese Feststellung nichts einzuwenden habe, wenn der Ton auf das ‚kann' gelegt wird. Ich werde also niemanden hindern, diese Konsequenz zu ziehen. Es wird mir sogar sehr willkommen sein, wenn ich auf Spuren stoße, aus denen dies zu erkennen ist. Bis jetzt bin ich einer solchen Spur nicht begegnet."[641]

Ich wäre erfreut, wenn die vorliegende Arbeit dazu beitragen würde, daß diese Spuren des Scholzschen Denkens in der Theologie häufiger, sichtbarer und breiter werden.

---

[639] Scholz, H.: „Logik, Grammatik, Metaphysik", hier zitiert nach M. U., S. 431.
[640] Scholz, H.: „Logik, Grammatik, Metaphysik", hier zitiert nach M. U., S. 432.
[641] Scholz, H.: „Logik, Grammatik, Metaphysik", hier zitiert nach M. U., S. 431.

LITERATURVERZEICHNIS

1. PRIMÄRLITERATUR
(in chronologischer Ordnung)

1.1. UNGEDRUCKTE ARBEITEN VON HEINRICH SCHOLZ

Hauptgestalten der abendländischen Metaphysik. Vorlesungsausarbeitung, Wintersemester 1931/32.

Analytische und synthetische Urteile. Vortrag 1932. Im Scholz-Nachlaß abgelegt unter Sig. 1JB 284.

Kant. Vorlesungsausarbeitung, Sommersemester 1932.

Die moderne Prädikatenlogik als die erste exakte Darstellung der Aristotelischen Ontologie. Vortrag 1932. Im Scholz-Nachlaß abgelegt unter Sig. 1JB 123.

Die Philosophie im Zeitalter der Mathesis universalis: Descartes, Pascal, Leibniz. Vorlesungsausarbeitung, Wintersemester 1933/34.

Hauptgestalten der Logik. Vorlesungsausarbeitung, Sommersemester 1934.

Die drei Gestalten der Mathesis universalis. Vortrag 1935. Im Scholz-Nachlaß abgelegt unter Sig. 1JB 282.

Einführung in die Philosophie. Vorlesungsausarbeitung, Wintersemester 1950/51.

Personalia. Autobiographische Skizze von H. Scholz. Als Abschrift vorhanden im Scholz-Nachlaß. Nicht klassifiziert, undatiert (Entstehungszeit: nach 1943).

1.2. GEDRUCKTE ARBEITEN VON HEINRICH SCHOLZ

Christentum und Wissenschaft in Schleiermachers Glaubenslehre. Ein Beitrag zum Verständnis der Schleiermacherschen Theologie. Berlin 1909 (Leipzig 1911[2]).

Der Pantheismus in seinem Verhältnis zum Gottesglauben des Christentums. In: Preußische Jahrbücher 141 (1910), S. 439—464.

Glaube und Unglaube in der Weltgeschichte. Ein Kommentar zu Augustins De Civitate Dei, mit einem Exkurs: Fruitio Dei, ein Beitrag zur Geschichte der Theologie und der Mystik. Leipzig 1911.

J. G. Fichte: Die Anweisung zum seligen Leben. Mit Einleitung und Anmerkungen herausgegeben von Heinrich Scholz. Berlin 1912.

Das pantheistische Problem in protestantischer Beleuchtung. In: Deutsch-Evangelisch. Monatsblätter für den gesamten deutschen Protestantismus 3 (1912), S. 321—340.

Fichte als Erzieher. In: Kantstudien 19 (1914), Festheft zum 70. Geburtstag von Alois Riehl, S. 146—181.

Fichte als Dichter. In: Preußische Jahrbücher 159 (1915), S. 255—271.

Die Hauptschriften zum Pantheismusstreit zwischen Jacobi und Mendelssohn. Herausgegeben und mit einer historisch-kritischen Einleitung versehen von Heinrich Scholz. Berlin 1916.

Die Religion im Systembegriff der Kultur. In: Zeitschrift für Theologie und Kirche 27 (1917), Festgabe für Wilhelm Herrmann zu seinem 70. Geburtstag, S. 230—249.

Ein neues Dokument zu Fichtes religionsphilosophischer Entwicklung. In: Kantstudien 22 (1918), S. 393—425.

Der Unsterblichkeitsgedanke als philosophisches Problem. Berlin 1920 (zweite neuverfaßte Ausgabe Berlin 1922).

Zum ‚Untergang des Abendlandes'. Eine Auseinandersetzung mit Oswald Spengler. Berlin 1920 (zweite, neubearbeitete und ergänzte Auflage Berlin 1921).

Die Bedeutung der Hegelschen Philosophie für das philosophische Denken der Gegenwart. Berlin 1921.

Die Religionsphilosophie des Als-ob. Eine Nachprüfung Kants und des idealistischen Positivismus. Leipzig 1921.

Religionsphilosophie. Berlin 1921 (zweite neuverfaßte Ausgabe Berlin 1922).

Zufällige Geschichts- und notwendige Vernunftwahrheiten. In: Harnack-Ehrung, Beiträge zur Kirchengeschichte, ihrem Lehrer Adolf von Harnack zu seinem 70. Geburtstag, dargebracht von einer Reihe seiner Schüler. Leipzig 1921, S. 377—393.

Zur Analysis des Relativitätsbegriffs. Eine Skizze. In: Kantstudien 27 (1922), Festheft zum 70. Geburtstag von Hans Vaihinger, S. 369—398.

(Mitautor H. Hasse) Die Grundlagenkrisis der Griechischen Mathematik. Berlin 1928.

Eros und Caritas. Die platonische Liebe und die Liebe im Sinne des Christentums. Halle 1929.

Die Axiomatik der Alten. In: Blätter für deutsche Philosophie 4 (1930/31), S. 259—278. Wiederabgedruckt in: M. U., S. 27—44.

Geschichte der Logik. Berlin 1931 (unveränderte zweite Auflage Freiburg-München 1959 unter dem Titel ‚Abriß der Geschichte der Logik').

Wie ist eine evangelische Theologie als Wissenschaft möglich? In: Zwischen den Zeiten 9 (1931), S. 8—53. Wiederabgedruckt in Sauter, G.: Theologie als Wissenschaft. Aufsätze und Thesen. Herausgegeben und eingeleitet von Gerhard Sauter. München 1971, S. 221—264.

Augustinus und Descartes. In: Blätter für deutsche Philosophie 5 (1931/32), S. 405—423. Wiederabgedruckt in: M. U., S. 45—61.

Goethes Stellung zur Unsterblichkeitsfrage. Tübingen 1934.

Warum Mathematik? In: Neue Jahrbücher für Wissenschaft und Jugendbildung 10 (1934), S. 458—469. Wiederabgedruckt in: M. U., S. 312—323.

Der Gottesgedanke in der Mathematik. In: Blätter für deutsche Philosophie 8 (1934/ 35, S. 318—338. Wiederabgedruckt in: M. U., S. 293—311.

Das theologische Element im Beruf des logistischen Logikers. In: Christliche Verwirklichung, Romano Guardini zum 50. Geburtstag dargebracht und von seinen Freunden und Schülern, Die Schildgenossen, Beiheft 1. Rotenfels/Main 1935, S. 138—159. Wiederabgedruckt in: M. U., S. 324—340.

Was ist unter einer theologischen Aussage zu verstehen? In: Theologische Aufsätze, Karl Barth zum 50. Geburtstag. München 1936, S. 25—37. Wiederabgedruckt in: Sauter, G.: Theologie als Wissenschaft. Aufsätze und Thesen. Herausgegeben und eingeleitet von Gerhard Sauter. München 1971, S. 265—278.

Die mathematische Logik und die Metaphysik. In: Philosophisches Jahrbuch der Görres-Gesellschaft 51 (1938), S. 257—291.

Person und Sache im Protestantismus. In: Evangelische Theologie 5 (1938), S. 347—358.

Was ist Philosophie? Der erste und der letzte Schritt auf dem Wege zu ihrer Selbstbestimmung. In: Archiv für Rechts- und Sozialphilosophie 33 (1939/40), S. 1—55. Wiederabgedruckt in: M. U., S. 341—387.

Fragmente eines Platonikers. Köln 1941.

Metaphysik als strenge Wissenschaft. Köln 1941 (Darmstadt 1965^2).

David Hilbert. Der Altmeister der mathematischen Grundlagenforschung. In: M. U., S. 279—290.

Leibniz. In: Jahrbuch der Kaiser Wilhelm-Gesellschaft zur Förderung der Wissenschaften 1942, S. 205—249. Wiederabgedruckt in: M. U., S. 128—150.

Der Forscher. In: Archiv für Rechts- und Sozialphilosophie 35 (1942), S. 1—33.

Platonismus und Positivismus. In: Europäische Revue 19 (1943), S. 74—83. Wiederabgedruckt in: M. U., S. 388—398.

Einführung in die Kantische Philosophie. In: M. U., S. 152—218.

Logik, Grammatik, Metaphysik. In: Archiv für Rechts- und Sozialphilosophie 36 (1943/44), S. 393—433. Wiederabgedruckt in: M. U., S. 399—436.

Pascal. In: Universitas 2 (1947), S. 513—524.

Begegnung mit Nietzsche. Tübingen-Stuttgart 1948.

Ein theologisches Paradoxon nach Arnauld von Ch. Hartshorne, mitgeteilt von Heinrich Scholz. In: Philosophisches Jahrbuch der Görres-Gesellschaft 59 (1949), S. 249—251.

Der Anselmische Gottesbeweis. In: M. U., S. 62—74. (Entspricht der Vorlesung ‚Einführung in die Philosophie', S. 1—13.)

Gedanken um den Philosophen. In: Neue deutsche Hefte 1 (1954), S. 91—94.

Formalisierte Sprachen. Eine grundlegende Entdeckung des 19. Jahrhunderts. In: Archiv für Philosophie 5 (1954/55), S. 1—18.

In memoriam Jan Lukasiewicz. In: Archiv für mathematische Logik und Grundlagenforschung 3 (1956), S. 3—18.

Warum ich mich zu Karl Barth bekenne. Ein Beitrag zu einer Studie über Treue gegen Linientreue. In: Antwort, Festschrift zum 70. Geburtstag von Karl Barth. Zürich 1956, S. 865—869.

(Mitautor G. Hasenjaeger) Grundzüge der mathematischen Logik. Berlin-Göttingen-Heidelberg 1961.

Mathesis Universalis. Abhandlungen zur Philosophie als strenger Wissenschaft. Herausgegeben von H. Hermes, F. Kambartel, J. Ritter. Basel-Stuttgart 1969^2.

2. SEKUNDÄRLITERATUR

Aristoteles: Metaphysik. In der Übersetzung von Hermann Bonitz, neu bearbeitet, mit einer Einleitung und Kommentar herausgegeben von Horst Seidl, griechischer Text in der Edition von Wilhelm Christ. Griechisch-deutsche Ausgabe. 1. Halbband Hamburg 1982², 2. Halbband Hamburg 1980.
Barth, K.: Christus und wir Christen. In: Theologische Existenz heute N. F. 11 (1948).
Barth, K./Thurneysen, E.: Briefwechsel. Bd. 2, 1921—1930. Bearbeitet und herausgegeben von E. Thurneysen. (Karl Barth. Gesamtausgabe. V. Briefe.) Zürich 1974.
Behmann, H.: Drei Aporien der Identität. In: Logik und Logikkalkül. Festschrift für W. Britzelmayr. Herausgegeben von M. Käsbauer und F. v. Kutschera. Freiburg-München 1962, S. 19—48.
Berka, K. und L. Kreiser: Logik Texte. Kommentierte Auswahl zur Geschichte der modernen Logik. Darmstadt 1983³.
Bernays, P.: Besprechung von H. Scholz: Metaphysik als strenge Wissenschaft. In: Journal of Symbolic Logic 5/6 (1940/41) S. 156 f.
Beth, E. W.: Besprechung von H. Scholz: Metaphysik als strenge Wissenschaft. In: Mathematical Reviews Vol. 3, No. 10, November 1942, S. 291.
Birkner, H.-J.: Natürliche Theologie und Offenbarungstheologie. Ein theologiegeschichtlicher Überblick. In: Neue Zeitschrift für Systematische Theologie und Religionsphilosophie 3 (1961), S. 279—295.
Bocheński, I. M. J.: Europäische Philosophie der Gegenwart. Zweite umgearbeitete Auflage München 1951.
Brentano, F.: Vom Dasein Gottes. Aus seinem Nachlasse herausgegeben, eingeleitet und mit erläuternden Anmerkungen und einem Register versehen von Alfred Kastil. Leipzig 1929.
Brugger, W.: Besprechung von H. Scholz: Metaphysik als strenge Wissenschaft. In: Scholastik 17 (1942), S. 95—98.
Bunge, M.: The Relations of Logic and Semantics to Ontology. In: Morscher, E., Czermak, J., Weingartner, P.: Problems in Logic and Ontology. Graz 1977, S. 29—43.
Hochkeppel, W./Carnap, R.: Andere Seiten des Denkens. In: Der Monat 19, Heft 224 (1967), S. 50—56.
Carnap, R.: Der logische Aufbau der Welt. Mit einem zusammenfassenden Vorwort von Rudolf Carnap. Hamburg 1961².
ders. Scheinprobleme in der Philosophie. Das Fremdpsychische und der Realismusstreit. Nachwort von G. Patzig. Frankfurt 1966.
Dalferth, I. U.: Existenz Gottes und christlicher Glaube. Skizzen zu einer eschatologischen Ontologie. München 1984.

Delius, H.: Artikel ‚Analytisch-synthetisch'. In: Historisches Wörterbuch der Philosophie, herausgegeben von J. Ritter und K. Gründer. Bd. 1, Darmstadt 1971, Sp. 251−260.

Dienst, K.: Der Metaphysikvorwurf als Kategorie theologischer Disqualifikation. In: Deutsches Pfarrerblatt 69 (1969), S. 549−552.

Essler, W. K.: Wissenschaftstheorie. 4 Bde. 1. Bd. Freiburg-München 1970, 2. Bd. Freiburg-München 1971, 3. Bd. Freiburg-München 1973, 4. Bd. Freiburg−München 1979.

Fallenstein, M.: Religion als philosophisches Problem. Studien zur Grundlegung der Frage nach der Wahrheit der Religion im religionsphilosophischen Denken von Heinrich Scholz. Frankfurt-Bern 1981.

Frege, G.: Logische Untersuchungen. Herausgegeben und eingeleitet von G. Patzig. Göttingen 1976².

Frey, G.: Sprache, Ausdruck des Bewußtseins. Stuttgart 1965.

ders.: Unabdingbarkeit und Destruierbarkeit der Metaphysik. In: Perspektiven der Philosophie 3 (1977), S. 31−57.

Geach, P.: Logic Matters. Oxford 1981².

Gestrich Ch.: Neuzeitliches Denken und die Spaltung der dialektischen Theologie. Zur Frage der natürlichen Theologie. Tübingen 1977.

Glockner, H.: Die europäische Philosophie von den Anfängen bis zur Gegenwart. Stuttgart 1958.

Günther, G.: Die Theorie der ‚mehrwertigen Logik'. In: Philosophische Perspektiven 3 (1971), S. 110−131.

Härle, W.: Analytische und synthetische Urteile in der Rechtfertigungslehre. In: Neue Zeitschrift für systematische Theologie und Religionsphilosophie 16 (1974), S. 17−34.

Härle, W./Herms E.: Rechtfertigung. Das Wirklichkeitsverständnis des christlichen Glaubens. Göttingen 1979.

Hagelstein, O.: Besprechung von H. Scholz: Metaphysik als strenge Wissenschaft. In: Kantstudien 43 (1943), S. 497−502.

Hager, F. P. (Hg.): Metaphysik und Theologie des Aristoteles. Darmstadt 1969.

Hartshorne, Ch.: Anselms Discovery: A Re-examination of the ontological Proof for God's Existence. Lasalle, Ill. 1965.

Heinemann, F. (Hg.): Die Philosophie im 20. Jahrhundert. Eine enzyklopädische Darstellung ihrer Geschichte, Disziplinen und Aufgaben. Stuttgart 1963².

Hermes, H.: Heinrich Scholz, die Persönlichkeit und sein Werk. In: Heinrich Scholz. Drei Vorträge gehalten bei der Gedächtnisfeier der Math.-Naturw. Fakultät der Universität Münster am 20. Dezember 1957. Schriften der Gesellschaft zur Förderung der Westfälischen Wilhelms-Universität zu Münster, Heft 41, Münster 1958. S. 25−46.

Hohlwein, H.: Artikel „Scholz, Heinrich". In RGG³ Bd. V, Tübingen 1961, Sp. 1499.

Hubbeling, H. G.: Einführung in die Religionsphilosophie. Göttingen 1981.

Hübscher, A.: Philosophen der Gegenwart. München 1949.

v. Juhos, B.: Besprechung von H. Scholz: Metaphysik als strenge Wissenschaft. In: Blätter für deutsche Philosophie 16 (1942/43), S. 173−175.

Kaila, E.: Logistik und Metaphysik. In: Theoria 8 (1942), S. 58−60.

Kant, I.: Kritik der reinen Vernunft. Reclam-Studienausgabe der zweiten Auflage, herausgegeben von Ingeborg Heidemann. Stuttgart 1966.

ders.: Prolegomena zu einer jeden künftigen Metaphysik, die als Wissenschaft wird auftreten können. In: Kants Werke, Akademie-Textausgabe Bd. IV, Berlin 1968, S. 253–383.

v. Kempski, J.: Bemerkungen zu Heinrich Scholz' Grundlegung der Metaphysik. In: Archiv für Philosophie 2 (1948), S. 112–124.

Klappert, B.: Tendenzen der Gotteslehre in der Gegenwart. In: Evangelische Theologie N. F. 30 (1975).

Köhler, E.: Artikel ‚Scholz, Heinrich'. In: Encyclopedia of Philosophy Bd 7. London 1967, reprinted Edition 1972, S. 324 f.

Kripke, S.: Identität und Notwendigkeit. In: Sukale, M. (Hg.): Moderne Sprachphilosophie. Hamburg 1976. S. 132–152.

Kuhn, H.: Die Theologie vor dem Tribunal der Wissenschaftstheorie. In: Philosophische Rundschau 25 (1978), S. 264–277.

Lang, K.: Konstruktive und kritische Anwendung der Mathematik in der Philosophie. Eine Demonstration anhand ‚Metaphysik als strenge Wissenschaft' von Heinrich Scholz. Diss. Mainz 1970.

Leibniz, G. W.: Fragmente zur Logik. Ausgewählt, übersetzt und erläutert von Dr. phil. habil. Franz Schmidt. Berlin 1960.

ders.: Fünf Schriften zur Logik und Metaphysik. Übersetzt und herausgegeben von Herbert Herring. Stuttgart 1966.

ders.: Die philosophischen Schriften von Gottfried Wilhelm Leibniz. Herausgegeben von C. J. Gerhardt. Bd. VII, Hildesheim 1961.

Link, Ch.: Die Welt als Gleichnis. Studien zum Problem der natürlichen Theologie. München 1976.

Luce, R. E.: Besprechung von v. Kempski, J.: Bemerkungen zu Heinrich Scholz' Grundlegung der Metaphysik. In: Journal of Symbolic Logic 13/14 (1948/49), S. 254.

ders.: Besprechung von H. Scholz: Logik, Grammatik, Metaphysik. In: Journal of Symbolic Logic 13/14 (1948/49), S. 253 f.

Lukasiewicz, J.: Aristotele's Syllogistic from the Standpoint of Modern Formal Logic. Oxford, 1957^2.

Luthe, H.: Die Religionsphilosophie von Heinrich Scholz. Diss. München 1961.

Mahlmann, Th.: Was ist Religion in der Religionsphilosophie von Heinrich Scholz? In: Härle, W. und E. Wölfel: Religion im Denken unserer Zeit. Marburg 1986, S. 1–33.

Menne, A.: Einführung in die Logik. München 1973^2.

Meschkowski, H.: Mathematik und Realität. Vorträge und Aufsätze. Mannheim-Wien-Zürich 1979.

ders.: Wandlungen des mathematischen Denkens. Eine Einführung in die Grundlagenprobleme der Mathematik. Braunschweig 1960^2.

ders.: Was wir wirklich wissen. Darmstadt 1984.

Molendijk, A. L.: Heinrich Scholz – Karl Barth. Een discussie over de wetenschappelijkheid van de theologie. In: Nederlands Theologisch Tijdschrift 39 (1985), S. 295–313.

Nagel, E./Newman J. R.: Gödel's Proof. New York 1973[8].
Nelson, E. J.: Besprechung von H. Scholz: Die mathematische Logik und die Metaphysik. In: Journal of Symbolic Logic 3 (1938), S. 159 f.
Nygren, A.: Sinn und Methode. Prolegomena zu einer wissenschaftlichen Religionsphilosophie und einer wissenschaftlichen Theologie. Mit einem Vorwort von Ulrich Asendorf. Göttingen 1979.
Oeing-Hanhoff, L./Kobusch, Th./Borsche, T.: Artikel ‚Metaphysik'. In: Historisches Wörterbuch der Philosophie. Herausgegeben von J. Ritter † und K. Gründer. Bd. 5, Darmstadt 1980, Sp. 1186—1279.
Pannenberg, W.: Wissenschaftstheorie und Theologie. Frankfurt 1973.
Poser, H.: Zur Theorie der Modalbegriffe bei G. W. Leibniz. Studia Leibnitiana, Supplementa Bd. VI, Wiesbaden 1969.
Quine, W. v. O.: Von einem logischen Standpunkt. Neun logisch-philosophische Essays. Mit einem Nachwort von P. Bosch. Frankfurt-Berlin-Wien 1979.
Ratschow, C. H.: Heinrich Scholz. Der Theologe und der Christ. In: Heinrich Scholz. Drei Vorträge gehalten bei der Gedächtnisfeier der Math.-Naturw. Fakultät der Universität Münster am 20. Dezember 1957. Schriften der Gesellschaft zur Förderung der Westfälischen Wilhelms-Universität zu Münster, Heft 41, Münster 1958, S. 10—24.
Reach, K.: Besprechung von H. Scholz: Metaphysik als strenge Wissenschaft. In: Theoria 8 (1942), S. 72—74.
Rentz, W.: Die Analyse und Interpretation des argumentum Anselmi von Heinrich Scholz. In: Neue Zeitschrift für systematische Theologie und Religionsphilosophie 21 (1979), S. 71—91.
Riehl, A.: Philosophische Studien aus vier Jahrzehnten. Leipzig 1925.
ders.: Zur Einführung in die Philosophie der Gegenwart. Acht Vorträge. Dritte durchgesehene und verbesserte Auflage Leipzig 1908.
Ritschl, A.: Theologie und Metaphysik. Zur Verständigung und zur Abwehr. Bonn 1887[2].
Rosser, B.: An informal exposition of proofs of Gödel's theorem and Church's theorem. In: Journal of Symbolic Logic 4 (1939), S. 53—60.
Schellong, D.: Heinrich Scholz in memoriam. In: Evangelische Theologie 18 (1958), S. 1—5.
Schröer, H.: Die Denkform der Paradoxalität als theologisches Problem. Eine Untersuchung zu Kierkegaard und der neueren Theologie als Beitrag zur theologischen Logik. Göttingen 1960.
Seifert, H.: Gedenken an Heinrich Scholz. In: Heinrich Scholz. Drei Vorträge gehalten bei der Gedächtnisfeier der Math.-Naturw. Fakultät der Universität Münster am 20. Dezember 1957. Schriften der Gesellschaft zur Förderung der Westfälischen Wilhelms-Universität zu Münster, Heft 41, Münster 1958, S. 5—9.
Skolimowski, H.: Polish analytical Philosophy. A survey and a comparison with British analytical Philosophy. London 1967.
Smullyan, R.: Dame oder Tiger? Frankfurt 1983.
Stachowiak, H.: Rationalismus im Ursprung. Die Genesis des axiomatischen Denkens. Wien-New York 1971.
Stegmüller, W.: Hauptströmungen der Gegenwartsphilosophie. Eine kritische Einführung. 2 Bände. Bd. I Stuttgart 1978[6], Bd. II Stuttgart 1979[6].

ders.: Metaphysik, Skepsis, Wissenschaft. Berlin-Heidelberg-New York 1969².
ders.: Unvollständigkeit und Unentscheidbarkeit. Die metamathematischen Resultate von Gödel, Church, Kleene, Rosser und ihre erkenntnistheoretische Bedeutung. Wien-New York 1973³.
ders.: Das Wahrheitsproblem und die Idee der Semantik. Eine Einführung in die Theorien von A. Tarski und R. Carnap. Wien-New York 1968².
Tarski, A.: Einführung in die mathematische Logik. Göttingen 1977⁵.
ders.: Die semantische Konzeption der Wahrheit und die Grundlagen der Semantik. In: Skirbekk, G.: Wahrheitstheorien. Eine Auswahl aus den Diskussionen über Wahrheit im 20. Jahrhundert. Frankfurt 1977, S. 140–188.
Ulrich H. G.: Was ist theologische Wahrheitsfindung? Bemerkungen zu den Fragen von Heinrich Scholz an Karl Barth. In: Evangelische Theologie N. F. 38 (1983), S. 350–370.
v. Weizsäcker, C. Fr.: Naturgesetz und Theodizee. In: Archiv für Philosophie 2 (1948), S. 96–105.
Wernick, G.: Heinrich Scholz als Philosoph. Eine entwicklungsgeschichtliche Studie. In: Archiv für Rechts- und Sozialphilosophie 37-1 (1944), S. 1–12.
Ziegenfuss, W./Jung, G.: Philosophen-Lexikon. Handwörterbuch der Philosophie nach Personen. 2 Bände, Bd. 1 Berlin 1949, Bd. 2 Berlin 1950.

ABKÜRZUNGSVERZEICHNIS

Folgende Kurztitel werden für häufig zitierte Werke verwendet:

Analysis	Scholz, H., Zur Analysis des Relativitätsbegriffs. Eine Skizze. In: Kantstudien 27 (1922), Festheft zum 70. Geburtstag von Hans Vaihinger, S. 369—398.
Autobiographische Skizze	Abschrift einer vier Seiten umfassenden autobiographischen Skizze von H. Scholz, die sich im Scholz-Nachlaß in der Universität Münster befindet. Die mit ‚Personalia' überschriebene Skizze ist nicht näher klassifiziert.
‚Gedächtnisfeier'	Heinrich Scholz. Drei Vorträge gehalten bei der Gedächtnisfeier der Math.-Naturw. Fakultät der Universität Münster am 20. Dezember 1957, Schriften der Gesellschaft zur Förderung der Westfälischen Wilhelms-Universität zu Münster, Heft 41, Münster 1958.
Hauptgestalten	Scholz, H., Hauptgestalten der abendländischen Metaphysik, Vorlesung WS 1931/32.
Hauptgestalten der Logik	Scholz, H., Hauptgestalten der Logik, Vorlesung SS 1934.
Kant	Scholz, H., Kant, Vorlesung SS 1932.
M. a. s. W.	Scholz, H., Metaphysik als strenge Wissenschaft. Köln 1941 (Darmstadt 1965^2).
M. U.	Scholz, H., Mathesis universalis. Abhandlungen zur Philosophie als strenger Wissenschaft. Herausgegeben von H. Hermes, F. Kambartel, J. Ritter, Basel/Stuttgart 1969^2.
Philosophie im Zeitalter der Mathesis universalis	Scholz, H., Die Philosophie im Zeitalter der Mathesis universalis: Descartes, Pascal, Leibniz. WS 1933/34

Prädikatenlogik	Scholz, H., Die moderne Prädikatenlogik als die erste exakte Darstellung der Aristotelischen Ontologie. Vortrag, im Scholz-Nachlaß abgelegt unter der Signatur 1JB 123.
Religionsphilosophie[1]	Scholz, H., Religionsphilosophie. Berlin 1921
Religionsphilosophie[2]	Scholz, H., Religionsphilosophie. Zweite neuverfaßte Ausgabe Berlin 1922.

NAMENSREGISTER

Anselm (v. Canterbury) 43
Aristoteles 4, 9, 76, 80 ff, 94, 97 ff, 105, 107 ff, 115, 122, 142, 209, 213
Arnauld, A. 30
Augustinus 4, 6, 20, 29, 95
Ayer, A. 72

Barth, K. 13 f, 22, 30, 223
Behmann, H. 146, 186
Berka, K. 139
Bernays, P. 179, 183
Beth, E. W. 179
Birkner, H.-J. 71
Bocheński, J. M. 8 f
Bolzano, B. 9, 61 f, 95
Brentano, F. 5
Brizelmayr, W. 146
Bunge, M. 212, 217

Cantor, G. 9, 31
Carnap, R. 2, 9, 11, 37 f, 72, 145 f, 173, 194
Church, A. 9, 139
Couturat, L. 37, 101
Czermak, J. 213

Dalferth, I. U. 222
Delius, H. 111
Descartes 3 f, 29, 75, 97, 115 f, 194
Dienst, K. 223

Emge, C. A. 187
Essler, W. K. 12 f
Eudoxos 75

Fallenstein, M. 14, 24 ff, 52
Frege, G. 8 f, 15, 31, 36, 59, 65, 120, 146

Frey, G. 12
Fries, J. F. 113

Gaertner, H. 117
Geach, P. 218
Gestrich, Chr. 71
Glockner, H. 7
Gödel, K. 9, 15, 139 f, 183
Goethe, J. W. v. 29
Gründer, K. 8
Guardini, R. 186
Günther, G. 9 f

Härle, W. 14, 111, 222
Hagelstein, O. 192 f
Harnack, A. v. 4, 7, 34, 62
Hartshorne, Ch. 30, 43, 66, 227
Hasse, H. 26
Hegel 45, 100, 102
Heidegger, M. 38
Hermes, H. 34 f, 49 ff
Herms, E. 222
Herrmann, W. 21
Heyde, J. E. 187
Hilbert, D. 15, 93, 139, 180, 183, 217
Hubbeling, H. G. 14
Husserl, E. 36

Jacobi, F. H. 27
Juhos, B. v. 180 f, 184, 221
Jung, G. 7

Käsbauer, M. 146
Kaila, E. 15, 180 ff, 221
Kalle, T. 27
Kant 4, 10 f, 21, 27, 45, 58, 72, 79, 100 ff, 118, 120, 122, 124, 129 f, 132, 142, 186 ff, 214 f

Namensregister

Kambartel, F. 3
Kastil, A. 5
Kempski, J. v. 10, 101, 181, 186 ff, 197, 202, 220 f
Kierkegaard, S. 224
Klappert, B. 72
Kleene, St. C. 139
Kreiser, L. 139
Kripke, S. 94, 205, 207, 216
Kuhn, H. 18 f
Kutschera, F. v. 146

Lang, K. 11, 144, 155, 161, 181, 196 ff, 200
Leibniz 3 ff, 10 f, 15, 30, 39 ff, 51, 62, 72, 75, 78 f, 84, 87, 89 ff, 93, 95, 97 ff, 105, 115 f, 118, 124, 136, 194, 208
Link, Chr. 71
Linke, P. E. 187
Luce, R. E. 192
Lukasiewicz, J. 31, 94
Luthe, H. 5, 24, 30, 44, 128 f, 133

Mach, E. 38
Mahlmann, Th. 7, 14, 131
Mendelssohn, M. 27
Menne, A. 18
Meschkowski, H. 9, 15, 18 f, 22, 140, 181 ff, 199
Molendijk, A. L. 14
Morscher, E. 213

Nagel, E. 139
Newman, J. P. 139
Newton 98, 199
Nietzsche 30
Nygren, A. 180, 184

Pannenberg, W. 18, 219
Pascal 30, 116
Patzig, G. 15, 38, 59
Platon 4, 9, 184, 194, 213
Prantl, K. 39

Quine, W. v. O. 204 f

Ratschow, C. H. 19
Reach, K. 179 f, 182
Rentz, W. 13
Rickert, H. 80
Riehl, A. 4, 26, 130 f
Ritter, J. 3, 5, 8
Ritschl, A. 223 f
Rosser, B. 139
Russel, B. 18, 21, 31, 83

Sauter, G. 13
Schleiermacher 6 f, 20, 27, 34, 44, 50, 52 f, 64
Schlick, M. 7
Schroer, H. 224
Schröter, K. 186
Seiffert, H. 33
Skirbekk, G. 71
Skolimowski, H. 31
Smullyan, R. M. 139
Spengler, O. 25 f, 33
Spranger, E. 19, 65
Stachowiak, H. 11
Stegmüller, W. 8, 139, 181
Sukale, M. 205

Tarski, A. 65, 71, 155, 157, 183, 202
Thurneysen, E. 22

Ulrich, H. G. 14

Vaihinger, H. 58

Weingartner, P. 213
Weizsäcker, C. F. v. 5, 186
Wernick, G. 44 ff, 133
Whitehead, A. N. 18, 21
Wittgenstein, L. 146
Wölfel, E. 14
Wolff, Chr. 102 ff, 115, 120

Ziegenfuss, W. 7 f

BEGRIFFSREGISTER

Ableitungsregeln 24
Abtrennung 167 f
Äquivalenz 146 f
Allgemeingültigkeit 145, 153, 155 f, 174, 220
Allgemeinheitskriterium 108 f
Allquantor 147
analytisch-synthetisch 101, 108, 111, 113 f, 188
analytische Sätze 97, 133, 135 f, 182, 191, 212, 219
Apriorität 108, 134
— apriorisches Urteil 121 f, 190
apriorisch-aposteriorisch 101, 107
Aprioritätskriterium 110
Atomausdruck 148, 156
Aussage 145, 174
— allgemeingültige Aussage 132, 142, 154, 225
— allgemeinungültige Aussage 154
— Anzahlaussage 152, 162
— Höchstzahlaussage 152, 162
— identitätstheoretische Aussage 144, 148
— Mindestzahlaussage 152, 162
— neutrale Aussage 154, 161
— numerische Aussage 162 f
— Zählaussage 161 ff
Axiom(e) 22 ff, 83, 87, 107, 117, 124, 134 ff, 138, 140, 185, 189, 213 f, 217, 219 ff, 225
— Wahrheit der Axiome 47, 96
axiomatisch-deduktiv 23, 47, 117 f, 121, 124, 133, 135, 187
Axiomatisierung 145, 165, 170 f
Axiomatisierung der Religionsphilosophie 22 f, 47

Bekenntnis 24, 32, 47, 96 f, 102, 130, 133, 137 f, 217, 221

Christologie 174 f, 226

Dasein Gottes 48, 56 f, 103 f, 116 f, 122, 220, 226
Denkprinzipien (Denkgesetze) 80, 91
Deuterometaphysik 81, 87, 99, 120, 122, 131
Disjunktion 146 f
Dreiwertigkeit 150
Drittengleichheit 170

Ens possibile 84
Entscheidbarkeit 164
erfahrungstranszendent/
Erfahrungstranszendenz 121, 123, 171, 195 f, 224
Erfahrungsunabhängigkeit 108
Erfüllung 156 f
Existenzquantor 147
Existenzurteil 57, 88, 108

Falsifikationsprinzip 111
Falsifizierung 111
Folgerungsbegriff 165
formalisierte Sprache(n) 90 f, 113, 124, 156, 217 f, 222

Gedankenrechnung 91
Gegenstandsforschung 105
Geltung 58
Geltungsgleichheit 160
Generalisierte 166 f
Geschichte
— der Logik 27, 31, 36 f, 38, 77

— als Verifikationskriterium 77
Gleichwertigkeit 160
Gottesbeweis 104, 220 f
— ontologischer 13 f, 28
Gottesfiktion 56, 226
Grundlagenforschung 3, 5, 17, 76, 88, 105, 114 f, 119, 121, 209 f, 214, 216
Grundvoraussetzungen 82, 86 ff
Gültigkeit 109, 144
— ω-gültig 151 ff, 158

Historismus 77

Identität 89, 126, 174 f
— aussagenlogische Identität 165
— identitätstheoretischer Atomausdruck 148
— identitätstheoretische Aussage 144
— identitätstheoretische Aussageform 148
— identitätstheoretische These 167 ff
— Identitätssatz 80
— Identitätstheorie 97, 141—176
Illuminationslehre 96 f, 137, 182, 190, 220
Implikation 146 f
Individuum 83 ff, 88, 92, 119 f, 122, 143, 201 f, 206, 209, 226
— Individuenbereich 151, 153
— Individuenfolge 157
— Individuenvariable 147
Intellectus divinus 61, 140
Intuition, mathematische 117

Kalkül 29, 50, 90 f, 144, 156, 171, 196, 199 f, 212
— interpretierter Kalkül 217, 222
— kalkültranszendent 196
— Logikkalkül 23, 50, 127, 184, 186, 212, 217, 229
Kohärenzkriterium 54
Konjunktion 146 f
Kontingenz 173
Konventionalismus (Konvention) 97, 136 f, 182, 220

Leibnizsches Extremalprinzip 93, 98
Logik 4 f, 10, 12, 30
— ontologische Begründung der Logik 51
— rechnende Logik 40
— theologische Deutung der Logik 96
— traditionelle Logik 80
— transzendentale Logik 103, 132
Logistik 8, 17, 21, 23 f, 28, 33 f, 37 ff, 41, 46, 49, 65 f, 72, 76 f, 80, 86, 140, 182 f, 209, 228
— Logistik und Metaphysik 39 f
— Logistik und Philosophiegeschichte 39
Logizismus 83

Mathesis universalis 74 ff, 83, 115 f, 118
metaphysica generalis 99
Metaphysik
— als strenge Wissenschaft 42, 90
— Formalisierung der Metaphysik 41
— identitätstheoretische Metaphysik 89, 143, 219, 226
— Kriterien des Metaphysikbegriffs 72
— mathematisierte Metaphysik 41 f, 115 f, 118, 120, 188
— meditierende Metaphysik 106, 121 f, 128 f, 134, 136 ff, 140, 185, 217
— Möglichkeitserweis von Metaphysik 64
— realphilosophische Metaphysik 131 ff, 136
— signifikante Metaphysik 121, 128 f, 134, 136 ff, 140 f
— transzendentalphilosophische Metaphysik 131 ff, 141
Modallogik 94 f, 172 f
Modaloperatoren 94, 172
Mythos (mythisch) 60

natürliche Theologie 71
Negation 146 f
Notwendigkeit (notwendig) 110, 138, 172 f, 189
Notwendigkeitskriterium 108 f

Begriffsregister

Offenbarung 63
Ontologie 9, 12, 80, 82, 87 f, 119 f, 122, 131, 143, 188, 209, 222, 226
— Aristotelische Ontologie 81, 84 f, 87 f, 99, 132, 142, 213
— formalisierte Ontologie 10
— ontologie-relative Aussagen 172
— ontologische Modelle 222
— Wolffsche Ontologie 103

Pantheismus 27, 63
Persönlichkeitsaxiom 44 ff
Philosophie des Als-ob 27, 48, 55 f
Platonismus (Platoniker) 9, 30, 127, 140
Positivismus 30, 38, 40
Prädikatenlogik 80, 85, 87, 92, 181, 202, 213
prästabilierte Harmonie 135, 191
Pragmatismus 48, 55 f
Protometaphysik 87 f, 98, 119 f, 122, 131 f
Pytagoras-Lehrsatz 59

Quantifikatoren 147
Quantifizierung 167 f

Rationalismus 23, 79
Realphilosophie 134
realphilosophisches Philosophieren 129 f
Reflexivität 170
Relativismus 58, 60, 62, 225
Religion
— imponderable Religion 25
— ponderable Religion 22 f, 25
— Wahrheit der Religion 24, 46 f, 55, 73, 226, 229

scientia universalis 99
Seinsprinzipien 81
Semantik 65, 94, 150, 156, 181, 200, 202, 212 f
— semantischer Folgerungsbegriff 144
Syntax 150, 156, 200, 212

Theologia naturalis 107
Transzendentalphilosophie 107, 134
transzendentalphilosophisches Philosophieren 129 f
Trichotomie, Satz der 154, 163, 174

Umbenennung 167 f
Unsterblichkeit der Seele 103 ff, 116 f, 122
Urteil(e)
— metaphysische 63
— synthetische Urteile apriori 107 ff, 113, 116

Verifikation 111

Wahrheit 14 f, 52, 54, 172, 217
— absoluter Wahrheitsbegriff 64
— Aristotelischer Wahrheitsbegriff 158, 172
— kohärenztheoretischer Wahrheitsbegriff 53, 64
— konventionalistischer Wahrheitsbegriff 57
— korrespondenztheoretischer Wahrheitsbegriff 54, 57, 65, 172
— metaphysische Fundierung des Wahrheitsbegriffs 62, 64
— semantischer Wahrheitsbegriff 47, 155, 212, 225 f
— Wahrheit als Relationsbegriff 59
— Wahrheiten an sich 58, 61
— Wahrheitsbedingungen 60
Welt 150
— leere Welt 153
— mögliche Welt(en) 91 f, 94 f, 97, 99, 119 ff, 123, 130, 132, 153, 170 ff, 189, 195, 197, 201—208, 216, 219
— Weltenraum 162
— wirkliche Welt 92, 94 f, 121, 123, 130, 202
Weltordnung 88, 98, 108, 119, 122, 131
Widerspruch, Satz vom ausgeschlossenen 80, 87, 92
Widerspruchsfreiheit 139

— syntaktische Widerspruchsfreiheit 217
Wissenschaft 23, 53 f
— strenge Wissenschaft 42, 90, 133, 135 f, 141, 186, 194, 198 f, 214
— Theologie als Wissenschaft 13
— voraussetzungslose Wissenschaft 135
— Wissenschaftstheorie 14, 37

Zweiwertigkeit, Prinzip der 146, 150, 152